实用礼仪大全

任宪宝 主编

中国商业出版社

图书在版编目（CIP）数据

实用礼仪大全 / 任宪宝主编. -- 北京：中国商业出版社，2014.5（2024.6 重印）

ISBN 978-7-5044-8048-4

Ⅰ.①实… Ⅱ.①任… Ⅲ.①礼仪—基本知识 Ⅳ.①K891.26

中国版本图书馆 CIP 数据核字（2013）第 282480 号

责任编辑：林　海

中国商业出版社出版发行

（www.zgsycb.com　100053　北京广安门内报国寺 1 号）

总编室：010-63180647　编辑室：010-83125014

发行部：010-83120835/8286

新华书店经销

三河市华晨印务有限公司印刷

*

710 毫米 ×1000 毫米　16 开　16 印张　270 千字

2014 年 5 月第 1 版　2024 年 6 月第 3 次印刷

定价：45.00 元

* * * *

（如有印装质量问题可更换）

序

我国素有"礼仪之邦"的美称,讲"礼"重"仪"是中华民族的优秀传统。礼仪是文明社会约定俗成的行为准则,是待人处世、社会交往的重要手段。一个人置身于社会生活中,就要了解熟悉社会上的习俗和规范,并以此来指导自己在各个场合的言行。礼仪不仅可以展现一个人的风度与魅力,还体现了一个人的学识、修养及内涵。知礼懂礼、守礼行礼,是一个人立足社会的基本前提,更是人们成就事业、获得美好人生的重要条件。而一次失礼,带来的往往不仅是难堪和尴尬,更可能是事业的阻碍、国际关系的争端。因此,注重仪表形象,掌握各种场合的交往礼仪成为每个人生活中的一门必修课。

随着时代的发展,人与人之间、国与国之间交往日益频繁,世界各地的礼仪与习俗不断地融合与发展。我们要正确地应用礼仪,就需要认真地学习了解符合时代精神的礼仪知识。《实用礼仪大全》这本书在继承优秀的礼仪传统的基础上,结合当今礼仪发展的趋势,内容涵盖了个人礼仪、家庭礼仪、文书礼仪、社交礼仪、商务礼仪、服务行业礼仪、节日礼仪、涉外礼仪等方面。囊括了社会生活中经常接触到的礼仪,为读者提供一本全面、实用的工具书。让读者一册在手,尽知礼仪常识。本书在内容的选择、体例的编排上都力求简明扼要、一目了然,集知识性、实用性、便捷性于一体,是每一位现代人必备的礼仪宝典。

仔细阅读这本书,只要你善加体味和把握,就会对你的事业、人生和交往产生极大的影响。它会帮助你在日常工作和生活中不断提高礼仪方面的修养,让你成为一个言谈得体、举止优雅的人,使人际交往更加顺利!

目 录

第 1 辑
礼仪概述 / 001
礼仪的含义与类型 / 001
礼仪的起源与发展 / 002
礼仪的特点 / 005
礼仪的原则 / 009
礼仪的意义 / 015
礼仪与道德修养 / 021
礼仪与气质的培养 / 024

第 2 辑
个人礼仪 / 028
服饰礼仪 / 028
言谈礼仪 / 037
表情礼仪 / 042
行为礼仪 / 044
态度礼仪 / 047

第 3 辑
家庭礼仪 / 049
称谓礼仪 / 049
家庭成员礼仪 / 050
应酬礼仪 / 052
庆生与祝寿礼仪 / 055
婚姻礼仪 / 057

第 4 辑
文书礼仪 / 062
信函礼仪 / 062
请柬礼仪 / 066
贺卡礼仪 / 067
祝词礼仪 / 069
题词礼仪 / 070
致辞礼仪 / 072
悼词礼仪 / 073

第 5 辑
演讲与交谈礼仪 / 076
交谈礼仪 / 076
辩论与答辩礼仪 / 078
演讲者形象礼仪 / 080
演讲流程礼仪 / 081

演讲内容礼仪 / 082

即兴演讲礼仪 / 085

第 6 辑
社交礼仪 / 088

握手礼仪 / 088

介绍礼仪 / 090

名片礼仪 / 091

探病礼仪 / 093

拜访礼仪 / 094

馈赠礼仪 / 096

宴会礼仪 / 098

中餐、茶、酒礼仪 / 101

西餐、咖啡礼仪 / 103

约会聚餐礼仪 / 106

交友礼仪 / 107

舞会礼仪 / 109

饮茶礼仪 / 111

电影欣赏礼仪 / 113

音乐会礼仪 / 114

沙龙礼仪 / 116

第 7 辑
商务礼仪 / 120

商务服饰礼仪 / 120

商务语言礼仪 / 126

商务举止礼仪 / 131

商务演讲礼仪 / 135

商务接待礼仪 / 140

商务拜访礼仪 / 142

商务通信礼仪 / 144

商务会议礼仪 / 145

商务洽谈礼仪 / 148

茶话会礼仪 / 152

工作餐礼仪 / 156

公司年会礼仪 / 162

交接仪式礼仪 / 163

开幕式礼仪 / 164

新闻发布会礼仪 / 165

赞助会礼仪 / 168

颁奖仪式礼仪 / 169

第 8 辑
服务行业礼仪 / 171

基本的服务礼仪 / 171

服务用语礼仪 / 173

服务距离礼仪 / 176

服务举止礼仪 / 178

商场服务礼仪 / 180

商品导购礼仪 / 183

餐饮服务礼仪 / 189

导游礼仪 / 192

宾馆前厅服务礼仪 / 193

宾馆客房服务礼仪 / 196

美容美发店服务礼仪 / 199

娱乐场所服务礼仪 / 200

体育健身场所服务礼仪 / 202

第 9 辑

中国传统节日礼仪 / 204

 春节礼仪 / 204

 除夕礼仪 / 206

 元宵节礼仪 / 207

 清明节礼仪 / 208

 端午节礼仪 / 209

 七夕节礼仪 / 210

第 10 辑

涉外礼仪 / 213

 东西方文化差异与礼仪 / 213

 涉外交往的基本原则 / 216

 涉外服饰礼仪 / 217

 涉外行为礼仪 / 223

 涉外交谈礼仪 / 226

 涉外称谓礼仪 / 230

 涉外问候礼仪 / 234

 涉外迎送礼仪 / 239

 涉外会谈礼仪 / 241

 涉外签字仪式礼仪 / 243

 涉外开幕式礼仪 / 244

 涉外参观游览礼仪 / 245

第 1 辑
礼仪概述

礼仪的含义与类型

我国素有"礼仪之邦"的美称。礼仪是人类交际的表现形式之一，同其他诸如文字、绘画等文明表现形式一样，礼仪是人类摆脱愚昧、野蛮，逐渐走向文明、开化的标志和见证。

最早的"礼"和"仪"是分开使用的。古汉语中，"礼"主要包含三层意思。

一是我国奴隶社会和封建社会的等级制度，以及与之相适应的一整套礼节仪式。如《论语·为政》："殷因于夏礼，所损益，可知也。"《礼记·曲礼上》："礼不下庶人，刑不上大夫。"

二是表示尊敬和礼貌。《左传·襄公二十二年》："执事不礼于寡君。"

三是礼物，即赠送的物品。《晋书·陆纳传》："及受礼，唯酒一斗，鹿肉一柈。"

"仪"既指容貌和外表，又指礼节和仪式。

梁实秋先生在他的《秋室杂文·谈礼》中说："礼是一套法则，可能有官方制定的成分在内，亦可能有世代沿袭的成分在内，在基本精神上还是约定俗成的性质，行之既久，便成为大家公认的一套规则。"

在西方，"礼仪"一词始于法语"etiquette"，它的原意是"法庭上的通行证"。古代法国的法庭为保证法庭秩序，把各种规则写在进入法庭的通行证上，让人们去遵守。后来，"礼仪"一词进入英语，演变成"人际交往的通行证"，它同样有三种含义：一是指谦恭有礼的言谈举止；二是指教养和规矩，也就是礼节；

三是指仪式、典礼、习俗等。

从古今中外对于礼仪的描述中我们可以发现，所谓礼仪，从广义上讲，指的是一个时代的典章制度；从狭义上讲，指的是人们在社会交往中受历史传统、风俗习惯、宗教信仰、时代潮流等因素的影响而形成，为人们所认同和共同遵守，以建立和谐关系为目的的各种符合礼的要求的行为准则或规范的总和。

因此，礼仪主要表达了以下三层意思。

一是礼仪是一种行为准则或规范。我们说"入乡随俗"，就是进入某一地域，就要对那里的人的生活习俗和行为规范有所了解，并按照这样的习俗和规范去做，这才是有礼的。礼仪与胡作非为是水火不相容的。

二是礼仪准则或规范是人们在社会中约定俗成、共同认可的。在社会实践中，礼仪往往首先表现为一些不成文的规矩、习惯，然后才逐渐上升为大家认可的、可以用语言、文字、动作来准确描述和规定的行为准则，并成为人们有章可循、可以自觉学习和遵守的行为规范。

三是讲究礼仪的目的是实现社会交往各方的互相尊重，从而使人与人之间关系和谐。在现代社会中，礼仪可以表现出施礼者和受礼者的教养、风度与魅力，它体现着一个人对他人和社会的认知水平、尊重程度，是一个人的学识、修养和价值的外在表现。一个人只有在尊重他人的前提下，自己才会被他人尊重。人与人之间的和谐关系，也只有在这种互相尊重的过程中，才会逐步建立起来。

礼仪的起源与发展

我国的文化教育传统源远流长。礼仪作为中华民族文化的基础，也有着悠久的历史。关于礼仪的起源，至今并无定论。主要有以下四种比较流行的观点。

一是祭祖说。认为礼仪源于祭祖，它是原始人祭祀祖先的一种仪式规则，后来才逐渐发展为调整相互关系的风俗习惯。

二是风俗说。认为礼是由原始社会的风俗习惯演变而来的，进入文明社会后，由"圣人"加以改造，变成系统的礼。

三是父权制说。认为是为了划分尊卑贵贱的需要，类似家长制的说法。

四是需求说。认为礼仪是人类交往中逐渐形成和发展的，是源于人际交往的需要。

我们认为，如果从时间上分析，礼仪肯定源于原始社会；如果从缘由上分析，它是人性的要求。比如握手的起源，就有很多有意思的观点。有人认为，在远古时代，人类以打猎为生，不同部落的陌生人在路上相遇，为了证明自己没有恶意，便主动丢掉手中所握的石块或利器，并让对方触摸、检查手掌，以表示对对方的信任和友好。这种礼俗沿袭下来，便诞生了见面之时要握手的礼节。还有一种观点是，在中世纪的欧洲，骑士之间为了超越对手，证明实力，要进行格斗，败者摘下头盔，甘拜下风，乞求胜者宽宏大量，饶其不死。但是，在特殊情况下，如果格斗双方势均力敌，为了避免两败俱伤，使用动作来谈判。他们把平时持剑的右手伸向对方，相互上下摇晃，一直达到满意的协议才分开。这种骑士的规矩后来便传播到广大民众中，而成了当今遍布全球的握手礼节。

据考古学、民俗学等方面的材料证明，我国原始社会生活中已经形成了颇具影响力的礼仪规范，宗教礼仪、婚姻礼仪等初具雏形。

在西方，礼仪的演变与中国有相似之处，但又有很大的特殊性，这不仅表现在礼仪的具体形式上，还在关于礼仪的哲学论述上。

爱琴海地区是亚欧大陆西方古典文明的发源地。大约自公元前6000年起，爱琴海诸岛居民开始从事农业生产。此后，相继产生了克里特文明和迈锡尼文明。公元前11世纪，古希腊进入因《荷马史诗》而得名的"荷马时代"。《荷马史诗》包括《伊利亚特》和《奥德赛》两部。这部著名的叙事诗主要描写特洛伊战役和希腊英雄奥德赛的故事，其中也有关于礼仪的论述，如讲礼貌、守信用的人才受人尊重。

古希腊哲学家对礼仪有许多精彩的论述，如毕达哥拉斯率先提出了"美德即是一种和谐与秩序"的观点；苏格拉底认为哲学的任务在于认识人的内心世界，培植人的道德观念，他不仅教导人们要待人以礼，而且在生活中要身体力行；柏拉图强调教育的重要性，指出理想的四大道德目标是智慧、勇敢、节制、公正；亚里士多德指出德行就是公正，他说："人类由于志趣善良而有所成就，成为最优良的动物，如果不讲礼法、违背正义，他就堕落为最恶劣的动物。"

公元1世纪末至公元5世纪，是罗马帝国统治西欧时期。此间教育理论家昆体良撰写了《雄辩术原理》一书。书中论及罗马帝国的教育情况，认为一个人的道德、礼仪教育应从幼儿期开始。而诗人奥维德通过诗作《爱的艺术》，告诫青年人喝酒时不要贪杯，用餐不可狼吞虎咽，但追求爱情的男子，却可以用手指蘸酒写情书。

公元 476 年，西罗马帝国灭亡，欧洲开始封建化过程。12—17 世纪，是欧洲封建社会鼎盛时期。中世纪欧洲形成的封建等级制，以土地关系为纽带，将封建主与附庸联系在一起。此间制定了严格而烦琐的贵族礼仪、宫廷礼仪等。例如，12 世纪写成的冰岛诗集《伊达》，就详尽地叙述了当时用餐的规矩，嘉宾贵客居上座，举杯祝酒有讲究……

14—16 世纪，欧洲进入文艺复兴时期。该时期出版的涉及礼仪的名著：意大利作家加斯梯良编著的《朝臣》，《朝臣》论述了从政的成功之道和礼仪规范及其重要性；尼德兰人文主义者伊拉斯谟撰写的《礼貌》，《礼貌》着重论述了个人礼仪和进餐礼仪等，提醒人们讲究道德、清洁卫生和外表美。英国哲学家弗朗西斯·培根指出："一个人若有好的仪容，那对他的名声大有裨益，并且，正如女王伊莎贝拉所说，'好像一封永久的推荐书一样'。"

17—18 世纪，是欧洲资产阶级革命浪潮兴起的时代，尼德兰革命、英国资产阶级革命和法国大革命相继爆发。随着资本主义制度在欧洲的确立和发展，资本主义社会的礼仪逐渐取代封建社会的礼仪。资本主义社会奉行"人人生而自由、平等"的原则，但由于社会各阶层在经济上、政治上、法律上的矛盾，因此未能做到真正的自由、平等。

资本主义时代也编撰了大量礼仪著作。英国资产阶级教育思想家约翰·洛克于 1693 年写了《教育漫话》。《教育漫话》系统地、深入地论述了礼仪的地位、作用以及礼仪教育的意义和方法。英国政治家切斯特菲尔德在其名著《教子书》中指出："世界最低微、最贫穷的人都期待从一个绅士身上看到良好的教养，他们有此权利，因为他们在本性上是和你平等的，并不因为教育和财富的缘故而比你低劣。同他们说话时，要非常谦逊、温和，否则，他们会以为你骄傲，而憎恨你。"西方现代学者也编撰出版了不少礼仪书籍，其中比较著名的如美国教育家卡耐基编撰的《成功之路丛书》等。

礼仪发展演变到今天，各个国家和民族都形成了自己独具特色的礼仪文化和规范。例如，英国人的绅士风度、美国人的洒脱自由、中国人的尊老爱幼等，已为世界所共知。另外，世界上也形成了一些被普遍认可和接受的礼仪惯例。礼仪规范的个性与共性并存，特色与惯例同在，共同构成了当今世界礼仪的亮丽风景。

礼仪的特点

礼仪属于上层建筑的范畴，由经济基础制约并反作用于经济基础，其本质特点在于它的文化性。礼仪具有五个特性：时代性、地域性、具体性、操作性、理智性。

1. 时代性

礼仪随着时代的变迁而不断发展。以前理所当然的礼仪，现在可能已经不合时宜。在以前的农奴制社会，农奴主外出，农奴既要备马，还要跪伏在马的一侧，供农奴主当"阶梯"。对当时的所有人而言，这就是天经地义的礼节。

农奴主根本不会对农奴的尊严、人格有丝毫的牵挂，从农奴的背上上马，耀武扬威，非常合乎礼节。当农奴制被推翻，日月换新天，就不可能再有这样的礼仪，因为在现代法律上被视为违法，在现代礼仪上被视为无礼，这就是时代变迁的结果。

20世纪初，在欧美国家，如果有一位少妇外出遛狗，将被视为极大地丧失风度，有辱礼节。即使那只狗很有"教养"，也同样证明少妇是没教养的，周围的异样目光将使她陷入尴尬的境地。但是过了一些年，欧美养狗成风，遛狗成为少妇最有风度的行为之一。在人们羡慕的目光里，这不但符合礼节，而且是一种上层生活的表现。

由此可见，礼仪作为一种行为规范，必会随着时代的发展而发展，随着历史的进步而进步，不可能一成不变，所以后人对前人的礼仪规范也没必要墨守成规，要正视礼仪的变异性、现实性，正如黑格尔所说："传统并不是一个管家婆，只是把它所接受过来的东西忠实地保存着，然后毫不改变地保持着传给后代。它也不像自然过程那样，在它的形态和形式的无限变化和活动里，永远保持其原始的规律，没有进步。"

历史的长河奔流不息,每一个发展阶段都有与之相适应的礼仪。我们可以预测,未来更高度的文明,会有更高阶段的礼仪。

2. 地域性

"十里不同风,百里不同俗。"不同的国家、民族,甚至于同一国家的不同地方,都有着不同的礼仪。

东西方礼仪的差距是众所周知的,它基于东方文化和西方文化的差别,呈现了各自的地域特色。

中国人崇拜龙,就是从原始社会的图腾崇拜开始的;进入君主时代,龙成了"真龙天子"的象征;到了现代,龙又成了吉祥喜庆的代名词。然而,在英国乃至整个西方世界,龙是凶残阴险的标志,人人惧怕厌恶,而且很多关于龙(蛇)的故事中,它总是落个被宰杀的下场。所以,给中国人送龙的贺卡,很适合中国人的欣赏品位;若对英国人也如此,则是大大的失礼了。

关于"老"的理解,东西方文化也是毁誉不一。在中国,虽然有"夕阳无限好,只是近黄昏"的感叹,但是人们依然尊敬地称呼上了岁数的工人为"老师傅",称年事已高的先生为"老伯"或"老大爷"等。"老"意味着经验丰富,我们常说"姜还是老的辣"。不过,假如我们满怀敬意用"老"字称呼一些西方人,效果可能会适得其反。在美国,就曾发生过这样一件事。美国一所大学的中国留学生在欢迎校长的母亲光临时,尊称她为"老夫人",结果"老夫人"竟拂袖而去。对她来说,"老"意味着魅力丧失,风韵不存。无独有偶,一群欧洲游客在北京附近登长城时,热情的导游想搀扶一位外国老人,却遭到老人的"白眼"。"我不是'老先生',我自己能行。"在西方,"老"意味着"精力不济,走下坡路","老"有时就是"不中用"的代名词。谁愿意被人瞧不起呢?而独立意识强、不愿麻烦别人、不想拖累子女的西方老人,更是不言老、不服老,自然也不乐意被别人尊称为"老人"。所以当我们与西方老人打交道时,要充分理解和尊重他们的意愿。

在宴请语言方面,更是有趣。宴请是一种联络感情、增进友谊的方式,很多人都乐于此道。但是,同样是请客,中国人和西方人致辞的风格却截然不同。

中国人请客,主人动筷子时,往往客气地说:"没什么菜,请随便用。"一些西方客人听了此话好生奇怪,明明是满满一桌子菜,主人怎么说没什么菜呢?西方客人之所以疑惑不解，皆因不熟悉中国人的生活习性。中国人一向视谦虚为美德，说话时十分谨慎，甚至过分谦虚。相比之下，西方人请客时虽上菜很少，但振振有词："这是我的拿手好菜。"或者热情洋溢地说："这道菜，是我夫人特地精心为你做的。"在中国人看来，这些西方人似乎有点狂妄，不知天高地厚。但这恰恰表现出西方人的热情与直爽。桌子上的食物若被客人一扫而光，西方主人见此情景，定会感到欢欣鼓舞；若瞧见盘子里还剩下不少菜，反而会垂头丧气，因为剩菜说明其烹调水平有待提高。

礼仪的这一特点，要求在社交和礼仪活动中，我们既要注意各民族、国家、区域文化的共同共通之处，又应十分谨慎地处理相互间的文化差异。既要保持自尊，又要尊重人，科学恰当地处理礼仪活动中不同文化的碰撞问题，把地域差别作为交流、互补的条件。

3. 具体性

具体性也可称为礼仪的阶级性，即礼仪并不都是符合人们所设定的美好理想，人类所追求的东西并非都能在礼仪中反映出来。特权社会必然以掌握稀缺资源的阶级为核心，礼仪在很大程度上包含着他们的利益和需求。《礼记·曲礼上》有一句名言："礼不下庶人，刑不上大夫。"意思是"礼"所赋予的各种待遇、权利是奴隶们根本不能享受的，而"刑"所规定的各种罚则，与君王、王族、达官、贵人是无缘的。礼、刑与阶级地位如此紧密地连在一起，其阶级性何其鲜明。

礼仪既有阶级性，又没有阶级性，这种两重性是由于它的形成和发展的两个驱动力不同而产生的。一是全地区、全民族指导、协调人际关系的需要。这种驱动力是约定俗成的、自发的。二是统治阶级利用礼仪、改造礼仪，把礼仪纳入本阶级的思想观念之中，用以维护本阶级的统治。这种驱动力是有意识的、自觉的。

对礼仪的阶级属性问题应当实事求是，具体问题具体分析，不能一概而论。由于礼仪的双重性，对于某个礼仪的属性问题，更应慎重对待，准确把握，绝不能把一切事物都打上阶级烙印。毕竟，礼仪的表现形式受时空的限制，它不可能超越现实为未来人服务。礼仪的阶级性意味着在礼仪行为的处理上，要真切地把握礼仪的具体性：背景环境、类型规范、目的内容等。

4. 操作性

切实有效、实用可行、规则简明、易学易会是礼仪的特征，但并非所有的礼仪都是如此，宫廷、官衙中的某些礼节十分烦琐，所以很难推广，是特权意识的表现。

礼仪不该是纸上谈兵、空洞无物、不着边际、故弄玄虚、生编硬造。"礼者，敬人也"，这是礼仪的精义。该怎么样，不该怎么样，就看能不能敬人、敬大多数人，而不能为虚伪而礼仪，为造作而礼仪，为礼仪而礼仪。

所以，要对礼仪的实质作具体化的规范，但绝不能无中生有，毕竟现代人的时间非常珍贵，"效率就是生命"，"扼杀对方的生命"总是不好的，于己也不方便。总之，要促使礼仪简便易行、容易操作，行之有礼是最佳的选择。

5. 理智性

礼仪，实际上是以对美、善、真的人性追求为基础，它将处理人际关系的经验加以概括提炼，然后规范化而成为行为活动的模式。它体现着对人性的关怀，它满足人性的饥渴，是做人做事的自觉和理智。

因为礼仪并不能遗传，所以必须通过后天理智的学习才能获得，也只有通过实践，才能日趋合理。

若不懂装懂，就可能闹出笑话，如李鸿章第一次请几位法国客人吃中餐的故事。那几位法国客人从来没有吃过中餐，于是他们就想，李鸿章怎么吃，他们就怎么学。李鸿章先用筷子夹了一个饺子，一不小心，饺子掉到酒杯里，李鸿章夹起来放进嘴里。

法国客人看了，都学着李鸿章的样子，用筷子把饺子夹起来，然后掉到酒杯里，再夹起来吃。李鸿章接着吃面条，他想到刚才法国客人学他吃饺子的样子，心里觉得好笑，忍不住笑了，半根面条从鼻孔里喷出来，法国客人看了，连声赞叹道，中餐的吃法太奇妙了，这一招他们学不来。假如这些法国客人懂得吃中餐的礼节的话，大概就不会有这个笑话了。

可见礼仪是在实践过程中表现出来的。一个人知道怎么做是有礼的、规范的，什么是不该做的，从而才能在实践活动中更自觉、更好地约束自己的行为，使之很好地符合礼仪。

"冰冻三尺，非一日之寒"，每个人的礼仪素质的提高绝非一朝一夕所能奏效，这是个长期的过程，需要我们掌握礼仪知识，在实践中去琢磨、去推敲，从我做起，从现在做起，持之以恒，才能养成习惯，使自己的一言一行、举手投足都彬彬有礼。

礼仪的原则

礼仪的原则，是指我们行礼致仪时应当遵循的一些基本要求。礼仪的规范内容庞杂，又因民族、地域的不同而存在很大的差异。但无论何人、何时、何地，在行礼致仪时都有些需要共同遵循的基本原则。

在现实生活中，不合乎某地域、某民族风俗习惯的礼仪规范常能为人们所谅解，但如果违反了礼仪的基本原则，则可能会引起对方的不满，甚至导致关系的恶化。因此，我们要遵循礼仪的基本原则。

1. 平等原则

平等原则是指我们要以礼待人，有来有往，既不能盛气凌人，也不能卑躬屈膝。平等原则是现代礼仪的基础，也是现代礼仪有别于以往礼仪的最主要原则。

传统社会是等级森严的社会，有形或无形的等级制度将人们划分为不同的等级。古代印度把人分成婆罗门、刹帝利、吠舍、首陀罗四个等级，中国周朝时期将人分成天子、诸侯、卿、大夫、士、庶人六个等级。礼仪成了维护等级秩序的有力武器。

近代资本主义的兴起，瓦解了旧的等级社会存在的基础，平等成了社会发展的内在要求。资产阶级启蒙思想家洞察了历史的需要，提出了"自由、平等、博爱"的口号，主张人生来平等，这就为现代礼仪的产生打下了思想基础。

心理学家认为，人都有友爱和受人尊敬的心理需求。人们渴望自立，成为家庭和社会中真正的一员，平等地同他人沟通。与人交往，只有既不盛气凌人、高人一等，又不卑躬屈膝、低人一头，才能愉悦地沟通，建立起和谐的人际关系。

著名戏剧家、诺贝尔文学奖获得者萧伯纳有一次访问苏联，在莫斯科街头散步时，遇到了一位聪明伶俐的苏联小姑娘，便与她玩了很长一段时间。分手时，萧伯纳对小姑娘说："回去告诉你妈妈，今天同你一起玩的是世界有名的萧伯纳。"小姑娘望了望萧伯纳，学着大人的口气说："回去告诉你妈妈，今天同你一起玩的是苏联小姑娘安妮娜。"这使萧伯纳大吃一惊，立刻意识到自己太傲慢了。后来，他常回忆起这件事，并感慨万分地说："一个人不论有多大的成就，对任何人都应该平等相待，要永远谦虚。这就是苏联小姑娘给我的教训，我一辈子也忘不了她！"

平等原则的适用范围非常广泛，从家庭到组织，从亲朋到公众，从国内到国际，都存在着平等问题。夫妻平等、长幼平等，同事之间、领导和群众之间、上下级之间，都应当平等相待，既要反对上级对下级的颐指气使，也要反对下级对上级的阿谀逢迎、低三下四；在亲朋中，应以礼待人，礼尚往来，反对论等分级；在公众形象中，应自尊而不自傲；在国内事务中，坚持平等的人际关系；在对外交往中，坚持平等互利原则，国家不分大小，一律平等对待。

在实践中贯彻平等原则，不仅需要具有平等观念，还要讲究艺术。一位教授回忆在延安见毛泽东时的情景说："我去见主席，主席拿出纸烟来招待我，可是不巧，纸烟只剩下一支了。我想，主席怎么办？他自己吸，不请客人吸，当然不好；请客人吸，自己不吸，客人肯定不同意。而主席将这支烟分成两半，给我半支，他自己半支。从这件事可以看出主席的随和、诚恳、平等和亲切，这使我很感动，终生难忘。"毛泽东就是这样把别人看似非常尴尬的事情，完美地处理好，既礼貌、不摆架子，又给人以亲切、诚恳的感觉。

按照中国人的习惯，长者对年幼者可以直呼其名，而年幼者对长者也直呼其名则被视为无礼；如果要同时介绍多位客人时，介绍者应先将社会地位高、年龄较大的客人介绍给相对应的人；拍照合影，如果是家族成员合影，辈分高或年龄大者应安排在中间。中国又接受了西方国家盛行的女士优先的礼仪，发表演说时，称谓上应先女士，后先生；男士应主动邀请女士跳舞；待客时，主人应首先征询客人的意见。这些礼仪形式的差异以及礼宾过程中的先后顺序，并非"看人下菜碟"，而是平等原则的必要补充。

此外，礼仪中的优先，与各民族的风俗习惯、宗教信仰等有很大关系。以"女士优先"原则为例，在一些国家如巴基斯坦，讲究男女授受不亲，在公共场合，如果男女出双入对、卿卿我我，则被认为是不合礼仪。但是，在这个国家里，男士非常尊重女士，对待女士谦逊有礼，见到女士，一般不得主动握手，除非女士先伸手。尽管公共汽车非常拥挤，男士也会让女士先上车，车上的座位分得很清楚，女士坐前面，男士坐后面。餐厅的情形也一样，男女桌位分开，一般的餐厅里都设有"女人吧"或"家庭吧",陌生的男士是不可以随意过界或上前搭讪的。在中国古代,则是男士优先的传统,这反映了当时男尊女卑的社会现实。在现代,应当提倡尊重妇女,因为妇女从整体上讲,仍然处于社会生活的弱者地位,没有女士优先,就不会有男女平等。所以,女士优先是实现男女平等的一种有效途径。

2. 互尊原则

古人云:"敬人者,人恒敬之。"只有相互尊重,人与人之间的关系才会融洽和谐。心理学家马斯洛认为,人们对尊重的需求分两类,即自尊和来自他人的尊重。自尊包括获得信心、能力、本领、成就、独立和自由等的愿望;来自他人的尊重包括威望、承认、接受、关心、地位、名誉和赏识。一个具有足够自尊的人总是更有信心,更有能力,也更有效率。然而,当缺乏自尊时,就会感到自卑、无望,甚至可能导致绝望和精神失常的行为。而最稳定的,也是最健康的自尊,是以别人给他应得的尊敬为基础的,而不是来自外部的名声、荣誉和献媚。

上海国泰电影院曾发生这样一件事:年末时电影院经理把在职职工、离退休人员及其家属都请到电影院来参加一个茶话会。经理专门制作了这些离退休人员和在职职工的生活纪录片,在会上放给大家看。每个人尤其是离退休人员非常感动。因为这些人一辈子都在给别人放电影,从未感受过自己上银幕是什么滋味。今天他们有机会在给人们放了一辈子电影的电影院里,看自己走上银幕,感到国泰电影院领导没有忘记自己一辈子的辛苦,他们能不感动吗?因而很自然地加深了对自己单位的感情,同时也使在职职工感到振奋,团体的凝聚力大增。

互尊是礼仪的重要原则。与人交往,不论对方职务高低、身份如何、相貌怎样、才能大小,只要与之打交道,首先就应尊重他人的人格,做到礼遇适当,寒暄热情,赞美得体,话题投机,让人感到他在你心目中是受欢迎的和有地位的,从而得到一种心理上的满足,感到与你交往的心情很愉快,这样才可能深入沟通,建立感情,达到目的。

要想在与人交往中通过礼仪的形式体现出对对方的尊重,就应从以下三个方面做起。

(1) 与人交往,要热情而真诚

热情的态度,意味着对别人的隆重接纳,会给人留下受欢迎、受重视、受尊重的感觉，而这本来就是礼仪的初衷和要旨。当然，热情不能过火，过分的热情会使人感到虚伪和缺乏诚意。所以，待人热情一定要出自真诚，是尊重他人的真挚情感的自然流露。如果心存不敬，却又要故意表现出热情，只会让人感到做作，反而会引起他人的反感。

（2）要给他人留有面子

面子，即自尊心。即便是一个毫无廉耻之心的人，也存在着一定的自尊心。维护自尊，希望得到他人的尊重，是人的基本需求之一。失去自尊，对一个人来说，是一件非常痛苦、难以容忍的事情。所以，伤害别人的自尊是严重失礼的行为。如果是故意而为，那就更不道德了。中国人爱面子、讲面子，古人有"宁折不弯"的训诫，说到底都是自尊心的问题。所以，与人交往一定要避免有可能伤害他人自尊心的言行。例如，谈话中不要涉及他人的隐私；不要提到对方的生理缺陷，更不能拿别人的生理缺陷开玩笑；对他人做错的事，要善意地委婉指出。

（3）允许他人表达思想，表现自己

每个人都有表达思想、表现自己的愿望。社会的发展，为人们弘扬个性提供了更为广阔的空间。丰富的个性色彩和多元思想的共存，是现代社会区别于传统社会的一个基本特征。因此，现代礼仪中的互尊原则，要求人们必须学会彼此宽容，尊重他人的思想观点和个性。与人交往，就应给人表达自己思想、表现自己个性的机会，应尊重他人的这种权利。当他人与自己的意见相左时，不应把自己的观点强加给别人。与个性特征和自己截然不同的人交往，应尊重对方的人格和自由。

3. 诚信原则

诚信原则是指遵时守信，"言必信，行必果"。取信于人在人际交往中是非常重要的。

要想取信于人，应做到言行一致、遵守时间、一诺千金、诚实、自信以及"用人不疑，疑人不用"。自信也是获取信任、取信于人的方法。一个人要对自己有信心，不要因为曾经有过失败或小挫折就以为自己不讨人喜欢了，从而失去自信，放弃了自己。其实，一个人有失败并不奇怪，世界上没有常胜将军，关键是要有勇气，跌倒后还能爬起来，还能保持自信，相信自己能努力做到最好。西方有句谚语："上帝只帮助自救的人。"人必先自救，而后人助之。孟子也曾说：

"自暴者，不可与有言也；自弃者，不可与有为也。"有人说过，一个人别人是打不倒的，除非自己倒下。

自信心并不是无源之水、无本之木。树立自信心，需要平时训练和培养，也需要一定的实力作后盾。这种实力包括文化水平、家庭和本人的地位、财产、智力、能力以及身体状况等。

4. 宽容原则

宽容就是心胸宽广。"海纳百川，有容乃大"，能设身处地为别人着想，能原谅别人的过失，也是一种美德和礼仪素养。

法国有句谚语："了解一切，就会宽容一切。"人性中必定有恶的成分，但人又追求善，领悟了这一点，还有什么不好解释的呢？

古语云："水至清则无鱼，人至察则无徒。"所以，不能钻牛角尖，只要原则上不出现过错，许多现实中的小过失都可以一笑了之，没必要斤斤计较。

"严于律己，宽以待人"，要看自己的品行了。

茅谭在林肯竞选期间频频发出尖刻的批评，而林肯当选总统后，却为茅谭在大饭店举行了一个欢迎会，虽然茅谭大声辱骂过林肯，但林肯仍很有风度地对茅谭说道："你不该站在那儿，你应该过来和我站在一块。"

当天的欢迎会十分热闹，宽容的林肯给了不够宽容的茅谭极大的尊重，之后，茅谭便成了林肯的好朋友。

那么，如何在礼仪中体现宽容原则呢？我认为，应从以下三个方面做起。

（1）要做到"入乡随俗"

一些中东国家，受宗教信仰的影响，禁止女性向家庭成员以外的男人裸露肌肤，严格讲究男女授受不亲。去这些国家访问做客，就应尊重他们的礼仪规范。事实上也是如此，一些国家的有关部门在女性记者、使者入境时会告知她们注意着装。

（2）理解他人，体谅他人，对他人不求全责备

俗话说："金无足赤，人无完人。"现实生活中的人，没有十全十美的。表现在礼仪方面，有些人擅长于礼仪交际，说话办事滴水不漏；有些人则不熟悉礼仪知识，形似粗俗。

有一个小品节目，讲述了这样一个故事：一位农民到城里来看望一名因病住

院的退休局长。这位农民一身乡下人的装束，穿着带有泥土的鞋，衣帽上布满尘土，进门后非常实在，将帽子摘下用手拍打起帽上的尘土，女主人拿来拖鞋让他换一下鞋又遭拒绝，弄得女主人哭笑不得，欲赶不能，欲留不成。后来，女主人得知，这位农民是那位退休局长当年下乡时的老房东，而局长在位时，这位农民从未来打搅过。现在听说局长退休后病倒住院，特意带着礼物前来看望。女主人不禁深受感动，对这位农民肃然起敬，刚才的气恼烟消云散，并为自己的失礼表示歉意。所以要多设身处地地为他人着想，理解他人的处境和条件。

（3）虚心接受批评意见

虚心接受他人对自己的批评意见，即使批评错了，也要认真倾听。俗话说："人非圣贤，孰能无过。"出现过错时允许他人批评指正，才能得到大家的理解和尊重。有时，批评者的意见是错误的，但只要不是出于恶意，就应以宽容大度的姿态对待，有则改之，无则加勉。特别是在工作中，更应注意这个问题。

某消费者从某公司买了一辆摩托车，由于行驶中操作不当，在公路上翻倒。这位消费者怨气冲天地来到公司，说摩托车的刹车有问题，公司不负责任，置消费者的生命安全于不顾。负责接待的公司公关小姐听完消费者的指责后，并没有发怒或还以颜色，而是连忙关切地问："人摔伤了没有？摔着了要到医院检查一下。"小姐的一席话，马上缓和了气氛。接着，两人就摩托车的操作问题平心静气地进行了交谈，越谈越融洽。最后，这位消费者对自己的言行深感惭愧，并对小姐的态度表达了敬意。

5. 自律原则

礼仪宛如一面镜子，对照着它，你可以发现自己的品质是真诚、高尚，还是丑陋、粗俗。

《礼记·典礼》开宗明义第一句就是"毋不敬"，但这又是造作不来的。真正领悟礼仪、运用礼仪，关键还要看你的自律能力。

日本是个经济大国，也是个高度注重文明的国度。当1994年亚运会在日本广岛结束的时候，6万人的会场上竟没有一张废纸。全世界的报纸都登文惊叹："可敬可怕的日本民族！"就因为没有一张废纸，令全世界惊讶。

1998年世界杯足球赛在法国举行。据报道，日本球迷抵达图卢兹赛场后，因赛会方面的原因不能进场，但他们不骂不闹，服从主办方安排，在体育馆外通过大屏幕观赛。更令人感动的是，转播结束后，工作人员清理现场时，同样没有发现一点垃圾，所有的弃物都被日本人装进自备的塑料袋带走了。日本队在第二场比赛中以0∶1输给克罗地亚队后，在场的日本球迷边流着伤心的眼泪，边向法国工作人员鞠躬致谢，没有一个人泄愤闹事。

另据报道，德国队对南斯拉夫队的比赛期间，一群"足球流氓"聚众闹事，残暴地把一名法国宪兵殴打至重伤，受到国际足联和全世界舆论的谴责。

有些事，我们总觉得应该做，或总觉得这样做才是正确的，但我们往往做不到，为什么？内心修养和素质不够！

通过礼仪的教育和训练逐渐使人们树立起一种内心的道德信念和礼貌修养准则，这样就会获得一种内在的力量。在这种力量下，人们不断提高自我约束、自我克制的能力，在与他人交往时，就会自觉按礼仪规范去做，而无须别人的提示与监督。如果自觉依据这些规矩来待人处世，就能使大家相处和谐、愉快，反之，就容易使人产生反感冲突。因为，谁都喜欢和一个彬彬有礼的人相处，而不愿意和一个粗鲁无礼的人接近。

社会生活中的礼仪细节并非人人都能全部学到，但只要我们把礼仪的原则铭记在心间，贯穿于言行，那么，礼仪这种文明现象就能在社会生活中发挥它应有的功能。

礼仪的意义

礼仪作为一种行为规范或行为模式，在人类社会生活的各个方面都发挥着重要作用。它使我们的生活更有秩序，使人与人之间的关系更为和谐。礼仪不仅是社会生活的要求，也是一个人甚至一个民族文明程度的体现。

1. 礼仪与人际交往

礼仪的产生和存在，主要还是取决于人类的自觉。从心理学的角度讲，人际交往之初，由于交往的双方相互之间还不是十分了解，因此不可避免地会彼此产生某种戒备心理或距离感。如果交往双方在交往之初都能做到施之以礼、还之以仪，则可以消除当事人之间的心理隔阂，拉近双方的距离。注重交往礼仪，无疑会增加对方的好感,从而为以后的进一步交往奠定良好的基础。"圯桥进履"的故事便是这方面的一个生动例子。

张良辅佐汉高祖刘邦,能够"运筹帷幄之中,决胜千里之外",据传是因为得到《太公兵法》一书。据《史记·留侯世家》记载:张良在博浪沙谋刺秦始皇未成,逃匿到下邳。一天,张良信步在圯桥上,见一穿着十分寒酸的老人挡道,张良出于尊老的想法欣然让路。老人又故意将鞋丢落桥下,并以命令的口气要张良将他的鞋子捡回来。面对如此无理的要求,张良一想他年事已高,尊老忍让为上,便下桥拾鞋,拂去灰尘,跪下给老人穿好。老人有所感动,随即约张良五天后一早原地见面。张良感到事有蹊跷,跪下答应而退。五天后,张良天亮时赴约,见老人已先到桥头,老人指责张良:"小人,赴老人之约,为什么迟到?过五天后早点来!"五天后,张良三更鸡鸣便去,无奈又落在老人的后面,老人告诉他,五天后再来。又过了五天,张良不到半夜就赶去,等了一会儿,老人才赶到。老人见张良比自己先到桥头,显得很高兴,感叹说"孺子可教也",这才把《太公兵法》交与张良。获此兵书,张良潜心研读,如虎添翼,不仅成为一位大军事家,而且成为一位大智谋家。他担任刘邦的首席谋士,为破秦灭楚、建立强盛的汉王朝立下了奇功。"圯桥进履"带有明显的传奇色彩和演义成分,但其中的道理对今天的人们不无教益。

人与动物的重要区别之一是人有感情。宽容待人,通情达理,才能化解矛盾,增进友谊。俗话说:"良言一句三冬暖,恶语伤人六月寒。"说的就是这个道理。现代社会里,人际关系日益复杂,由于利益的冲突,人际交往中发生一些矛盾和纷争是不可避免的。出现矛盾纷争以后,首先应当发扬"礼让"的美德。如果不属于原则问题,当事双方应相互谦让以化解矛盾、平息事态。即便是原则性问题,也应以理服人,以礼感人。我国民间向来就有利用节日或喜庆典礼等时机化解矛盾、消除隔阂的习俗。例如,平素两人有矛盾,互不往来,到春节时,甲到乙家给乙拜年,乙感激而还礼,双方从此就可能言归于好。人们耳熟能详的"将相和"的典故,便是一个古人讲究礼让、调解矛盾的典型例子。

战国时期,赵惠文王因惧怕强敌秦国的入侵,不拘一格,重用了出身卑微但却有雄才伟略的蔺相如。由于蔺相如西入强秦,出色地完成了"完璧归赵"的任务,赵惠文王破格任用蔺相如为上卿,位居老将军廉颇之上。廉颇对此不满,便说:"吾有攻城野战之大功,相如徒以口舌为劳,而位居吾上,且相如素贱人,吾羞,不忍为之下。"此话传到蔺相如耳朵里,他不以为意,相反却顾全大局,每次出门,总是避让廉颇,还时常以生病为由不上朝,以免与廉颇因排位次序而发生冲突。蔺相如谦让有礼、坦荡大度的胸怀与行为,终于感动了自命不凡的廉颇,廉颇"负荆请罪",登门向蔺相如请罪。从此二人结为"刎颈之交",将相和睦,一心报国,使秦国长期不敢侵犯赵国。

2. 礼仪与公众形象

一个人以何种形象呈现给公众,归根到底是由他在公共场合的具体作为决定的。要赢得别人的尊重,自己先要尊重别人。所以,举止得体,以礼待人,才能给人留下良好的印象,赢得公众的好感和尊重。革命先驱孙中山先生就是这方面的典范。

1912年1月1日,孙中山就任中华民国临时大总统,在举行盛大的就职典礼以后,他亲自把代表们送到大堂阶下。代表们请孙中山留步,孙中山说:"我是国民的公仆,诸位是国民的代表,所以就是主人,我应当送你们到大堂阶下。"

一位年高八旬的盐商肖先生,专程从扬州到南京求见大总统,孙中山立即把肖老先生请到办公室。肖老先生一进门就行三拜九叩礼,孙中山立即把老人搀扶起来,并说:"总统在职一天,就是国民的公仆,是为全体国民服务的。"肖老先生问:"总统离职后呢?"孙中山答道:"总统离职,就和老百姓一样。"孙中山如此平易近人,是肖老先生始料未及的,他感慨万千地说:"今天我总算见到民主了。"

又有一次,孙中山去国民党党部演讲,门口的卫兵拦住他不许进去,说道:"今天孙大总统来,不许别人进去。"孙中山说:"孙大总统不也是个普通人吗?他不过是国民的公仆。"然后把名片拿出来,那个卫兵看后,不胜惶恐,但孙中山毫不介意,微笑着走了进去。孙中山的言行举止,体现了一代伟人的风范,树立了良好的公众形象。这种公众形象,与他成为中国革命的先驱,受到举世尊重与爱戴有着密不可分的联系。

除此之外,礼仪还是公共场所文明的标志。公共场所是社会组织开展各种公共活动的场地,也是人群相对密集的地方。随着社会的发展,公共场所的范围越来越大,从而大大拓展了人们的活动空间。由于公共场所中人群比较集中,增加了发生冲突的可能性。这就要求每个社会成员都要加强礼仪修养，在公共场所中尽量做到讲礼重仪，互谅互让，和谐相处。否则，不仅有失体面、伤风败俗，还可能会引发纷争。从这个意义上讲，公共场所是社会文明的重要检验地。公共秩序如何，代表和反映着一个国家、一个民族、一个地区的文明程度。下面这个故事或许能给大家以某种启迪。

1996年的一天，某地的一家医院在市内一广场举行糖尿病义诊，并免费赠送价值约60元的药品。次日，广场上人山人海，拥挤不堪。许多人不顾起码的礼仪，争相拿药，毫无秩序，摆放的义诊桌椅被挤得歪歪斜斜，参加义诊的医生根本无法开诊。取药处更是拥挤不堪，一名中年妇女被挤倒在地，哭喊着，但无人理睬。最后，举办单位只好草草收兵。面对这样的场景，任何一个稍有礼仪修养的人都不免会产生一种深深的悲哀感，不文明的行为举止，严重地损害了所在城市的形象，使之蒙受了耻辱。

3. 礼仪与国际交往

随着时代的发展，人类之间的交往增多，对外开放的国策打破了长期封闭的环境，使得人们深刻地意识到坐井观天只做一只井底之蛙已难以适应形势，唯有从井底跳出，走出国门、走向世界，才是现代人应有的意识。要从狭小封闭的环境中走出来，除了应具备一些必备的专业技能外，还必须了解如何与人相处的法则和规范。在国际交往中，必须注重更为讲究的礼仪。只要你做到了，就肯定能"有礼走遍天下"。

礼仪的学习能够帮助你顺利地走向社会、走向世界，能够更好地树立起自身的形象，在与人交往中给人留下彬彬有礼、温文尔雅的美好印象。

美国前总统罗纳德·里根连任了两届总统，具有十分丰富的政治经验与管理能力，同时，他那谈笑风生、幽默风趣的形象也使美国公众为之倾倒，为他当选及连任总统赢得了选票。

实际上，里根的良好形象并非与生俱来。在他竞选总统及任职期间，就有一个团队在尽职尽责地为他服务，精心设计着他的服装、发型、表情、动作、手势等所有与他的形象有联系的因素。

1984年，里根决定在他第一任总统期满、即将开始竞选连任时访问中国。中美关系是自双方建交以来，历届美国总统都十分注重的问题。里根访华能否成功，直接影响着中美关系的进一步发展,同时也关系着里根本人在美国本土与国际社会上的声誉和形象。针对中国是一个以平民为主体的东方大国,里根决意要在中国公众面前树立一个"平民总统"的形象。于是,在来华之前,总统的顾问们为他进行了精心的策划与设计,决定访华的内容除了正式的国事活动外,总统还将与夫人在北京街头散步一小时,并以平等的姿态与北京市民随意交谈,以及访问上海时到复旦大学作一次演讲。北京的活动结束后,里根来到了上海复旦大学。演讲前,里根微笑着说道:"我来中国之前,碰到了一位你们复旦大学去美国的留学生,她要我代她向谢希德校长问好。"说着,他把身体转向站在旁边的谢希德女士说:"现在这个口信我带到了,请您打个电话告诉那位女同学,她的电话号码是……"这个精彩的开场白赢得了全场百余名师生代表的热烈掌声,也赢得了人们对"平民总统"里根乃至美国政府的好感。里根很聪明,因为他知道怎样的礼节适合中国人的口味,能够达到国际交往的目标。

4. 礼仪与文明水准

从社会教育的角度来看,社交礼仪是人的社会化的重要内容之一,对它的学习与培养,促进了人类文化的延续和文明水准的提高。一个具有良好文明素养的民族,必定是一个讲礼仪、懂礼貌的民族。

现代社会,无论是政治的竞争、经济的竞争、军事的竞争,还是科学技术的竞争,归根到底是人的素质的竞争。人的文明素养程度与民族的未来发展密切相关。许多外商在国内投资时,不仅重视厂房、资源、设施等"硬件"环境,而且十分重视企业及其员工科学的管理、诚实的信誉、优良的品格、良好的礼貌风度等"软件"环境。从某种意义上说,"软件"环境的创造更为不易。一些看似微不足道的"小节",往往是一个人文明修养水平的直观反映。有人因注意小节获得成功,也有人因不拘小节而失败。尤其是在公关活动中,个体形象代表着组织形象,因而个体形象的成败得失也直接关系到组织利益的成败得失。

市场经济的发展带来了大范围的分工协作关系和商品流通关系,促进了人与人之间、组织与组织之间、地域与地域之间的相互依赖和相互合作,同时更带来了激烈的市场竞争,"皇帝女儿不愁嫁""酒香不怕巷子深"的局面已一去不复返。这对于一个企业或服务行业而言,就更需要积极地适应这种由"卖方市场"向"买方市场"的转变,而这种转变总是需要具体的人去实施、操作的,这些实践者如果不懂得现代的社交礼仪，那么就很难在市场上站稳脚跟。

例如，一个推销员上门推销产品时，如果事先不敲门径直而入，那是不礼貌的，甚至会被人误解。

有一家生产医疗设备的厂家，准备和国外客商签约长期合作，在双方的业务洽谈中，厂长通晓生产线行情，考虑问题缜密，给外商以精明能干的良好印象。双方决定第二天正式签约。由于时间尚充裕，厂长请外商到车间参观。车间秩序井然，外商也感到满意。不料，就在这时厂长突然感到喉咙不适，本能地咳了一声，到车间的墙角吐了一口痰，然后连忙用鞋擦去，地上留下一片痰迹。第二天一早，翻译送来了外商写来的一封信，信中写道："尊敬的厂长先生，我十分佩服您的才智和精明，但是您在车间里吐痰的一幕使我彻夜难眠。恕我直言，一个厂长的卫生习惯可以反映一家工厂的管理素质。况且，我们今后将生产的是用于治病的输液管。贵国的成语说得好：'人命关天！'请原谅我的不辞而别。否则，上帝会惩罚我的……"

这是一个真实的事例，由此证明一条公关准则："公关无小事。"组织形象是大事，而良好的组织形象又是由千千万万桩小事、千千万万个员工的个体行为体现出来的。所谓"礼多人不怪"，在市场经济的氛围下，人们不仅为自己，也为组织，均应更多地学习社交礼仪的知识，帮助自己顺利走向市场、立足市场。

在人们社会交往的举手投足之间，是否拥有礼仪，能否讲文明、懂礼貌，已成为衡量人们文明修养水平的尺度。一个组织的文明水准程度是与组织内员工的文明水准程度密切相关的，它依赖于每个员工的学习和修养。组织员工通过公关礼仪的学习，用礼仪观念滋润心灵，用礼仪准则规范言行，可以提高个体的素质水平，进而提高组织整体的文明水准。

现代社会文明程度的提高，自然促进了人的素质的提高，高素质的人对礼仪文化也就更重视。在当今社会学习现代社交礼仪具有深远的意义。多学一点社交礼仪，它可以免除交际中的胆怯与害羞，它可以指点交际中的迷津，它可以给你平添更多的信心和勇气，使自己知礼懂礼，成为一个有教养的、有礼貌的、受人欢迎的现代人。

礼仪与道德修养

在社会交往中，人们讲究礼仪是符合道德的，也是符合真善美的要求的。那么礼仪与道德有什么内在联系？我们具体应如何加强道德修养，提高礼仪水平呢？

礼仪与道德是紧密相连的关系，道德是礼仪的基础，礼仪是道德的表现形式。

礼仪是一种修养，是多层次的道德规范体系中最基本的道德规范，它属于道德体系中社会公德的内容。如文明举止、谦恭礼让、礼貌待人、与人为善、诚实守信、孝敬父母、尊师敬长、遵守公共秩序、维护社会公益、尊重与爱护他人的劳动等，这些既是礼仪规范的要求，又是中华民族的传统美德。礼仪不仅显示出人的道德情操和知识教养，也能帮助人们修身养性，完善自我。因而礼仪也是评价个人道德修养水平的标准之一。

任何一种礼仪都离不开道德，"道德仁义，非礼不成"，以礼待人，按礼行事，正是道德高尚的反映。从这个意义上说，礼仪也是待人处世的规矩，是维系社会生活的纽带。它能帮助人们约束自我，正确处理个人与他人以及社会的关系，从而创造出和谐温暖的人际关系和社会环境。人们之所以讲究礼仪、称赞礼仪，并非因为喜欢表面形式，而是看重其中所包含的道德内涵，即对交往对象的真诚敬重。礼仪既依赖道德，又对良好的道德品质的培养具有极为重要的作用。

礼仪是社会交往的润滑剂。法国启蒙思想家孟德斯鸠曾说："礼貌和必要的礼节是人际关系的润滑剂和人际矛盾的缓冲器。"这同孔子的"礼之用，和为贵"的思想是相通的。尽管人与人之间的矛盾冲突不可能都通过礼貌或礼仪来解决，但它的确能帮助人们艺术而巧妙地处理各种复杂的关系，减少冲突，缓和气氛，软化矛盾，有利于问题的解决。

对于礼仪和道德的相辅相成的关系，英国哲学家约翰·洛克有过精彩的论述："礼仪是在他的一切别种美德之上加上的一层藻饰，使这些美德对他具有效用，去为他获得一切和他接近的人的尊敬和好感。没有良好的礼仪，其余一切成就都会被人看成骄奢、自负、无用和愚蠢。""美德是精神上的一种宝藏，但是使它们生出光彩的则是良好的礼仪；凡是一个能够受到大家欢迎的人，他的动作不仅要具有力量，而且要优美……无论办什么事情，必须具有优雅的方法和态度，才能显得漂亮，得到别人的喜欢。"这就是说，良好的礼仪能体现人的高尚的道德修养，使他获得人们的尊敬和好感。当然，也只有优良道德修养的人，才会有得体的礼仪形式和可人的仪表风度。

1. 礼仪类型

从施礼者的不同动机来分析，礼仪也有不同的类型。现实中大体存在三种礼仪类型。

君子礼仪。这类礼仪所要传递的信息并不完全是出于对交往对象的尊敬，而是为了表达自己有教养，从这种礼仪形式中获得洁身自好的主观满足。这种礼仪只有形式，而缺乏道德信息，实际上无助于人们之间的道德交往和相互理解。

功利礼仪。这种礼仪通常出于功利，为了获得实利、效益而讲礼仪。随着市场经济的发展，人们意识到礼仪服务在商业竞争中的经济功能，是实现经济效益的一种有效手段，因而受到重视。然而，功利礼仪的服务意识尽管能带来一定经济效益，在经济发展中有一定的积极作用，但有其狭隘性，有待进一步升华。

道德礼仪。这类礼仪出自对交往对象的真诚敬意。道德信息与礼貌言行的表里一致是这种礼仪的特征。这正是我们应该大力倡导的社会主义的道德礼仪。只有这类道德礼仪才是现代礼仪发展的方向。

2. 道德修养的含义

道德是调整人与人之间以及个人与社会之间关系的行为规范的总和。它是做人的规矩和行为准则。道德是用善恶标准进行评价，依靠社会舆论、内心信念、传统习惯和教育的力量来维系的。

个人道德修养的内容比较广泛，包括道德认识、道德情感、道德意识、道德信念、道德行为和习惯等，其中最主要的是道德意识修养和道德行为修养。道德意识修养主要是通过学习道德知识，形成正确的道德观念。从社会主义道德意识修养来讲，主要包括四个方面的内容。

（1）履行"五爱"的道德义务

了解以为人民服务为核心、以集体主义为基本原则的"五爱"要求，履行"五爱"的道德义务。社会主义道德建设的基本要求是爱祖国、爱人民、爱劳动、爱科学、爱社会主义。这个基本要求，就是要把"五爱"在社会生活的各个方面体现出来，建立和发展平等友爱、团结互助、共同前进的人际关系。"五爱"是评价和判断我国公民道德行为的普遍标准，加强道德修养，首先就必须了解和履行"五爱"的道德义务。与此同时，还应当在全社会积极提倡奋力开拓、公而忘私、勇于奉献的最高境界的道德修养。

（2）加强职业道德修养，认真履行角色道德

为了树立和发扬社会主义道德风尚，在我们社会的各行各业，都要大力倡导和发扬爱岗敬业、诚实守信、办事公道、服务群众、奉献社会的职业道德。职业道德是与人的职业角色和职业行为相联系的一种高度社会化的角色道德，是调节从业人员与服务对象之间关系的行为规范。正如恩格斯所说："每一个行业，都各有各的道德。"它要求做"官"有"官德"，治学有"学德"，行医有"医德"，从艺有"艺德"，经商有"商德"。作为商业工作者就要自觉坚持爱岗敬业、诚实守信、遵纪守法、平等竞争、童叟无欺、优质服务等职业道德标准，以维护商业信誉，创造最佳效益。尽管不同的职业有不同的职业道德，但其核心内容是相同的，这就是履行角色道德，全心全意为人民服务。

（3）在社会公共生活中要有社会公德的修养

社会公德是每个社会成员在公共生活中必须遵守的基本行为准则。在我们的社会公共生活中，要大力倡导和发扬文明礼貌、助人为乐、爱护公物、保护环境、遵纪守法、见义勇为、扶贫济困的社会公德，自觉遵守公共秩序，自觉履行对国家和社会的义务等。

社会公德具有共同性、群众性、简易性和继承性的特点。遵守公德，人人有责，不管何人，概莫能外。而讲文明、重礼仪，则是社会公德的集中表现。

（4）要有良好的家庭伦理道德修养

家庭是社会的细胞，是人类社会生活的基础组织形式。从伦理道德上调节社会成员家庭生活的最好方式，是大力倡导和发扬尊老爱幼、男女平等、夫妻和睦、勤俭持家、邻里团结的家庭美德，巩固和发展夫妻间的爱情、父母子女间的亲情，并使之具有崇高的伦理道德内涵。爱情、亲情与其相应义务的统一，是社会主义家庭美德的基础。一个在家庭伦理道德方面修养不好的人，在社会交往和商务活动中也很难成为佼佼者。

道德行为修养，就是要努力把自己的道德意识转化为具体的行为。道德行为是构成道德品质最重要的因素，也是衡量一个人道德水平高低和道德品质好坏的

客观标准。看一个人是否具有高尚的品德，不在于他的言论是否动听，而在于他的行为是否高尚、言行是否一致，是否始终如一地把道德原则和规范贯穿在他的实际行动中。

道德行为的最大特点是自觉性和习惯性。雷锋、焦裕禄、孔繁森等站在时代前列的先进人物，他们的行为都具有高度的道德自觉意识和习惯性。形式主义和违心的道德行为是不会有好效果的，即使眼前有效，但难以持久。因此，要形成良好的品德，就必须加强道德行为的修养。

进行道德修养，首先要努力学习，树立崇高的道德理想。不仅要学习马克思主义的伦理道德知识，学习先进人物的高尚人格和品德，而且要广泛地学习人类社会文明的成果，使自己能从多种知识中认识社会和人生。而学习礼仪知识，注重礼仪美，也是进行道德修养的重要方面。

"纸上得来终觉浅，绝知此事要躬行。"进行道德修养也是如此。在当前，就要积极参加两个文明建设的实践，在改造客观世界的同时改造主观世界，坚持知和行的统一，"从我做起"，坚持"躬行实践"的修养方法。

在进行道德修养的过程中也会伴随新旧道德观念的斗争。因此，要严于要求自己，经常检查自己的言行是否违背道德原则和规范。这就是古人说的"内省"的方法。

进行道德修养，贵在自觉，重在"慎独"。"慎"是谨慎；"独"是独处。就是说，当只身一人在没有任何监督的情况下，也不做任何不道德的事。只有时时处处用"慎独"的精神要求自己，才能真正成为一个有道德的人。

进行道德修养，必须从小事做起。也就是说，对一些小事情，也要认认真真、一点一滴地去做，要像古人所说的那样，勿因善小而不为，勿因恶小而为之。

礼仪与气质的培养

气质直接影响一个人的形象，一个气质好的人在社交活动中会给自己增加无形的魅力，使人愿意与之交往。气质不仅表现在人的情感活动的强弱、快慢、隐现和意志行动的力量、速度上，还表现在思维的灵活或迟钝上。在现代社会生活中，一个人给别人留下的印象，气质所占的比重越来越大。

古往今来，对气质的解释是多种多样的。

希波克拉底认为人体内有四种液体：血液、黄胆汁、黑胆汁和黏液。他根据四种液体在人体内所占的比例不同，把人的气质分为四类：多血质、胆汁质、黏液质和抑郁质，心理学上称为气质类型，一直沿用至今。

多血质型。此种类型的人情绪兴奋性高，外部表现明显，在工作、学习中，精力充沛，而且效率高。反应迅速而灵活，表现为情感发生迅速，对人、对事易发生情绪反应，但情绪不稳定，心境变换较快。不随意反应性强，具有较大的可塑性。

具有这种气质的人，举止敏捷，姿态活泼，有生动的面部表情。言语表达能力和感染力强，思维敏捷，善于交际，但体验不深刻。待人热情亲切，但又显得粗心浮躁。办事多凭兴趣，富于幻想，但是缺乏忍耐心、毅力，不愿做耐心细致的工作。

胆汁质型。此种类型的人情绪兴奋性高，抑制能力差，反应速度快但不灵活，情绪体验强烈而持久。表现为情绪产生迅速，带着爆发式的特点。

具有这种气质的人，外倾明显，日常生活中表现为热情积极，易于激动，情感深刻而稳定，性情直率，精力旺盛，坚忍不拔，持久不渝，言语明确，富于表情，处理问题迅速坚决。但自制力差，情绪急躁，办事粗心，有时刚愎自用，傲慢不恭。

黏液质型。此种类型的人情绪兴奋性和不随意反应性都较低，内倾明显，外部表现少，情绪不易激动。反应速度慢，稳定性强。能克制冲动，严格恪守既定的工作制度和生活秩序。

具有这种气质的人，情感不易发生和暴露，心平气和，不易激动。但情绪一旦被激起，就变得强烈、稳固而深刻。行动稳定迟缓，说话慢且语言不多，遇事谨慎，三思而行。善于克制忍让，生活有规律，不为无关的事分心，埋头苦干，有耐久力。但往往不够灵活，注意力不易转移，容易固执拘谨。

抑郁质型。此种类型的人情绪兴奋性低但体验深刻，不随意反应性低，反应速度慢且不灵活，具有刻板性、内倾性。

具有这种气质的人多愁善感，情绪体验少而微弱，多以心静的方式出现。他们沉静含蓄、易相处、人缘好，办事稳妥可靠，但遇事缺乏果断和信心，生活中常有孤独的表现，工作易疲劳，疲劳后也不易恢复。

以上四种类型是基本类型，是从现实表现中抽出来具有典型化的类型。实际上，人的气质往往是多种多样的，纯属某一种气质的某些特征，或者介于两种类型之间的中间型或混合型。所以，我们观察和测定一个人的气质时，主要是看他具有哪些气质特征，而不一定机械地划为某种气质类型。

气质没有好坏之分。不能笼统地认为某种气质类型好，某种气质类型不好，因此在人的外在表现中也不起决定作用。它不能决定一个人的能力高低，更不能决定个人的品德好坏和成就大小。因为我们在不同生活领域的杰出人士中都可以找出不同气质类型的人。拿几位著名的文学家来说，普希金属于胆汁质型，赫尔岑属于多血质型，克雷洛夫属于黏液质型，而果戈理则属于抑郁质型。他们虽属于不同气质类型，却都在自己的事业上取得了杰出成就，都为后人所敬仰。

当然，我们说气质在人的外在表现中不起决定作用，并不等于说它对行为表现毫无关系和影响，实际上它对一个人的性格、职业选择、身体健康乃至交友择偶等都有一定的关系和影响。从职业选择来说，胆汁质的人由于易于冲动，缺乏自制力，就不适宜从事要长期集中注意力的工作，如精密零件加工和汽车司机。由于他们缺乏自制力，从事前者容易生产废品，从事后者则容易发生交通事故。从人的身体健康来说，医生们发现，气质特征与某些疾病发病率有密切关系。两位美国医生对同一医学院毕业的学生进行了30年的观察，发现易暴怒的胆汁质型学生中有77.3%的人患了癌症、高血压病、心血管病，而安静的黏液质型和开朗的多血质型学生中患有各种病症的分别只有25%和26.7%。因此，认识自己的气质对自己的生活、工作、健康等方面都有一定的关系和影响。

既然如此，我们能否在气质上扬长避短呢？回答是肯定的。虽说我们也常听人说："江山易改，本性难移。"但这只是说"难移"，并不是说不能"移"。只要通过气质测验，认识了自己的气质特征或气质类型，就可以经常有意识地控制自己气质的消极方面，发扬它的积极方面，扬长避短，做自己气质的主人。

气质是优雅的谈吐、得体的举止，是与人交往的态度、行为、语言规矩。一个人的气质是思想道德、文化修养、心理素质等多种因素的综合反映，仅靠外在打扮是很难造就的。包装可以增色，但不能"无中生有"。所以青年人要加强自身修养、提高文化素质，这样就会增加几分迷人的气质和诱人的魅力，使自己在社交活动中具有吸引力。

气质美表现在丰富的内心世界。理想是内心丰富的一个重要方面。因为理想是人生的动力目标，没有理想的追求，内心空虚贫乏，是谈不上气质美的。

品德是气质美的又一个重要方面，为人诚恳、心地善良是不可缺少的。文化水平在一定程度上影响着家庭生活的气氛和后代的成长，此外还要胸襟开阔。

气质美看似无形，实为有形。气质美是通过一个人对待生活的态度、个性特征、言语行为等表现出来的。

气质美还表现在举止上。举手投足，待人接物的风度，都属于此类。朋友初交，互相打量，立刻产生好的印象，这个好感除了言谈之外，就是举止的作用了。与人交往要热情而不轻浮，大方而不做作。

气质美还表现在性格上。这就要注意自己的涵养，要忌怒、忌狂，能忍让，体贴人。

温柔并非沉默，更不是逆来顺受、毫无主见。相反，开朗的性格往往透出天真烂漫的气息，更易表现内心感情，而富有感情的人更能引起别人的共鸣。

高雅的兴趣也是气质美的一种表现。爱好文学作品有一定的表达能力，欣赏音乐有较好的乐趣，喜欢艺术有基本的色彩感等。有许多人并不是大诗人，但在他们身上却洋溢着夺目的气质：聪明、洒脱、敏锐、认真、执着、精明、干练。这是真正的美，和谐统一的美。

第 2 辑
个人礼仪

服饰礼仪

常言道："佛要金装，人要衣装。"意思是服装对一个人非常重要，它被誉为人体的第二层肌肤。在远古时代，人们就开始意识到了服装的御寒功能，随着社会的发展与人们审美意识的不断提高，人们给服装又增添了遮羞与美的目的。在现代生活中，服装美已经成了人体的延伸，是一个人的思想、文化的外在表现，具有了交际的生活美的意义，是一种无声的美感交际语言，正如莎士比亚所说的："服饰往往可以表现人格。"穿衣在现代社会已经是一门高深的学问、一种艺术创造。

1. 穿着要得体

服装的选择并不在于服装的材料是否昂贵，也不在于样式如何怪异，而在于衣服的颜色、样式等是否和穿着的人与其所处的环境达到和谐与统一，能够使二者融为一体，成为"得体"的服装，否则，会引起不必要的麻烦。

有一个女孩，她热情开朗，在工作中也十分认真、努力，但是她在公司里的发展，和其他的人相比总是逊色不少，为此她非常苦恼并请求朋友的帮助，于是朋友来到她工作的公司进行了实地考察。刚一走进她的办公室，朋友就被眼前的一切吸引住了，宽敞明亮的写字间中，数十名员工在紧张忙碌地工作着，电话铃声、计算机敲击键盘声、职员们小声议论声夹杂其间，一派繁忙的工作景象。很快，一个靓丽的身影吸引了朋友的视线，只见那个靓丽身影的女孩侧坐在工作椅上，以手托腮，若有所思，上身穿夺目的红色 T 恤衫，下身穿带有大花朵图案的沙滩裙，若走在街上，无疑是个俏丽的时髦女郎，但是在这样一个忙碌的办公室里，显得格格不入。等那女孩转过头来，朋友才发现是自己认识的那位女孩，而且脸上涂着靓丽的彩妆，整个人装扮得像夏日里的玫瑰一样炫目。朋友赶快把女孩拉到一旁对她说："我知道你的问题所在了，关键在你的装束上，远远看去就像一个悠闲的女学生在考虑假日的游玩计划呢，在这个忙碌的办公室里，你显得格外特别。"女孩委屈地说："我正在为公司的一项业务伤神呢，他们怎么看不出来？"朋友说："这全是你的穿着惹的祸，你看这写字间里的男士们全都穿着很整洁、颜色单一的衬衫、西裤，女士们都穿着颜色柔和优雅的套裙，给人以精练、能干和高效率的感觉，而你打扮得花枝招展，像个来这里作秀的花瓶，老板怎么会给你委以重任呢？"女孩恍然大悟，从此在穿着上多加研究，并且在业务上更加积极努力，不久她就扭转了在公司的劣势。可见，穿着直接影响一个人的形象，从而影响对外交往的效果。

那么，怎样才能穿出品位，穿出气质呢？

第一，要整洁。无论在什么场合，穿什么款式的衣服，都要讲究整洁，整齐与清洁是美感的前提。

第二，要协调。即个性服饰与社交环境相协调，服饰与自身社会角色相协调，穿着与个人条件相协调。

个性服饰与社交环境相协调，是指在服饰穿戴上要有个性，要根据个人主观的爱好、气质、修养、审美等，选择充分体现自身个性的服饰，给人以强烈的美感，突出独特的一面。英国前首相撒切尔夫人，素有"铁娘子"之称，个性鲜明，在服饰上也有很多独到的见解："我必须体现出职业特点和活力。"她认为，女性过分化妆会给人以男人的玩物、花瓶之类的浅薄的感觉，所以她偏爱深色、凝重的服装，凸显她严谨、高雅的女政治家的个性风采。

讲究个性一定要和社交的环境相协调，做到天时、地利和人和的统一，即时间、地点和场合相和谐。天时就是要合乎季节，服装要随着季节的转换而转换，不能冬行夏令，冬季到来的时候仍然穿着秋季的甚至夏季的服装，这样会给人以异样的感觉。还要人和，即跟上时代的步伐，如果现代人仍然穿着长袍马褂，一定会引起人们奇异的目光。同时流行还会不时地重复，"老古董"稍加改动，往往会令你大为"时髦"一番。

地利是要求服装要与所处的社交地点和场合相协调，在办公室要穿典雅庄重的职业装，否则会遭遇上面那个女孩的困扰。出席婚礼，服饰的颜色要略微鲜艳明亮一些，但是不可以过度，否则会压倒新娘的光彩，是不礼貌的。参加葬礼、吊唁活动，则应该穿着深色凝重的衣服。在家中可以穿着舒适的家居服，但是有客人拜访时，一定要换装再与客人见面。同时还要注意与社交对象协调，从而缩短彼此的距离，营造融洽的气氛。

服饰要与自身社会角色相协调，是指每个人都是生活在社会中的一员，社会性是人的本质属性，那么每个人在自己不同的社会角色中，要遵守不同的社会规范，服饰也要有相应的变化。置身家中的太太、先生可以随意地穿着；办公室的办公人员，女士要着套裙，男士要着西服；法院的法官或警察要穿制服，这都说明服饰要和自己的社会角色相一致，通过服饰往往能使别人在经济程度、受教育程度、社会地位、道德观念等对你有一个判断，如果不加以注意，往往会影响社交效果。

第三，要合理搭配。服饰要与自身的肤色、身材、性格相搭配。中国人多为黄种人，一般不宜选择与肤色相近或颜色较深暗的衣服，如土黄、棕黄、深黄、蓝紫等，因为它们会使黄色更加凸显。黄皮肤的人适宜穿着暖色调的衣服，如红、粉红、米色以及深棕色等。身材和服装的搭配也很重要，也就是所谓的合身。试想一下，如果瘦人穿了宽松衫，胖人绷着紧身服，再美的服装也会尽显其丑。因此，身材矮小适宜穿造型简洁、色彩简单明快、小碎花形图案的服饰，身材高大的若稍胖，可以穿条形、不太肥的衣服。肩过宽的人适合穿柔软、贴身的深色上衣，穿袖口挖得很深的背心。肩过窄的人适合穿大翻领、带垫肩的衣服，或横条纹的上衣。腿粗的人适宜穿下摆的长裤，或拖地长裙，或直线条纹的裙、裤，下身选择深色系列，脚穿高跟鞋。腿细的人适合穿横条纹的裙、裤，注意裙长及膝3厘米左右，不可选择高于膝盖以上的短裙或超短裙，宜穿浅色服装和丝袜，脚穿简单式样的低跟或平跟凉鞋等。另外，服装还要符合个人的性格，"以天下之人，形同者有之，貌类者有之，至于神则有不能相同者矣。"每个人都有自己的性格特征，服饰也要顺其自然，合乎性情，否则会带给人滑稽可笑的感觉。例如，让一个活泼好动的人穿上中规中矩的西装或燕尾服，一定会令他感觉浑身不自在；相反，让一个稳重的人穿上流行前卫的运动装也会不协调。

现今的服饰丰富多彩，能与精神生活进行适当的调节，可以让缺乏自信的人壮胆增色，让心情忧郁的人表现自我，同样的服装换种穿法，就能表现出不同的语言，产生不同的意味。像衬衫领扣解开给人一种随意、轻松的感觉，扣上就换了另外一种感觉，让人觉得正式、稳重。其实，任何一种穿法都好，最主要的是要协调，能渲染个性色彩。总之，我们应该全面地考虑各方面因素，全方位地利用好服装这个手段，打造社交中有魅力的交际宠儿。

2. 色彩搭配要高雅

色彩是视觉艺术的魔术师，不同的颜色能给人以不同的感受，红色热烈，橙色兴奋，黄色光明，绿色清新，黑色沉静，蓝色庄重，紫色神秘，白色纯洁，色彩的搭配在服装中占有举足轻重的作用。

著名影星章子怡偏爱浅浅的水粉色，这与其小巧的五官、清纯的气质很相符，其性情纯洁而又浪漫。节目主持人曹颖则喜爱黑白两色，这不能不说是其稳重性格与青春气息的真实写照。以《春天的狂想》一夜成名的袁泉，她对蓝白搭配的"清爽的造型"特别钟爱。

不同的人有不同的肤色和发色，眼睛的颜色也不一样，这些在选择服装时都要加以考虑。肤色白皙或小麦色有透明感，眼睛是咖啡色，头发为咖啡色系，脸型为圆形、椭圆形、四角形，这样属于明亮、明快的色调类型，任何鲜明的色彩都可以成为这种色型的搭配，并可以以深色为配色。如果肤色是偏暗且带有温暖色泽的棕色，眼睛是咖啡色或者砖红色，头发是咖啡带红或者驼毛色，脸型以四角形或偏四角的椭圆形为主，那么原色带有一点琥珀棕色，或酒红、深红、咖啡色的服装都是不错的搭配。肤色偏淡，有着浅粉色像水蜜桃般的脸颊，脸型多为圆形或丰满的椭圆形，眼睛和头发为咖啡色或者柔和的黑色，眼睛、头发与肤色间对比不强烈，给人以个性温和的感觉，这种温和色调的人适合柔和或沉稳的亮色服装。如果肤色的亮度感很强，眼睛是乌黑的，头发为深黑色或带点亮度的咖啡色，那么属于黑亮色调型，任何强烈的色彩搭配都适合这类人，黑色穿在这类人身上顿时鲜活了起来，应该选择深色为基调，搭配鲜艳色彩，颜色对比越强烈就越能给人留下深刻的印象。在社交活动中，我们不妨多注意色彩这一手段的运用，能给别人留下更深刻的印象。同时，也会给社交活动带来意想不到的效果。

3. 选择一些小佩饰

佩饰是指除去衣物以外的一些能增加美感的配件，包括耳环、项链、戒指、手镯、胸针、丝巾、帽子、眼镜、手表、皮带、领带夹等,它对于服饰美无疑起到了重要的补充作用。试想一位职业女性,从头到脚都是深色的职业装,整个人显得死气沉沉,但如果这时戴上一条颜色鲜亮的丝巾或者别致的帽子,再配以造型新颖的胸针,整个人必定会增添不少魅力。在现代社会,各种各样的小佩饰已经成了服饰美不可或缺的部分,并且起到越来越重要的作用。

一位公众演说家要求珠宝匠为她打制一只形状像茶匙的金质大别针,她将这只别针别在右胸口,她解释她的策略道:"每个人寒暄时握住我的右手,跃然入目的就是这只大别针,这时话匣子也就因此打开了。"她说:"我都是在商业餐会上应邀演讲,人家免不了招待我早餐、午餐或晚宴。我热爱我的工作,当然能享用美食亦为主要原因之一,就连首饰配件我都要选择餐具的形式。"相信她的解释会使她与别人的谈话以轻松有趣的开场白开始,也使她增添了许多魅力。佩饰并不是随意佩戴的,它要与你的服饰、活动内容、环境等保持和谐一致,下面来说一说几种饰物的佩戴。

(1)丝巾的佩戴

丝巾既能衬托服装造型的高雅,还可以修饰形体,使身材显得高挑修长,并且可以搭配衬衫、手镯、腰带、发带等,一物多用。初学者应该从长方形丝巾开始,质地轻柔的长方形丝巾使用方便,适于变换不同造型和服装相搭配。质地较厚、印有夸张的大字商标的丝巾不适合初学者使用,因为一旦使用不好,会影响整体的效果。同时要考虑丝巾的色彩和自己肤色、服装的搭配,可以用亮色的丝巾来弥补色彩灰暗的不足,或用单色丝巾来平衡过于跳跃的亮色。

(2)首饰的佩戴

对于首饰,有的人认为它是穿金戴银、珠光宝气、俗不可耐的代名词,实际上绝妙的首饰佩戴,能为一个人增添不少高贵的神采。

凯特是一位女性经济评论家,她有着白皙的肤色、浅棕色的头发和深棕色的眼睛,她穿着一套浅灰色套装搭配白衬衫出席并主讲了两场演讲。在第一场演讲中,她没有佩戴任何首饰,听讲人会后反映,他们赞同凯特的口才,但是他们认为演讲的内容没什么新意,和其他类似的演讲大同小异。在第二场演讲中,凯特特别在靠近肩部的地方别上一只明亮的金色大玫瑰花型胸针,并搭配一对镶珍珠的金色耳环。令人难以置信的是,听讲人对这次演讲的内容反应热烈,并赞美这是一场生动且有丰富内容的演讲。形象专家解释说,凯特运用了与灰色呈现相反性质的金黄色,在她身上制造出最完美的对比效果,让她一上台就立刻吸引了台下所有人的目光。金黄色与她头发和眼珠的色调十分搭配,相得益彰,使观众很容易接受她的形象与讲话。同时,金黄色是最容易集中目光,有助于头脑快速运转的颜色,从而使观众不知不觉被吸引,并集中全部心思,从而觉得演讲内容很有意思。可见,社交生活中首饰确实能起到意想不到的作用,但是需要注意的是,在社交场合,佩戴的项链应该是体积不大、比较精美细致的金链或者珍珠链,如果出席晚间舞会或者宴会,还可以采用光彩度较高的项链,使自己在柔和环境中醒目一点,忌讳佩戴做工粗糙、质量低劣的廉价物出席庄重的场合。参加宴会、舞会之类的社交活动,一般佩戴高贵、华丽的首饰,容易表现身份。如果身穿礼服,那么首饰必须选择符合传统礼仪的款式,不要过于新奇。参加沙龙之类的社交活动,应选用具有鲜明主题的首饰,如戴标志性的首饰,可以从中引出话题。当你去拜访长者、前辈时,应该使用颜色不太鲜艳的首饰,可以避免带来不必要的拘谨。参加聚会、联谊等社交活动,应该使用一些活泼款式的首饰,如色彩鲜亮的胸针、耳环等,这样可以显示你对参加活动很感兴趣,使周围人觉得你是带着愉快的心情来参加活动的,从而留下良好的印象。

(3)耳环的佩戴

耳环是女性的主要装饰,佩戴得体,会使女性容颜变得秀美,每个人都要根据自身的脸型、肤色、发型、服装来选择不同的耳环。瘦脸的女性应该佩戴大而圆的耳环,从而使脸部显得丰满。对于本来已经脸部丰满的女性,应该选用重坠型串珠耳环,这会令脸部显得修长。

(4)戒指和指环的佩戴

戒指和指环一般佩戴在左手上,而且不要多于两个,佩戴在不同的手指上有不同的含义,戴在小指上,代表独身主义;戴在无名指上,代表名花有主;戴在中指上,代表正在谈恋爱;戴在食指上,代表自己是自由人,异性可以大胆地追求;大拇指一般不戴戒指。

(5)手镯、手链的佩戴

手镯、手链的佩戴规则与项链相似。戴手镯和手链时,不可以同时佩戴手表,而且手镯和手链在一只手上只能同时戴一样。

如果违背了这些，胡乱地佩戴一些饰物就会让人感到不伦不类，从而对你的评价也大打折扣。由此可见，合适地佩戴饰物无疑能为你的形象增添不少光彩，使你在社交活动中魅力倍增，也为你的成功社交起到画龙点睛的作用。

4. 适龄着装

也许你也会有这种感觉：走进服装店，那没有光彩的一角，多是卖老年服装的。一些老人抗议道："为什么我们就该永远穿灰色的、蓝色的？"最近街头出现了一些老年秧歌队，他们穿红着绿，涂脂抹粉，快活大方地扭动着，是为了锻炼身体，事实上这种锻炼比太极拳、迪斯科更吸引老人的，不只因其强度适中、简单易学，恐怕它那穿红着绿的装扮，也是一个重要因素，它满足了老年人爱美的心理，平时不敢穿，有这个机会，何不借此宣泄一番呢？

既然爱美之心人皆有之，那么服装和年龄又是怎样的关系呢？笔者认为，不妨先探讨一下人的"美"。不同年龄阶段的人有不同的美。年轻人朝气勃勃，富于青春美，年轻就是他们的财富；中年人风韵犹存而事业有成，使他们比年轻人多一份沉稳自信，而少一份浮躁；老年人则以其丰富的阅历和对人生的洞察，有一种气质之美，就像经历了繁华后的秋林，安详、平和而醇厚。因此不同年龄阶段的人有不同的美，对服装的需求也不尽相同。不论什么颜色、什么样式，穿上后能把你的容貌、气质很好地衬托出来，这样的服装就是适合你的。

（1）年轻人的服装

要恰到好处地衬托出青春气息，清纯、明快、简洁、易于活动，色彩艳丽固然不错，但一些柔和明快或色彩适中的服装也许能更好地衬托出生机勃勃，如女孩喜爱的淡粉、浅蓝、鹅黄、浅绿等。黑色、白色、浅驼色、银灰色等色对于刚刚步入企业的年轻女士特别适合，因为它可以适度地掩盖身上稚嫩的痕迹，给人以文雅、宁静的美感，无形中提高别人的信任程度。年轻人的服装应该朴素、大方，没必要穿很高档的，除非确实是工作需要。与其把很多钱和时间耗费在服装店，不如用来充实自己的头脑，提高自己的内在修养。

（2）中年人的服装

人到中年，自然与年轻时的心境不同，这往往能从装束上透出一点信息。有人想通过打扮找回青春，"再不穿就来不及了"，所以街上打扮得过于花哨、艳丽的，往往是这些人；还有些人则认为，自己已经成家立业，又不像年轻人那样正在谈恋爱，穿得过时一些也无妨。虽然这两类人想法与做法不一，但根本的认识错误都出于一点，即对中年人的美领悟不够，这实在是太遗憾了。中年着装，要突出成熟、自信、端庄的特点，有品位而不乱赶时髦。要有一两套质地好一些的衣服，样子不妨传统一些，比如男士的西服套装、女士的西服套裙，它们在任何时候都不会显得过时，而且不论上班或其他正式场合都可以穿。如果喜欢牛仔服，仍可以穿它，但如果已经开始发福，那最好还是不穿为妙，因为绷得紧紧的牛仔服，正好暴露出自己的身材。

（3）老年人的服装

老年人的服装穿上后应给人以生机勃勃的感觉，而不流于呆板、老气横秋，颜色不必保守，样式可以适当新潮。服装的质地很重要，纯毛、真丝制品是很能符合老年人的身份的。服装一定要整洁，否则，别人不但不会认为潇洒，反而会觉出一种衰老和落魄。

人的体型差异很大，过胖、过瘦、腿短、臀宽等不完美的体型，在应酬活动中都可能成为自身的不利因素。但若能了解自己的体型缺陷，根据体型的特点选择、设计自己的服装，就能扬长避短，掩盖体型上的不足，顺利地完成应酬活动。

体型较好的，即躯干挺拔、身体各部分的骨骼匀称的人，对服装款式的选择范围较大，着装时只要考虑服装与肤色、气质、身份、场合等的协调就可以了。

体型较胖的人，最好穿上下一色的深色套装。裤子的长度应略长一些，裤腿略瘦些，但衣裤不应过于紧窄，以免不适或意外出丑。女士忌穿连衣裙，忌用单调的横条纹。

体型较瘦的人，应尽量减少露在外面的部分，男士穿长袖衬衫，女士穿长袖连衫裙、褶裙、喇叭裙都较合适。女士同时应在胸前做些点缀，或打些褶。

肩窄臀宽的人，应该注意使用垫肩，使肩部看上去宽些，也可以在肩部打褶以增加宽度，还可以选择束腰的服装以衬托肩部的宽大。忌穿束肩上衣、宽大的外套夹克衫、无袖上装、紧袖长上装、下摆有横条纹的衣或裙。

腰粗的人，应选肩部较宽的衣服，以产生肩宽腰细的效果，女士不宜穿腰间打褶的裙，不宜把衬衫扎进裙子或裤腰中。

腿较短的人，可以选择上衣较短、裤稍长的服装。

腿较粗的人，宜穿上下同宽的深色直筒裤或过膝的直筒裙，不宜穿太紧的裤或太短的裙。

我们还可以通过衣领的变化，遮盖颈的缺陷。颈长的人，适合穿衣领较高的服装；颈短的人，可选择无领或低领的款式。

服装的面料不同、质地不同、花型不同，会造成形象上的不同感觉。粗呢、厚毛料、宽条绒等面料如果使用不当，会使胖人看上去更胖，增加笨重感。发亮的料子，比如绸缎和一些化纤面料，使人看上去丰满，因此胖人穿上会显得更胖，而瘦人穿则刚好。大花型的面料有扩张的效果，它使瘦人看上去丰满些，丰满的人看上去更丰满。小花型的面料能使丰满的人看上去苗条些，苗条的人看上去更苗条。花色面料还可以适当地修饰体型有缺陷的部分。比如女士腿型不美，可穿花裙，上身着素色衣；上身不美的，可以穿花衣，下身着素花裙。

与工作环境不相适应的着装可能是叛逆的标志。一家公司有位年轻、美丽的行政助理，自从她开始与摇滚乐手约会，便逐渐改变了端庄的穿着和职业女性的发型。改变装束是为了在下班后见男友时不必再换衣服。而不幸的是，正当她在事业上渐具竞争力时，却破坏了自己的职业形象。她的优势地位也伴随着她的职业形象一起消失了。

公然违背着装规则会被视为对权威的挑战。无论是女人穿超短裙，打扮得珠光宝气，还是男人经常敞着衬衫领口，穿运动夹克衫，给人留下的印象可能都是："我对工作不严肃。"不过，即使是办公楼里着装最佳人士有时也会左右为难，因为同时还要避免给人留下仅仅对衣服感兴趣的印象。

要以着装向人传达这样的信息为原则："我属于这里""我有独特的判断力和高雅的品位"。

一套服装是否适合你所处的环境受许多因素的影响：你的工作性质、居住的地区、气候以及特定的场合。

很显然，衣着是否合适主要决定于你的工作性质。常与别人打交道的工作一般需要使自己的着装更加职业化一些。与广告、软件开发或娱乐业人员相比，领导者应该选择较为保守的服装。你穿的衣服应让你能安全自如地完成工作中的各种活动。

在许多情况下，当地的气候决定着服装是否合适。衣服的面料要符合天气的情况，如果你在温暖的天气穿着厚厚的羊皮夹克，人们就会认为你连一些基本的常识都不懂。气候不仅影响服装的选择，还影响着鞋和外衣。在北方，男人常穿带翼波状盖饰的皮鞋，而且比其他地区的男人穿的鞋厚实。

环境和场合对衣着也产生决定性的影响。一家财务公司的合伙人清楚地记得，有一天他穿了一双带有流苏的鞋去办公室，路上不断有人问他："你要去打高尔夫球吗？"

不论是去适应一个新的工作环境，还是迁居到一个陌生的地区，你都可以从周围的人们那里获得着装是否合适的提示。

言谈礼仪

我们在日常生活中运用语言进行交流、表达思想、传递信息、交流感情，从而达到建立、调整和发展人际关系的目的。中国人讲究"听其言，观其行"，把语言谈吐作为考察一个人的人品的重要内容。

很多人在社交中总担心没有出众的言谈来打动别人，吸引别人的注意，以至于造成精神上的紧张，使表情、动作都变得十分僵硬，这都是自尊心太强造成的。因此，应放松心情，保持自己的既有特点，而不要故意矫揉造作。有的人在"亮相"时昂首阔步，气势逼人，在和别人握手时像钳子般用力，和别人谈话时死死盯住对方……这样故作姿态，不仅会令别人感觉难受，连自己也会觉得别扭。其实最好的办法是保持自己原有的个性和特质。

1. 言谈要准确

言谈准确就是口头语言表达的时候要合乎语言规范，主要就是要使用普通话。在我国，99%以上的人以现代汉语作为交际工具，而现代标准汉语（普通话）以北方话为基础方言，以北京语音为标准音，以典范的现代白话文著作为语法规范。说普通话要力求标准，少出差错。

要想使自己的普通话合乎标准，首先应当避免的是发音上的错误。由于汉字当中的形声字比较多，有的人常常想当然地读偏旁，结果就读错了音。还有的人不注意多音及异义字词的使用等。除了语音规范以外，遣词造句也应当力求准确。以称谓为例，我国汉族所用称谓词语规定得十分严格，亲兄弟的子女互称堂兄弟姐妹；亲兄妹、姐弟、姐妹的子女互称表兄弟姐妹。这些称谓所涉及的关系人们一听就能明白。

只有把话说对，说得准确，在语音、词汇、语法等方面遵循统一的标准，人们才能更好地传递信息、交流思想、联络感情。

2. 言谈要清晰

言谈清晰，就是要把话说得清楚、说得明白。这是进行有效传播的重要前提，能够消除社会交往中的语言障碍。那么，怎样才能把话说清楚、说明白呢？

首先，要反应敏捷，思路清晰。如果遇事抓不着头绪，"以其昏昏，使人昭昭"，说出来的话必然含混不清。

其次，在言谈中要尽量使用明确精练、通俗易懂的语言，避免使用模棱两可、似是而非、晦涩难懂的语言。

再次，说话要力求简单明了。生活中常有这种情形，有的人不顾场合、时间、地点，说起话来口若悬河，滔滔不绝；有的人车轱辘话来回说，生怕别人不解其意，或是穿插一些不必要的话语，节外生枝，不着边际。结果，要表达的信息被掩盖了，听者不知其所云。

最后，我们还应当特别注意同音异义字词的使用，以免发生误会。在汉语的口语当中，容易引起歧义的词语有很多。例如，"全部（不）及格""治（致）癌药物""该同志已上调（吊）本市（世）""老张同志是作协（鞋）的"，等等。遇到这类容易引起误解的词语，说话者可以换一种表达方式，交代清楚，如"全都及格了""治疗癌症的药物""该同志调到市里去了""老张同志是作家协会的成员"，这样对方就不会产生歧义了。

3. 言谈要有礼貌

说话容易，但把话说得礼貌得体、委婉动听就难了。这是在人际交往的更高层次上对说话者的一种要求。那么，怎样有礼貌地与人交谈呢？

第一，尊重对方，注意倾听。

被别人尊重的前提是先尊重别人，这在与人交谈中表现得最为明显。一个盛气凌人、随意插话、口不择言的人是不会有人喜欢、被人尊重的。注重倾听，是尊重对方的具体表现。有人认为，在交际场合中只有能说会道的人才是最好的交谈者。其实并不是这样。交谈是"说"与"听"两种行为方式的组合，倾听在交谈中也是十分重要的，许多杰出的人物都很注意在交谈中运用听的技巧。尼克松就非常赞赏周恩来在谈话中的专注神态，形容他是一位高度文明、彬彬有礼的外交家。松下幸之助曾用一句话概括自己的经营诀窍："首先要注意倾听他人的意见。"既然倾听如此重要，我们就应当巧妙地运用它。具体地说，倾听主要应注意以下五点。

一是主动积极，对对方的谈话表示出极大的兴趣，态度诚恳，认真倾听。

二是要全神贯注，不做无关动作，切忌心不在焉。

三是不要轻易打断对方的谈话。轻易打断对方的谈话是不礼貌的行为。

四是不介意对方的语言、动作特点，把注意力放在对方的谈话内容上。

五是要注意反馈，自然应答。及时反馈应答，不仅使对方有一种被重视的感觉，而且能增加对对方的语言准确的理解。

第二，学会礼貌用语。

礼貌用语，是指那些合乎礼节、礼貌规范的语言。常见的有以下七种。

（1）敬语

这是对人表示尊敬的礼貌用语。如初次见面称"久仰"，很久不见称"久违"，请人批评称"指教"，求人谅解称"包涵"，托人办事称"拜托"，等等。

（2）欢迎语

这是欢迎来宾时的礼貌用语。如"您好！""欢迎光临！""您的到来，使我们感到不胜荣幸！""再次见到您，真是十分高兴！"，等等。

（3）祝贺语

这是在节日或对方感到喜庆时的礼貌用语。如"祝您生日快乐！""祝您新年万事如意，身体健康！""祝贺您得了第一名！""祝贺您演出成功！"，等等。

（4）问候语

这是见面时对对方表示关心的礼貌用语。如"早上好！""晚安！"，等等。问候的对象还可包括对方的亲属、朋友、老师、上级等有关人员，这也是对对方关心的一种表现。如"经理最近工作很忙吧！""请转达我对他的问候。"，等等。

（5）征询语

这是主动询问对方的需求，以表示关心的礼貌用语。如"我能为您效劳吗？""您需要喝点什么吗？""您有什么事要我办吗？"，等等。

（6）应答语

这是在对方呼唤、感谢自己或者提出某种要求、表示歉意时的礼貌用语。如"请您吩咐！""不用谢！""我会尽力满足您的要求！""没关系！""别介意！"，等等。

（7）谦语

一是道歉用语，这是在无法满足对方提出的要求，或者给对方增添麻烦的礼貌用语。如"很抱歉！这件事实在没有办法做到。""真对不起,让您久等了！""打扰了！"，等等。二是自谦用语。如自称为"愚""鄙人""学生""晚辈"，等等。

其他的礼貌用语还有很多。总之，在公共关系活动中要根据不同场合和需要，注意使用礼貌用语，表现出应有的修养，使对方欣慰和愉快。

第三，采取委婉的表达方式。

在生活中，我们常常会遇见这样的情形：你不同意别人的主张，既不愿说违心的话，又不想发生争执；你想说服别人接受自己的意见，又怕引起反感；别人向你提出请求，你难以做到，又怕因拒绝而伤害对方的自尊心等。为了巧妙地应对这些情形，我们应当学会委婉地表达自己的想法和意见，使对方乐于接受。

具体地讲，说服别人时，应尽量采用商量的口吻，避免使用武断的词句。例如，将"我认为"改为"您是否认为"，把"我相信你已经意识到……"改为"您可能还没有考虑到……"，把"现在我向您证明"改为"您已经了解了很多的情况，现在可以得出结论了吧"，等等。这样，对方在接受你的意见时就不会感到勉强和有压力了。

拒绝别人的好意或是表达自己的不同意见时，最好也采用委婉的方式，使对方感到自己是受尊重的。例如，别人邀请你一道逛商场，你不想去或因故不能去，可以回答："我很想去，但事先已有其他的安排了，实在去不了，很抱歉。"如果直言"没空，去不了！"或"我不想去！"会使对方感到难堪。遇到持不同意见时，应当说"你的看法不够全面"或"你的说法缺乏根据"，这样就能避免因过于直白而伤害彼此的感情。

第四，声音大小要适当。

说话就如同唱歌一样，甜润动听的嗓音能使人在听觉上产生美感，再加上有趣的内容、优美的修辞、富有感情的语调，就使人更爱听了。说话是一门艺术，除了讲究抑、扬、顿、挫之外，还要求速度适中、强弱适宜、高低和谐、感情丰富以及曲折自然等。

有的人只要和别人说话，就喜欢加大嗓门，或者随便添上各种语气词，像"嗯""啊"之类，使听者感到极不自在。正确的做法是：说话时音调不要太高，能够让对方听清楚就行了。语气、语调也应当平和一些，尽量少用或者不用语气词。这样，听者就会感到亲切而自然。

4. 语言要风趣

我们不但要把话说得清楚明白、礼貌得体，还要把话说得有趣，增加语言的感染力，这就要借助幽默的力量了。

言谈要有幽默感。在社交中，谈吐幽默的人往往受人青睐。幽默既是一种性格特点，又是一种社交技能。没有幽默感的人在社交中往往会失败。在交际场合，幽默的语言极易接通感情的热线，迅速地打开交际局面，人们会在轻松的欢笑中，牢牢地记住你的风采，对你产生亲近感。大家能从幽默中感到被理解和启发，使气氛轻松、活跃、融洽。在出现争论、意见有分歧的难堪场面时，幽默、诙谐便可成为紧张情境中的缓冲剂，使朋友、同事摆脱窘境或消除敌意。此外，幽默、诙谐还可以用来含蓄地拒绝对方的要求，或进行一种善意的批评等。总之，其作用很大，平时应多积攒一些妙趣横生的幽默故事。

1965年11月，周恩来同志为斯特朗80寿辰举行了一场盛大的宴会。他在开场白中说："今天我们为我们的好朋友，美国女作家斯特朗女士庆贺40'公岁'诞辰。"并按中国的量词规定作了解释："40'公岁'，就等于80岁。"几百名中外祝寿者爆发出一阵欢笑声，使整个宴会气氛轻松欢快，中外朋友谈笑风生，倍感亲切。

要想把话说得幽默、风趣，首先就要有乐观的心态，努力发掘事物中有趣的地方。同时，还要敢于笑谈自己，不讳言自己的缺点、过失。此外还要加强自身的文化修养，广泛地汲取生活的养料，掌握驾驭语言的本领。

5. 言谈话题要恰当

言谈有了好话题，会使谈话融洽自如，便于交往。在选择合适的话题时，要注意以下五点。

（1）公共话题

在社交场合交谈时，应选择大家共同感兴趣、都可介入、方便发表意见的话题，诸如天气、当天新闻、家常琐事、现场气氛、环境布置等。千万不要只谈个别人才了解的话题，以免冷落了他人。

（2）谈话内容

交谈的内容不要涉及疾病、死亡等不愉快的事情，也不要谈荒诞离奇、骇人听闻、黄色淫秽的事情，应当谈一些健康、活跃气氛、有利于相互沟通的事情。在交谈中发现接触到对方反感的问题时应表示歉意，并换一个新的话题。

（3）尊重他人

在交谈中，对别人谈话中的错误最好不要当面指出，以免伤害了对方的自尊心。不要发起容易挑起争论的话题，如果遇有争论，应以礼相待，不要恶语伤人、挖苦讥笑。

（4）他人的隐私

交谈的话题一般不涉及他人的隐私，如询问女士的年龄、婚否、衣饰价格等，也不能直接询问对方的家庭财产、工资收入、个人履历等私人方面的问题。

（5）谈话要适度

男士一般不参与女士圈内的谈话议论。与女士谈话要宽容、谦让、尊重，不随便开玩笑。谈话内容要积极健康，免遭误解，引起反感。

总之，言谈要准确、清晰、礼貌、风趣，而且话题合适、内容健康，注意谈话顾忌，这样你就会成为一个愉快且备受欢迎的谈话对象了。

表情礼仪

人的喜、怒、哀、乐等深层次的心理感情都会从表情的微妙变化中反映出来，所以在进行人际交往时，要注意自己的表情。

人类有一个非常动人的表情，就是微笑。微笑是人际交往的一张通行证，面带微笑向他人传递着这样的信息：我很羡慕你；我很信任你；我愿成为你的朋友；我们会合作得很愉快等。

雨果曾说："微笑就是阳光，它能消除人们脸上的冬色。"

面带微笑是自信的体现，是礼貌的表示，是坦诚的象征。

真诚的微笑体现出一个人的淳朴、坦然、宽容和信任，可以反映出一个人极高的修养和待人真诚，而且非常容易被人接受，会为自己赢得口碑、好感和潜在的机遇。微笑是一种自然的表情，能够使他人感到愉快。一家公司在其广告中曾这样写道："微笑不费什么，但可以产生很多；它使得者受益，施者不损；它发生在瞬间，但回味无穷；没有富人不需要它，也没有穷人不拥有它；它给家人带来欢乐，给事业带来兴旺，给朋友带来愉快；它使疲倦者得到休息，失望者见到光明，悲哀者看到希望，它是消除痛苦的天然良药。它不能买，不能求，不能借，不能偷，因为在人们拥有它之前毫无价值。"可见，微笑在人际关系中的作用。适时地对他人报以微笑是有礼貌的表现。

人们总是相信和蔼可亲的表情、言语会给人带来好运。只要笑口常开，和善待人，就能获得别人的信任和爱戴。

我们的日常生活琐碎而忙碌，每天要承受很多压力，要和各种各样的人打交道。清晨走进办公室，同事笑着招呼一句："早上好！"整整一天我们工作起来都会轻松愉快。傍晚回到家里，爱人笑着问候一声："回来啦！"再寒冷的夜晚我们也会感到温暖如春。左邻右舍相逢一笑，可以增进感情，相处融洽。寂寞的旅途，与陌生人同行，微笑着点点头，彼此的戒备顿时消除。独自在外喝酒，向邻座的人微笑着敬上一杯，或许就多了一个可以倾诉的朋友……

学会微笑，你就会在社交中拉近与陌生人之间的距离，同他们结为朋友，使你在社交活动中深受大家的欢迎。

眼睛是心灵的窗户，是人的生命之光。"眉飞色舞""眉目传情""愁眉不展""怒目而视"等成语都是通过写眼神来反映人们的喜、怒、哀、乐等感情。透过眼神我们可以知道是含情脉脉还是无动于衷，是从容镇定还是紧张慌乱，是欣喜愉快还是悲哀沮丧，是精神振奋还是萎靡不振，是轻松自在还是拘谨尴尬……总之，一切尽在不言中。

在社交活动中，与人谈话时要有宁和、亲切的目光，既不咄咄逼人，又无怠慢敷衍之意，面部肌肉放松，露出微笑的神色，给人一种亲切感。

谈话时如果双目生辉、炯炯有神，这是心情愉快、充满信心的表现，它能有助你在社交中赢得对方的信任和合作。相反，双眉紧锁、目光无神或不敢正视对方，就会被对方看作无能，从而导致对自己不利的结果。

愤怒的目光能产生巨大的威慑力，柔和的目光可以产生强烈的诱惑力。诚恳、友好、坦然、坚定、专注的目光都是积极的。要避免轻佻、愤怒、轻蔑、奸诈、茫然、冷若寒霜等让人退避三舍的目光。

一般来说，双方在交谈中，应注视对方的眼睛或脸部，以示尊重别人，但是，当双方缄默不语时，就不要再看着对方的脸。因为双方无话题时，本来就有一种冷漠、踌躇不安的感觉，如果在此时注视对方，势必使对方显得更尴尬。

行为礼仪

古人很早就对人的行为举止做过要求。中国人讲究"站有站相，坐有坐相"。随着时代的发展，温文尔雅、从容大方、彬彬有礼已成为现代人的一种文明标志。礼貌的行为举止是人的一种教养，更是无形的财富。

1972年，美国前总统尼克松访华后对周恩来作了一番评价："通过接触，我终于了解了他，并对他产生了极大的敬意。他待人谦虚、沉着稳重，他优雅的举止，直率而从容的姿态，都显示出了巨大的魅力和泰然自若的风度。"由此可见，行为举止在社交中具有多么重要的作用。稳重，不管对男性还是女性，都是很重要的一条行为举止。

1. 行为举止有度

行为举止有度，是说一个人的行为举止要符合一定的标准，也就是我们常说的"站有站相，坐有坐相，走有走相"。

站相的基本要求：头、颈、身躯和双腿与地面垂直；眼睛平视前方，挺胸收腹，整个体型显得庄重平稳；两脚间距不要过大，以不超过一脚为宜。站立时间交谈时，双手随说话内容做一些手势，但不要动作过大，以免显得粗鲁。在正式场合，站立时不要空手插入裤袋里或交叉在胸前，更不要下意识地做小动作，如摆弄打火机、玩弄衣带、发辫、咬手指甲等，这样不仅显得拘谨，给人一种缺乏自信、缺乏经验的感觉，而且有失仪表的庄重。

坐相，即坐着的姿态。美的坐姿是端正、自然、大方。具体要求：在椅子或沙发上不要坐满，上身挺直，两肩自然放松，双手放在扶手或腿上，腿距与肩宽大致相等，两脚自然着地。在有靠背的座椅上就座时，身体可微向后倾，靠在靠背上，但不要仰靠，露出懒散的样子。女性穿裙子就座时，侧坐比正坐姿态更优美，但在答话时必须正对着人。另外，入座时的动作要松而稳，不要猛地坐下发出响声，穿裙子的女性在入座前可以自然地将腿部先靠近座位，测量一下椅子的高度，然后双腿略往前弯曲，使裙子垂直舒展，这时再轻轻坐下。

走相，即走路的姿态。走路时，身体应当保持正直，不要过分摇摆，也不要左顾右盼，两眼应平视前方，两腿有节奏地交替向前迈进，并大致走在一条等宽的直线上，步履轻捷，不要拖拉，两臂在身体两侧自然摆动。走路动作的口诀：以胸领动肩轴摆，提髋提膝小腿迈，跟落掌接趾推送，双眼平视背放松。每一个单步的步幅要根据自己的腿长而定，一般年轻人为70cm左右。摆臂的幅度约为30°，步频为每分钟100～120个单步。

2. 行为举止得当

在社会交往中，还应该做到行为举止得当。在适当的场合里，正确地运用行为举止，准确地表达自己的意愿。人们在交际中经常使用的礼貌行为举止有点头、举手、起立、鼓掌、拥抱等。

（1）点头

这是一种常见的礼貌行为举止，经常用于与熟人打招呼。用点头来打招呼时，点头者应用眼睛看着对方，面部略带微笑，等对方有表示时再转向他方。点头打招呼也可以在较大的迎送场合使用，当迎送者较多或距离较远时可以用点头表示敬意，也可以点头和握手配合使用。

（2）举手

这是一种常见的礼貌行为举止。如果由于条件所限，举手打招呼是最合适的，用这种随即的礼貌行为举止可以消除对方的误会，并感到与正常招呼差不多的意思。这种方式不但可以表示认出对方，而且可以在短距离内表达自己的敬意。

（3）起立

这是一种在较正式的场合使用的位卑者向位尊者表示敬意的礼貌行为举止，常用于集会时对报告人到场或重要来宾莅临时的致敬。在较正式的场合里，有长者、尊者要离去时，需要站起来送别他们。

（4）鼓掌

这是在社交场合表达赞许或向别人祝贺等感情时的礼貌行为举止。在正式的社交场合中，重要人物出现、精彩的演讲完毕或表演结束，人们可以用鼓掌的方式来表达感受。

（5）拥抱

这是传达亲密感情的礼貌行为举止。这种礼貌行为举止，在欧美国家应用比较广泛。我国通常用于外事活动中的送往迎来等场合，偶尔也用于久别重逢、误解消除等难以用语言来表达强烈感情的特殊场合，但这种表达方式在同辈异性之间都比较慎重，轻易不使用。

3. 行为举止文明

行为举止文明是与礼貌密切相关的，只有做到行为举止文明，才能礼貌周到。因此，与人交往的过程中，特别是与人交谈时，应避免下列不文明的行为举止。

（1）挠头摸脑

在交谈中，下意识地挠头摸脑是一种不文明的行为举止。这种不自然的动作既不卫生又显出过于拘束与怯场。它能造成他人对你的轻视，认为你缺乏社交经验、不懂礼貌或不善言谈。

（2）抠鼻挖耳

在公开社交场合，抠鼻挖耳是不文明的行为举止，不但容易给人一种感官上的刺激，而且会让人感到你很傲慢、不懂礼貌。

（3）抖动腿脚

抖动腿脚或许能消除紧张情绪，但却是一种很不文明的行为举止。它会使人感到你是一个缺乏自信心的人，而且抖动腿脚还会带动座椅一起抖动，从而影响他人，让人反感。

在与人交往时，除了以上需要避免的不文明的行为举止外，还应该注意交谈的距离。距离过近或过远都会有失礼貌——距离过远，会使交谈者误认为你不愿意与之接近，嫌恶他；距离过近，稍有不慎就会把唾沫溅到别人脸上，把口中或身上的异味传给别人，很令人生厌。如果对方是异性，还会使之戒备，甚至被误会。

4. 行为举止潇洒

在交际中，行为举止潇洒也很重要。行为举止潇洒，是指交际者要显出其风度。男士的行为举止应具阳刚之美，女士的行为举止要优雅得体。

男士的阳刚之美是指在交际中，男士应表现出刚劲、强壮、英勇和威武之态，给人以一种强壮的美感，而不要忸怩作态。

女士的潇洒则表现在举止的优雅得体上，在社会活动中，女士应表现出女性的温柔、娴静、典雅之美，动作要轻柔自如，但不要轻佻，更不可挤眉弄眼，最好能经常面带微笑，使人感到亲切友善。

态度礼仪

我们在与他人交往时，要真心实意、坦诚相待。真诚是我们在社交时的一种态度，是为人的一大美德，是人与人之间感情维系的纽带和桥梁。真诚是建立良好人际关系的基础和关键。

1. 保持本色不做作

内在的气质是最宝贵的。一个真正懂得与他人相处的人，绝不会因场合或对象的变化而放弃自己的内在特质，盲目地迎合他人。每个人都有自己独特的气质，保持一个真实的自我并不是要使自己与别人格格不入或标新立异，甚至明明知道自己错了或具有某种不良习惯而固执不改，而是保持自己区别于他人的独特、健康的个性。那些具有个性的人，也具备一定的魅力。

2. 不要不懂装懂

不懂装懂的人是令人厌烦的，特别是在长辈、知识渊博的人面前，更不要班门弄斧，以免贻笑大方。对自己不懂的东西或学问，哪怕是在后辈面前，也要不耻下问。

在长辈面前感到说话困难的原因是难以寻找共同的话题，当对方说了自己不知道的事情后，应老老实实地请教说："那么，请教教我吧。"这样，不但自己增加了知识，对方也传授了他的知识和经验，这是件好事，也是一种一举两得的交往方法。

3. 不掩饰自己的缺陷

真诚首先就体现在外在形象上，适当地掩饰是可行的，但过分地掩饰反而适得其反。身材矮小、皮肤黝黑，虽说是美中不足，但要坦然面对，以别的方面出类拔萃作为弥补，如果太过计较，难免跌入自卑深渊。

身材矮小的男士，如果穿上超出常规的高跟鞋"垫一垫"，会让人觉得比身材矮小还滑稽。

皮肤黝黑的女士，如果涂上一层厚厚的白粉掩饰，容易让人产生粗俗不堪的印象。

忘掉自己的缺陷，看到自己的长处，培养多方面的兴趣和爱好，把精力集中在更有意义的活动中，这才是最好的办法。

4. 不要否认自己的过错

有些人明明知道自己错了，却硬着头皮不认账，甚至还要为自己争辩，致使矛盾得不到解决，彼此的隔阂不能消除，相互之间的交往无法进行下去，还让人觉得此人蛮不讲理，像个无赖之徒。

如果一个人有勇气用让步的办法，主动承认自己的错误，这不仅有助于解决由这项错误所造成的问题，而且能够获得某种程度的满足感。

"人非圣贤，孰能无过？"如果你错了，就很快地、很诚恳地承认，这样你获得的友谊将使你分外满足。

第 3 辑 家庭礼仪

称谓礼仪

我国是礼仪之邦,人们在日常的生活交流中形成了既定的称谓关系。

1. 尊称语

现在对长辈老者,以"老"字构成尊称语较多,如"老伯""老人家""老先生"等。对德高望重的老人,常于"老"前冠其姓氏表示敬重,如"赵老""钱老""孙老"等。

"同志""师傅"是我国除了亲属以外的一种常用敬语,使用上不受年龄、地位、性别限制,但也有以"先生""女士""小姐""夫人"相称的。

2. 自谦语

使用自谦语的目的也是对他人的尊重,是我国的一种优良的交际传统,就连古代帝王也用"孤""寡"自谦称呼。不过,大多自谦语还是以"愚""愚下""敝人""不才""卑人""鄙夫""区区"等词构成。并由此延伸,称自己的文章或著作为"拙文""拙著",称自己的住所为"寒舍""陋室"等。

3. 家庭成员的介绍

在向别人介绍自己的亲属时,应谦恭地先说对方的姓名,如:"李先生,这是家父。""胡先生,我想请你认识一下我的妻子王敏。"

在介绍丈夫的父母时,仅用"父亲、母亲"的形式易使对方混淆误会,不如用"这是我的公公、婆婆"来得简单明确。

在具体的交际活动中,人们为使自己的礼节更显庄重优雅,往往使用敬称、美称、自谦语，如"令""尊""贤""家""舍""敝"等词。因为这些敬语在语气上已包含了第二人称的意义，自谦语在语气上已包含了第一人称的意义，所以在使用过程中不必再前冠人称代词，"您令尊""我舍弟"等称谓是会闹笑话的。

4. 职衔称谓

用职衔称呼对方为古今常见，这也是一种对对方表示尊敬的用语，但无亲切意味，同事亲友或关系密切的上下级之间往往很少采用，但有时在庄重场合，恐怕还得以职衔相称，如在某次董事大会上，身为总经理的儿子当着众多董事的面称呼身为董事长的父亲，就应该用职衔而非家庭关系来称呼。

家庭成员礼仪

亲戚之间相处要相互尊重，对尊长、平辈也都要彬彬有礼、互敬互爱。在交际中尚礼貌、重文明，是民族和国家具有文化素养的表现。在家庭成员的社会交往中，有时称呼对方的长辈时，都要加上一个"令"字，这是出于对亲属表示尊敬。同时，作为一家之主的夫妻二人，在日常生活中，也要重视礼仪。

1. 夫妻之间的礼仪

夫妻关系是家庭关系的核心，只有和睦相处的夫妻才会赢得幸福的家庭。健康的夫妻关系应遵循以下四条交往原则。

（1）遇事多商量，生活细节要讲究

夫妻具有平等的家庭地位，这是受法律保护的，因此，夫妻之间应相互信任。无论是有关家庭的决策，还是一方个人工作上的困惑或计划，都不应一个人说了算或各走各的独木桥、井水不犯河水，这样做对发展夫妻感情是十分有害的。夫妻在日常生活琐事中也要以礼相待，外出时友好道别，回来时亲切问候，虽朴素之至，却能唤起夫妻间崇高的爱情。

（2）切忌大男子主义，切莫唯我独尊

"男尊女卑"的思想直接影响到一部分丈夫，习惯耍威风，对妻子发号施令，不顾妻子的尊严，粗暴无理，甚至大打出手。也有的女性，从小在娇生惯养中长大，养成了唯我独尊的习气，眼中根本没有他人，就总想统治丈夫，漠视公婆，大谈"驯夫术",稍有不顺,便蛮横无理,大吵大闹。

（3）避免争吵

夫妻不可能事事统一、处处一致,夫妻间的争吵是难免的。争吵时情绪激动,容易口出秽言,说"过头话"、做"过头事",所以夫妻争吵有"四忌":忌口出秽言、忌"翻旧账"、忌"回娘家搬救兵"、忌人身攻击。为尽量避免夫妻间的争吵、降低争吵的程度,应注意五点:第一,多尊重、少责备;第二,主动认错、勇于自责;第三,多一分幽默、多一点宽容;第四,善于总结分析;第五,手下留情,家产无罪。

（4）相互了解,相互体贴

夫妻关系可以说是最亲密的,双方在日常生活中要多了解对方,知道对方的喜好和性格。同时要多体贴对方,理解对方的辛劳。遇事多为对方着想,不要轻易动怒吵架,这样伤了和气,也伤了感情。

2. 父母与子女之间的礼仪

父母是孩子的第一位老师。父母的文化素质、性格爱好,对于子女的自制力、思维灵活性、思维水平、果断性、求知欲等方面的发展,都有着相当大的影响。

（1）子女教育礼仪

①父母要以身作则:孩子在场时,父母不要吵架;任何时候都不要对孩子撒谎;父母与孩子保持一种亲密无间的关系;孩子提出的问题,父母要尽量予以答复;孩子的朋友来家做客,父母要表示欢迎;注意观察和表扬孩子的优点;对孩子的爱要稳重,不要动辄发脾气;父母不说违背社会生活准则和社会公德的话,不做违背社会准则和社会公德的事。

②父母对孩子不能溺爱,对孩子必要的批评,也是创造良好的家庭环境、教育孩子健康成长的手段。但批评一定要讲究方法,选好时机。

③父母应尽量缩短代沟的距离,要挤出时间和孩子在一起;要提高家庭透明度,把问题公开,使孩子了解父母的情况;鼓励孩子从挫折中重新站起来;培养孩子的自理能力。

（2）子女对父母应有的礼仪

首先,要尊敬孝顺。每一个人都是父母从小拉扯大的,都倾注了父母的大量心血,父母到了晚年,做儿女的应该对父母的养育之恩"反哺"、报答,不仅要有物质上的赡养,还要有精神上的安慰。

其次，不要干涉父母的事。父母有自己的社交、人情、利益开支，更有自己的思想感情，做子女的切忌越俎代庖，尤其是失偶父母再婚问题，子女应为父母自身的幸福着想，支持理解，不能粗暴地去干涉。

最后，注意婚后角色改变。结婚以后，男性不仅是父母的儿子，也是妻子的丈夫，还是自己子女的父亲，而女性的角色也与以前在娘家时不同了。因此，男性不仅要尊敬孝顺自己的父母，还要尊重妻子，孝顺妻子的父母；夫妻间有了矛盾，不要在父母面前爆发，最好是"枕边"解决；女性不能再任性、随便，要学会做家务事，不仅要对公婆尊敬和气，对丈夫也要尊重恩爱。

（3）婆媳之间的礼仪

儿媳与公婆虽然没有亲近的血缘关系，但是有一层深厚的法律关系，既有对公婆的赡养义务，也有对公婆的遗产继承的权利。所以，儿媳不应在公婆面前再分你我。儿媳千万不要忽视自己在家庭关系中的特殊地位。俗话说："儿子好，一半好；儿媳好，真正好。"在我国，一般认为婆媳关系是比较难相处的，但是其实如果双方都把对方当作自己的家人，相处起来就会和气得多。

（4）女婿与岳父母之间的礼仪

女婿如果想要取得岳父母的欢心，要注意以下三个方面的问题。

①在岳父母面前多夸奖妻子。

②多奉献、少索取。

③要时刻将岳父母的恩德铭记在心。

应酬礼仪

在日常生活中，我们与亲戚、朋友之间经常会有往来、聚会。我们常会被热情的亲戚、朋友邀请去做客，也常会邀请一些朋友来自己家做客。我们为了得体、礼貌地请客与应酬，需要了解有关方面的礼仪知识。

1. 待客礼仪

（1）准备

当知道有客人来访时，主人应提前做好准备。主人的服饰要整洁，家庭布置要干净美观，水果、点心、饮料、烟酒、菜肴等要提前备好。如果是正式宴请，如婚礼、寿诞等，还要预先送请柬或电话邀请，确定宴请时间、场所，排好座次遴选客人，落实宴请形式、规模、档次。

（2）迎接

客人在约定时间到达，主人应提前去门口迎接，不应在房中静候，最好夫妇一同前往，女主人在前。如果有客人突然临门，要热情相待。如果室内未清理，应致歉并适当收拾，但不应立即打扫，因为打扫有逐客之意。

（3）问候寒暄

见到客人，主人应热情招呼，主动伸手相握。如果客人手提重物，主人应主动帮忙，对长者或体弱者可上前搀扶，进入室内应把最佳位置让给客人。如果客人是初次来访，主人应向其他家人或客人作介绍。主人的表情要面带微笑，步履轻松，不能有疲惫心烦之感。

（4）敬烟、茶招待

在一般情况下，来客如果是男士，客人落座后，主人可以向其敬烟，敬烟忌用手直接取烟，应打开烟盒弹出几支递到客人面前请客人自取，敬烟不能忘了敬火，如果主人也会吸，应先客后主。

冲泡茶时，先要清洁茶具，每杯茶应倒2/3为宜，"浅茶满酒"，敬茶应双手捧上放在客人的右手上方，尊长者先敬。

（5）陪客交谈

客人坐下，奉敬烟、茶之后，主人应及时与之交谈，话题内容可因实际而定。一般来说，应谈一些客人熟悉的事情，若无法奉陪客人交谈，可安排身份相当者代陪或提供报纸杂志、打开电视供客人消遣，千万不能出现主人只管自己忙，把客人晾在一旁的现象。

（6）宴请

家庭常见宴请方式有正式宴会、便宴、家宴三种。前两种一般选在餐厅举行；家宴一般由女主人亲自下厨料理，家人共同招待，规模较小，自然、随便。宴请宾客还要安排座次，一般以向门一面为主宾席，主人背门而坐。

上菜时机选择恰当，防止空盘，又不宜堆积过多；上最后一道菜时，应暗示宴会已近尾声；上菜按我国的传统习惯，应"鸡不献头，鸭不献尾，鱼不献脊"，即不应把鸡头、鸭尾、鱼脊朝向客人；每上一道菜，主人可适当介绍，并邀客人先品尝或给客人分菜。

(7) 送客

当客人散席或准备告辞时，主人应婉言相留。客人要走，应等其起身后，主人再起身相送，家人也应微笑起立，亲切告别。如果客人来时带有礼物，应再次提及对礼物的感谢或回赠礼物，并不忘提醒客人是否有东西遗忘，或有什么事需要帮忙。送客宜送到大门口或街巷口，切忌跨在门槛上向客人告别或客人前脚刚走就"啪"地关门。如果是初次来客，应主动指路或安排车辆接送；远方来客则应送至火车站、机场或码头，并说祝福语或发出再来的邀请。

(8) 招待小住宾客

有时客人来访可能要小住几天，就更应注意如何使客人高兴而来、满意而归，要做好物质准备，了解客人情况，陪同游览购物，并注意客人小住期间的家庭小节，尤其是不能当着客人的面谈论近期家庭开支等经济上的问题。

2. 做客礼仪

(1) 预约或应约

到别人家做客，一种是自己主动前往，另一种是受别人邀请。若是前者，应事先打电话约好时间，以防突然造访给别人带来麻烦；若是后者，无论答应还是拒绝，都应及时告知对方，切忌答应邀请后，又因参加别的约会而失约。

(2) 服饰仪表

赴宴时，着装要整洁大方。在服饰方面，中式赴宴，无明确规定；西式赴宴，请柬中往往写明"请穿礼服"。一般喜庆时应穿华丽一些；丧祭时以黑色或素色为宜，并带好手帕、面巾等物品。

(3) 礼品

根据不同宴会要准备不同礼品，如生日宴会、结婚典礼可送耐用、易保存的礼品，探病、丧礼则宜选一次性的礼品。

(4) 到达的礼仪

应准时到达或稍稍提早；到达主人家门前时，要先擦净脚上泥巴，叩门铃切忌重手重脚或时间过长；进门后要将大衣、雨具交给主人安置，并向主人问候、寒暄，还要向在场的主人家属和其他客人打招呼，待主人安排或指定座位后再坐下；主人端茶敬烟时要起身道谢，双手迎接；点烟时必须站起来，身体前倾并致敬意；果皮、果核、烟灰、烟蒂不应乱丢、乱弹、乱扔。

（5）进入餐厅

进入餐厅后，要打招呼，尤其是要与女主人打招呼，并对主人的宴请说一些赞颂的话，为主人创造融洽、热烈的气氛；入席时要按既定次序入座，不可贸然坐下；坐在餐桌前要注意体态礼仪，主人祝酒时要专注地听，主人敬酒时要起立回敬，如果不会饮酒，可用饮料或茶水代替，待主人招呼后再动筷夹菜；用餐时要注意饮食礼仪，席间谈笑应多谈些愉快、轻松的话题。中途离席要尽量避免，如果确有要事，应向主人致以歉意后，方可离去。

（6）退席告辞

作为客人，走之前不要忘记对主人的热情招待表示感谢，尤其是要向女主人道别。当主人送到门口即将分别时，应主动与主人握手道别，并说"留步""请回""再见"之类的客套话。

（7）客居小住

有时要在亲朋好友家中小聚几天，由于自己的到来已给主人增添了许多麻烦，更应注意有关礼仪。首先，要了解主人的生活习惯，尽量遵从主人的习惯，自己住的房间要自己打扫；其次，主人陪同观光购物时，时间尽量选择节假日，费用尽量自己支付；再次，在小住期间，未经主人准许，不要进入主人的书房或卧房，也不能随意翻检书刊、信札等物品，话题应避免涉及主人隐私或钱财的内容；最后，小住期间应为主人家做一些力所能及的事。

庆生与祝寿礼仪

祝贺是加强人际关系、增进友谊的一种重要方式。当遇上孩子出生、他人生日等令人高兴的事情，对当事人说些赞美和祝贺的吉祥话语，可使这种喜悦更添色彩，他会感受到你的关注和支持，从而加深双方的友谊。在祝贺时，一般应遵循态度要诚挚、用语要准确、方式要恰当三个原则。

1. 孩子出生庆贺

亲友生儿添孙，是家庭的一件大喜事，值得祝贺。一般来说，祝贺孩子出生，应注意以下礼仪要求。

（1）探望产妇和婴儿

如在外地，路途遥远，可写祝贺信。无论探望还是贺信，都应以关心产妇和婴儿的健康为主要话题内容。

（2）赠送礼物

赠送礼物的对象分产妇和婴儿两类，给产妇的礼物可以是适合产妇服用的滋补类食品或有关育儿的书籍，给婴儿的礼物可以是奶粉、衣物、鞋帽、尿布、玩具或具有永久性纪念意义的生育纪念章等。

（3）祝贺用语文雅准确

不能重男轻女，应说一些吉利的话。

2. 生日祝贺

年少的生日典礼叫"过生日"，年长的生日典礼叫"做寿"。生日祝贺可较随意，一个电话、一封贺信、一张贺卡都能带去一番真诚的祝贺，一束鲜花、一件小礼物也能带来一片温馨的祝福。祝贺内容可用"健康成长、学习进步、工作称心、爱情美满"为主题。

3. 祝寿礼仪

祝寿礼仪属祝贺范畴，祝寿是对老年人的生日来说的，为老年人祝寿的礼仪就比较讲究了。

参加祝寿活动不同于一般性的走亲访友或赴宴，因为这是社交礼仪活动，所以要做好充分的准备。祝寿礼仪是人生礼仪中的重要组成部分。据《尚书》记载："五福，一曰寿，二曰富，三曰康宁，四曰攸好德，五曰考终命。"寿居五福之首，可见古人对寿是非常重视的。祈福求祥，盼望寿运长久，祖祖辈辈已约定俗成，由此也带来了隆重的祝寿风尚。

（1）备好寿礼

寿礼一般可选做工精细、包装精美，并含有祝贺健康长寿、吉祥如意的意义的食品或物品。农村习惯赠送糕团、寿面，还在上面放上红纸或由红纸剪成的"寿""福"字，寓意长寿和兴旺发达的意思。

（2）语言要以祝贺、颂扬为主

常用祝寿语有：福如东海、寿比南山；寿星高照、松鹤延年；身心愉快、天地比寿；如松如柏、青春永驻等。

（3）行礼要庄重

在封建社会，祝寿要行稽首、磕头等跪拜大礼，这与现在的风俗礼节要求有违，故而提倡抱拳打揖、鞠躬或握手等平等的礼节。

（4）举办寿宴

一般是祝寿的人家事先请个主持人。做寿的人家要做好祝寿前的准备工作：预订酒店、定制蛋糕、摆台鲜花或者花篮及向寿星敬献的花束、横幅、喜糖等。

祝寿仪式通常包括以下流程。

①由主持人宣布寿星和寿星配偶入席。

②由儿女们佩戴头冠、胸花。

③由孙子辈分的孩子们敬献花束（这期间可播放"生日快乐"乐曲）。

④主持人宣布向寿星拜寿。可由子女们、儿孙们向寿星三鞠躬，每个子女可向寿星说一句祝福的话。其他亲属也可以向寿星拜寿。语言要以祝贺、颂扬为主。

⑤寿星讲话。

⑥子女们或者子女代表讲话。

⑦请寿星点燃蜡烛，许个愿望，然后吹灭蜡烛切蛋糕。由酒店服务员将蛋糕分发给各桌宴席。此时酒店服务员会向寿星送上一碗长寿面。

⑧寿宴开始。此时，子女们或来宾们可点歌或者跳舞（如果有条件的可进行小提琴、钢琴等演奏表演）向寿星致敬助兴。亲友们可以向寿星敬酒，也可以互相祝酒。

婚姻礼仪

我国的婚姻礼仪制度的演变，是随着时代变迁、经济发展以及观念的变化而演变的。婚礼是人生经历的一个重要事件。

1. 订婚礼仪

订婚的实质即是一种婚姻的约定,但这个约定是必不可少的,只不过这种约定在现代社会有非法律性的和法律性的。

非法律性的约定是订婚都要有的。在当事人两心相许、决定走向婚姻的时候,这种约定就已经存在了,订婚只不过是通过礼仪将其社会化而已。首先,当事人双方的父母要见面。一般应该是男方的父母去看望女方的父母,表示自己对儿子和对方女儿的婚姻很高兴、很满意,并希望早日完婚等。前去的时候,携带礼品当然是必要的。女方父母也应该表示同样的意见,并且周到地对待未来的亲家。非法律性的约定虽说没有法律效力,但因为其具有约定俗成的社会性,其作用力是显而易见的。

法律性的约定,就是领取结婚证,进行结婚登记。严格来说,此时婚姻已经完全成立,当事人已经具备了法律赋予的权利,也必须承担法律规定的义务。但从礼仪上来说,人们都认为结婚典礼才是婚姻的完成。实际上,现代社会的许多人已经把登记结婚和旧时的订婚同等看待了。

在中国,最常见的订婚礼仪就是举行一些志庆性质的活动。通常是举行一次订婚宴会。宴会的规模可大可小,就参加人数而言,最小的可以是两个家庭,大一些的则延及一定范围的亲友。

订婚宴会上向新人祝福,是必要的礼仪。当订婚消息宣布以后,即可起身举杯提议祝酒,新人可以讲几句话感谢大家的祝福。

婚姻是一件人生大事,订婚时男方给女方兼具志庆、纪念双重意义的订婚戒指,已经渐渐地被人们认可。

2. 订婚以后

在一些地区,普遍要求订婚以后的男女双方改变对对方父母的称呼,即由伯父、伯母变为父亲、母亲。就恋人相处而言,他们相处的时间更多了,过分的亲昵举动也不会引来过多的非议。在此时,婚前检查、婚礼筹备也就都摆到议事日程上来了。

在中国传统中,送彩礼、准备嫁妆是婚礼之前最主要的活动。"彩礼""嫁妆"的备办是无可非议的,因为这些都可视作父母送给子女的结婚礼物,或是自己对婚姻以及新家庭的奉献。

3. 婚礼礼仪

无论豪华还是简朴，婚礼都是人的一生中最重要的时刻，美好且富有意义，向来都是青年男女的大事。无论如何，婚礼都应该办得喜庆吉祥，尽善尽美。

（1）婚礼的时间、地点和规模

一般来说，婚礼大抵从订婚以后就开始准备了，这虽不是一个漫长的过程，但肯定是一个紧张的过程。其中的许多事情都涉及礼仪问题，不能不认真对待。

首先要确定婚礼的时间、地点和规模。我国现代婚礼显示出了比较清晰的时间走向，那就是多在节假日举行婚礼。在城镇，星期日和法定节日，就是人们举行婚礼所选择的时间。在农村，除了选择节日之外，人们多选择农闲季节或食物丰裕的季节。

现代婚礼的举行地点，仍然以家庭为主。在农村，这种情形基本没有例外。不过，城镇居民的婚宴多设在饭庄酒楼，因此也就有把婚礼连带在此举行的。此外，现代青年追求新奇，也有在教堂举行婚礼的。集体婚礼等由单位或团体安排在礼堂或俱乐部举行。新兴的婚庆服务机构也提供婚礼的场所。具体如何选择，则要视当事人的具体情况而定。

时间、地点确定以后，规模也就可以定下来了。一般来说，父母都希望把子女的婚礼办得隆重一些。不过，这些问题也不是人的主观意愿所能决定的，还有一些外在条件的限制。例如，在教堂里举行婚礼，一般不应超出其客容量。在自己家里，也同样有空间的限制。时间也是限制因素之一，如果你要请的人正好那时有事无法出席，到会的人数就会受到一定的影响。总的来说，在条件允许的情况下，应该把该请的人都尽可能地请到，办一个适当规模的婚礼。

（2）邀请参加婚礼的客人

确定了婚礼的规模，就应该拟定参加婚礼的客人名单，并发出邀请。邀请的客人一般应该有：亲属，包括父母双方的，视规模的大小而确定所邀请者的亲疏；朋友，包括父母的，以及新婚当事人的。

除了关系的远近亲疏之外，居住地也是确定邀请名单应该考虑的因素。亲朋好友，即使远在外埠，也应该发出邀请。而一般的亲戚朋友，考虑到路途的遥远，可以不必邀请。对于那些应该邀请的，即使明知他们不能来（如居丧、外出不能赶回等），也应该发出邀请，不能因为明知不能来就不发出邀请而失了礼数。

(3) 结婚礼物

给新人送结婚礼物，无论亲戚、朋友，还是其他关系的熟人，都是需要考虑的。结婚礼物具有多重的意义：一是实用的物品，可以及时或在以后帮助新人的生活；二是具有纪念意义的物品，在新人婚后的生活中必然起到一定的精神作用。无论是什么礼物，它都能体现礼仪的意义，对增进相互间的关系起到作用。

结婚礼物除实物之外，钱也是一种选择。用钱作礼物，在我国也是有传统的。现代社会，这种习惯仍然存在着。这样一来，免去了挑选礼物的麻烦，也为新婚夫妇有机会选择他们最需要的东西提供了帮助。对于一般的亲友来说，这不失为一种可行的选择。

(4) 婚礼仪式

婚礼仪式，就是婚礼当天相关的诸多习俗。在世界各地，婚礼仪式是五花八门、异彩纷呈的；同样，我国的婚礼仪式也有着地区、民族和时代的差别。在现代，占主导地位的依然还是传统的迎亲方式。除了传统的婚礼仪式以外，还有一些新式的婚礼仪式，如集体婚礼、旅游结婚、广告婚礼等；婚庆服务机构也有自己的一套仪程。这些非传统的婚礼仪式正逐渐在现代青年中变得普遍起来。

(5) 婚宴

无论是与婚礼仪式合并的婚宴，还是单纯的婚宴，其进行中应该有一定的仪程。这些仪程，无一定之规，其大体情况往往是在席前由司仪主持，讲一些客套话，新郎新娘鞠躬礼拜，大家祝贺，司仪举杯祝酒。接下来便进入正式的宴会。

席间，新郎新娘要在傧相的陪同下，依次给宾客祝酒。这时，男女傧相就担负起引导、斟酒、解说等职责，新郎新娘双手擎杯敬酒即可。被敬酒的人，应该说一些"白头偕老""幸福美满"等祝颂之词。说多说少，全系熟识程度而定。如果仅是一般的熟人，甚至不太熟悉的人，则只说一两句客套话即可。

(6) 婚后

蜜月是新婚夫妇个人的事情，与礼仪没有太大的关系。所以，婚礼仪式、婚宴结束以后，有关婚姻的礼仪相对来说就比较少了。这些礼仪，主要集中在答谢有关人员、走亲访友等方面。

对有关人员的答谢，是婚礼后主家必须顾及的礼仪。这些人主要是那些为婚姻大事及婚礼帮忙的人，如婚姻的介绍人、婚礼仪式的主持者、伴娘等。如何答谢,并无统一的习惯,但送些纪念品是有意义的。

答谢婚礼的参加者、祝贺者,尤其是那些送了礼物的人,也是一项不可或缺的礼仪。此外,对于那些没有参加婚宴的同事或比较熟识的人散发喜糖,也是现在常见的礼仪。

第 4 辑
文书礼仪

信函礼仪

　　本文中介绍的信函是指公函，是为开展各项业务而使用的，因此又称为业务信函。它在现代社会的运用极为广泛，尤其是随着社会生活、经济生活的长足发展，各类业务信函已经成为邮政信函的一个重要的部分。

　　业务信函因业务的不同而有许多种，一般来说，各种信函都有自己的独特之处。但是，这些信函也有许多共同之处，其中最大的特色是"公"，无论是抬头、结尾，还是正文的用词，都显示着与私人信函的不同。

　　业务信函的内容完全取决于业务的性质，比起私人信函，它们在内容上的要求是清楚明白、简明扼要。提笔写信以前，最好先认真仔细地考虑一下，想清楚要说什么和怎么说，然后礼貌而又开门见山地写出来，当谈完自己要谈的事情时，即刻收笔。结尾也不宜闲言碎语、拖拖沓沓。为保险起见，这种信函最好是先拟一份草稿，反复修改后再誊清或打印。在信函中，出现错字病句，都是对自身形象的损害。

　　业务信函的抬头应郑重，私人信函中过分亲热的称呼在这里是不适用的。对于相对熟识的人，你可以称"××先生"或"××女士"，对于一般熟识的则可以称其职务。这里的"熟识"可以是仅通信联系而从未谋面的情形。西方的业务信函在上述称谓的前边加"亲爱的"，而我国习惯加"尊敬的"。如果想建立持续的业务联系，甚而发展到私人关系，可以改变称呼而试探对方的意向，如可以直接改称"××兄"，或省去姓氏写"××先生"。如果对方的回信也如此称呼你,说明他认可了这种关系;如若不然,最好还是沿用原来的称呼。

业务信函在许多情形下是写给不知姓名的人,此时的称呼可以有以下情形:只称其为"先生""女士"或"小姐",且在前边加上"尊敬的"一类字眼;以职务相称,如"经理先生""编辑女士""服务员小姐"一类。结尾的落款要求和抬头相对应,抬头是哪种关系程度的称呼,落款也应是相应的程度,比如称呼是连姓带名的"××先生",落款就是连姓带名的"××";称呼是不带姓的"××先生",落款就不带姓。大企业、大单位的业务信函往往是打印的,但落款处还要有亲笔的签名。

一般的企事业单位都有自己的专用信笺和信封。对于高规格的业务活动来说,对此也有比较严格的要求。一般来说,信笺、信封都应有单位的名称、地址、电话,样式上应稳重而具有吸引力,质地上尽可能优良,印刷上尽可能优美,借以表明单位的实力和形象。

下面介绍对九种信函的要求。

1. 邀请信礼仪

这是用于邀约的一种社交信函。邀请信一般内容都比较简单,但措辞要讲究,既要诚恳,又不能让对方觉得像是要挟。收到邀请信的人无论应约与否,都要及时回复。

2. 推荐信礼仪

这是单位或个人介绍某人担任某项职务或负责某项工作的信函。推荐信的发出者可以是和被举荐人有交情或业务关系的人,也可以是有某种关系的组织单位。收信人一般是某个组织或单位,也可以是个人,比如推荐某人的业务助理或合伙人等。推荐信要尽可能介绍被推荐人的详细情况,需要实事求是,态度上也要适当,要留有余地,不可强人所难。

3. 聘任信礼仪

实际上,在许多情况下,请柬和聘书都可代替聘任信,不过,对于单一的或特殊的对象来说,信函的样式显得更为郑重、恳切。请人任职,可以发聘书,但为了对受聘者表示器重和敬仰,可由单位的负责人发聘任信。当今的外企、合资企业用聘任信较多,其他机构使用不多,但随着我国尊重人才风气的完善,聘任信逐步普及起来。聘任信要充分体现诚意,其内容最要紧的是写明拟聘担负的职务、责任以及酬劳等。

4. 商洽信礼仪

这是单位或个人因业务关系而用的一种信函。这种信函旨在就某一问题进行书面商讨。无论是在个人之间，还是在组织之间，要就这一事项的缘起、目的等阐明，提出具体的意见和建议，乃至具体计划。如果是商业方面的商洽信，有关数据、指标等都要准确无误。商洽信应该恳切，采取征询的口吻，不能显出强加于人的样子。

5. 庆贺信礼仪

庆贺信是一种运用比较广泛的信函，私人信函中也较多见。作为业务信函的庆贺信，大多是组织、单位或代表组织、单位的个人发出的。某个团体、企业的成立、某次重要会议的召开、某项工程的竣工以及其他所有值得庆贺的事件的发生，都可用此种信函表示庆贺。商业性的庆贺信可以随便一些，信中允许存在一些夸张、溢美之词，但政治性、社会性的庆贺信，却要实事求是，要恰如其分，言辞也要郑重。

6. 致敬信礼仪

这种信函的对象通常情况下是个人，有时候也可以是团体，但这种时候不是很多。写信人可以是个人，也可以是组织。信的内容主要是称颂收信人的业绩、贡献，表达对他的敬意。如果对方曾关怀、帮助自己，信中也要提及。这种信函一般宜写得欢快、热情。

7. 慰问信礼仪

当亲友、同事或其他与自己有关系的人或团体遭遇到不幸时，无法前去探望而发出的信函，就是慰问信。这种信函绝不限于亲友间，单位（或其代表）亦经常发出此种信函。一封真切动人的慰问信，会给对方带来莫大的欣慰，增强对方克服困难、战胜灾难的勇气和力量。慰问信的内容是表达关切之情，劝慰对方不为遭遇所难，鼓励对方鼓起勇气克服困难。这种信函切忌以不必要的言辞勾起对方的痛苦回忆，更不能责备对方的过失。慰问信要写得真挚诚恳，同时还要及时写好、及时发出，否则就没有意义了。

8. 吊唁信礼仪

这是祭奠死者（吊）、慰问家属（唁）的一种信函，信的内容即悼念死者、劝慰家属。这种信要针对具体对象而命词遣意，文字要庄重、朴实，感情要真挚。吊唁信是不能亲临悼念、慰问才用的，所以应及时发出。吊唁信一般是发给丧家（私人间）或治丧组织（组织间）的。

9. 感谢信礼仪

感谢信是为感谢对方的关心、支持和帮助而写的书信。它的对象及内容，一般都和写感谢信的人有直接的关系，所以，应满怀感激之情，把对方对自己的帮助、支持概括地写出来。感谢信不仅有感谢的意思，还有表扬的意思。

（1）感谢信的格式

①第一行正中写"感谢信"或"致×××的感谢信"等字样，字体要大些。

②顶格书写感谢对象的单位名称或个人姓名。

③从第三行空两格起，写感谢的内容和感激心情。

④结尾写上表达敬意、感激的话，如"致以最真挚的谢意"或"此致""敬礼"等。

⑤最后署单位名称或个人姓名，并注明写信的年、月、日。

（2）注意事项

要把被感谢的人物、事件准确地叙述清楚，使对方能够回忆起来或让他人了解清楚。应满怀感激之情去议论和评价事迹的深刻含义，并表示谢意和学习的决心。

在社会快速发展的今天，我们开始广泛地使用电子邮件。电子邮件，也称为电子函件或电子信函。它有如下的使用规范。

一是应认真撰写。向他人发送的电子邮件，一定要精心构思，认真撰写。在撰写电子邮件时，有三点注意事项：主题要明确，语言要通畅，内容要简洁。

二是应当避免滥用。在信息社会中，任何人的时间都是无比珍贵的。若无必要，轻易不要向他人乱发电子邮件，尤其是不要与他人谈天说地，或只是为了检验一下自己的电子邮件能否成功地发出，更不宜随意地以这种方式在网上"征友"。一般而言，收到他人的重要电子邮件后，即刻回复对方，往往还是非常重要的。

三是应当慎选功能。现在市场上所提供的先进的电子邮件软件，可有多种字体备用，甚至还有各种信纸可供使用者选择，这固然可以强化电子邮件的个人特色，但是此类功能商务人士要慎用，因为对电子邮件修饰过多，难免会使其容量增大，收发时间增加，既浪费时间又浪费金钱，而且往往会给人以华而不实之感。另外，电子邮件的收件人所拥有的软件不一定能够支持上述功能，因此慎选功能是必要的。

请柬礼仪

请柬，一般也称为请帖，是为了邀请而发出的社交文书。在我国，请柬的使用有着悠久的历史。由于请柬是专用于请客的，所以形式、内容、措辞都比较讲究，这样才能体现对客人的尊重。

现在的请柬，形式比较单一，主要可以分为折叠式和正反式两种。正反式是比较简朴的一种请柬，形同一张卡片，正面写请柬二字，背面则是请柬的具体内容。这种简朴的请柬现在较少使用。折叠式请柬一般为一方纸的对折，对折后形成四面，封面印一些适当的图案，并印请柬二字，底面连封面印图或素白，内面则写请柬的具体内容。

从书写或印刷格式来看，请柬又可分为横式和竖式。竖式是比较传统的，与传统的竖行书写方式相应；横式则与横行书写的方式相应。虽然横、竖两种形式通用，但适当做一些选择也还是十分必要的。这种选择可以从四个方面考虑：首先从邀请对象考虑，一般大众化的，尤其是以集体名义发出的，则以横式为佳；其次要看邀请参加的内容，传统、民族特色浓的活动宜用竖式，现代、西方特色浓的活动宜用横式；再次还要因文字而定，如果是纯外文（除日文以外）或中外文并用的，则以横式为宜；最后，专门设计也必然决定请柬的横、竖式。

在书写请柬时，要注意以下事项。

文字要美观，用词要谦恭，要充分表现出邀请者的热情与诚意。一般顶格写清被邀请的单位名称或个人姓名，其后加冒号。个人姓名后要注明职务或职称，如"××先生""××女士"。

语言要精练、准确，凡涉及时间、地点、人名等一些关键性词语，一定要核准、查实。写明活动的内容、时间、地点及其他应知事项。落款要写明邀请单位或个人姓名，下边写日期。语言要得体、庄重。一般以"敬请（恭请）光临"等作结语。

在纸质、款式和装帧设计上，要注意艺术性，做到美观、大方。对于一般的邀约来说，从文化用品商店挑选的请柬一般就可以了，但这只是针对一般情况而言，如果是大机构的大活动，或是极富特色的专门活动，这显然是不够的。这时最好是自己设计、自己印制。如举办大型活动，要邀请许多人参加，这时填写地址、时间等是比较烦琐的，印刷则可以解决这些问题。如果是画展、音乐会等独具特色的活动，就可以专门设计请柬的封面，这样就会取得独特的效果。

贺卡礼仪

现代的贺卡形式与旧时的柬帖很相近，但现在已经发展成为一个独立的门类。贺卡是人们在遇到喜庆的日子或者事情时互相表示问候、祝福的一种卡片，尤其是新年、圣诞节前，人们争相选择、填写及寄发贺卡。

1. 贺卡的形式

时下的贺卡和请柬一样，多是双面折叠式的。贺卡越做越大，其实是受了"礼（品）大情深"观念的影响，贺卡大了，不仅更精美、华贵、气派，也显示出送礼人的情真意切。

贺卡也有横式、竖式之分，但较常见的贺卡是竖式的。我国贺卡无论竖式还是横式，文字大多是横排的。封面是贺卡的门面，大多设计精美，且文字多用烫金等手段，以显精美华贵。不过，贺卡不像请柬，一般不印"贺卡"字样，也不印"圣诞卡""情人卡"等字样，而是写"圣诞快乐""新年快乐"等字样以标示种类。相对于封面来说，内面比较简洁，尽管也是彩印，但多为加网印制，色彩素雅而非大红大紫。内面一般也印有文字，因种类不同而选择不同的祝贺文字、情语心语，同时留有一定的空间，供寄贺卡的人写上自己的亲笔祝词。封底的情形有两种，一是和封面相连，彩色印制；二是素色（白色），在恰当的地方印上印制厂家的名称、徽号。

不同的贺卡，在形式上也有一些区别，如生日卡装有电子装置，可以放出音乐；适用于孩子或年轻人的贺卡，常做成镂空立体的。

2. 贺卡的种类

贺卡的种类有很多，各有各的用途，当然也就各有各的内容、形式，这里简单介绍生日贺卡、纪念贺卡、电子贺卡三种。

绝大部分的贺卡都是和时间有着密切联系的，生日、周年、圣诞节、新年等的贺卡都是如此。生日贺卡是祝贺生日用的贺卡，是一种使用量不大却非常重要的贺卡。每当亲朋好友过生日，寄一张生日贺卡，对维系亲情、友谊都是有好处的。就市场上流行的贺卡来说，生日贺卡的种类、档次最多，也正说明了它的重要性。最普通的生日贺卡和其他贺卡一样，并无二致。音乐贺卡中，以生日贺卡为多，这是生日贺卡突出的一个方面。这种音乐贺卡一经打开，就放出优美的生日祝福音乐，有的还有与整体图案协调而设计的彩灯（发光二极管），可谓形色辉映，声情并茂。生日贺卡另外一个突出之处，就是它的规模有较大差别，种类较多，特别的生日贺卡有4开的，一般圣诞节、新年贺卡很少如此。

与生日贺卡异曲同工的是周年纪念贺卡。这里的周年，有订婚、结婚的周年，毕业、获得学位的周年，以及其他所有值得纪念的日子。就某种角度而言，这些纪念日往往有比生日更重要的意义，其中最突出的是结婚纪念日，这对于夫妻及其家庭都是一个重要的节日。这种情形下的贺卡也比较特别。

现在网络发达，出现了很多电子贺卡，一些邮箱就有推出各种节日的贺卡，诸如元旦、春节、母亲节、教师节等贺卡。电子贺卡最大的特点是无纸化，而且呈现形式多样，可以是单张的贺卡，也可以呈现出动态的效果，十分精美。

3. 贺卡的使用礼仪

（1）精心挑选

贺卡虽小，却满含情谊，必须精心挑选，要根据不同对象挑选贺卡。例如，寄新年贺卡，给朋友的，要温馨一些；给长辈的，要古朴一些；对已印有文字的贺卡，一定要选择适合于对象的词语，否则会适得其反。

（2）选好日期

贺卡和时间关系密切，无论是生日贺卡，还是新年贺卡，必须按时寄出，太早或太迟都会失去贺卡的意义。例如，寄送生日贺卡，最好是在别人生日前或生日当天收到，过了生日才收到贺卡，只能是"雨后送伞"了。

（3）亲笔题词

无论印制多精美的贺卡，也不能完全表达感情，若能在贺卡的适当地方写上几句祝词，哪怕是几个字，都会提高其感情的含量，祝词要亲笔题写，最好不要别人代笔，这样可以增加亲切感。

（4）适度原则

贺卡到底该寄给谁、怎么寄，应该好好掂量一下。同居一处的朋友或同事，见面致礼可能更为合适。

祝词礼仪

祝词，也作祝辞，它泛指在各种喜庆场合中对事情或人表示祝贺的言辞。一般是在人们举行房屋落成、婚嫁乔迁、升学参军等喜事中使用。

1. 祝词礼仪

祝词有口头与书面之分，本文所讲的是指书面祝词。就礼仪规范而言，书面祝词更加郑重，适用于重要人物和重大事件；在表达上，书面祝词也比口头祝词更能表情达意，更加典雅有致、富有文采。

祝词一般分三个部分，即祝颂对象、正文和落款。正文部分的末尾，应有一些号召性的祝颂语。祝词正文的大部分内容是回顾祝颂对象的事迹，赞颂其业绩、品德或事迹，祝寿词的这种特点尤为明显。

常见的祝词是散体文的，但旧时也有韵文的。这种韵文的祝词，和正史传记中的赞颂、墓碑文中的铭近似。下面的这篇韵文祝寿词既对祝寿对象的经历、业绩等作了叙述和赞颂，也表达了良好的祝愿。

××先生六十寿辰祝词：

新开甲子花，光耀长庚星；

举杯祝长寿，德才人人称。

御侮去从戎，弱冠边陲行；

等闲弹如雨，智勇传美名。

解甲卸鞍马，又图实业兴；

为图强国计，苦诣经营精。

奋斗四十年，霜雪染两翼；

功高众人颂，通过有贤声。

待我情谊厚，常感恩泽深；

愿进万年篇，寿如南极星。

××谨祝
年　月　日

一般祝词的文字要短一些，尤其是祝酒词。祝词的长短应该因具体情形而定，但一般不宜太长。此外，祝词的文字也有古雅和平白之别。旧式、书面祝词以古雅为多，韵文类祝词更是如此。现代、口头祝词平白一些，但也应尽可能庄重。有时候，所祝事情的性质也制约着祝词的文白，如祝寿词、祝婚词可以文雅些，现代商务活动中的祝酒词则应以平白、庄重为其特色。

2. 祝词范例

书面式祝婚词：

百年好合兮如鸳鸯之比翼，洞房花烛兮满堂生辉，宾客欢贺兮笙箫长吹，夫妇同心兮兮自强不息，人人称美兮创事业之奇迹。

××谨贺
年　月　日

题词礼仪

题词，是现代常用的一种文体。由以前题写在书前的序、书后的跋和题名发展而来，是给人、物或事留作纪念、关怀、肯定而题写的文字。一般来说，惩恶扬善、纪念缅怀、关怀奖励、勉人励己、友善关系等，均可以用到题词。

1. 题词的格式

依据我国文字书写的形式，题词可以分作横、竖两种格式。竖式的一般从右向左写，横式从左向右写。

题词一般都有三部分内容：一是题词正文；二是题词的对象，即给谁题的；

三是落款。常见的情形是：题词正文居中；题词的对象在右（竖式）或在上（横式），落款在左（竖式）或在下（横式）；落款除题词者的姓名外，还应有题词的时间。有的也把题词的对象放在正文之后。有一些带有号召性的、对象不明确的题词，大多省略题词对象。此外，一些题写于山水实物上的题词，则多是上不写题词对象、下不写落款，这种情形在许多景点都可见到。

2. 题词的种类

题词的种类很难以一个绝对的标准给予比较全面的划分，通常所见的多是从题词对象和内容来划分的。

题词可以是自己写给自己的，最常见的是用于自勉，有的则是抒怀，或记下一种感想。

给别人的题词也可以分成两类，一类是写给特定对象的，另一类是没有特定对象的。没有特定对象的题词，如前述用于号召的题词、名胜古迹的题词，都是如此；用于特定对象的题词，其对象也有区别，有的是题给一个人的，有的是题给组织、机构的。

无论是给个人的，还是给组织、机构的，根据对象的不同，题写内容也就不同。如长辈对晚辈、上级对下级，就多是关怀、奖励等一类的文字；平辈之间，多是沟通思想、增进情谊一类的文字。

3. 题词的应用

一般请人题词，首先要选择好对象，要看自己这件事情的性质、特点，然后选定题词人。如果选择不当，可能被回绝，或者是写出来也要为人所讥。如搞一个书法绘画展览，请一位对此既无兴趣、字又写得极差的领导题词，就未必妥当。

选择好了对象，要把请求题词的理由、相关材料以及多份题词草稿一并奉上。要给题词者留出一定的时间，否则题词者会因太仓促而推卸或写不出好的效果。应该注意的是，无论如何都不应该勉强、纠缠。

对于题词者来说，首先也要考虑是否题词，如果是前述的那种情形，题词者大可以婉拒。位高权重的人并不一定就适合于所有的题词。过多过滥的题词，必定会为人所讥。题词的内容也应该中肯，真切实在。

上述有关题词的注意事项，多指下请上的场合，至于平辈、亲友之间，无论请求题写，还是主动题写，相互之间的礼节可以随便一些，题词的内容也可以别具一格。

致辞礼仪

致辞，也作致词，是在礼仪活动中以一定身份发表迎送宾客和集会时应酬用的文辞。常用的致辞，主要有欢迎词、祝酒词、欢送词、答谢词等。致辞是一种面对面进行的交流形式，可以起到与他人交流感情、融洽关系的作用。

1. 致辞的内容

致辞中的欢迎词，是指客人光临时，主人为了表示热情的欢迎，在举行相应的礼仪活动中所发表的热情友好的讲话。首先说话点明时间、背景、场合、情绪和欢迎（送）的祈愿等。"今天，在山清水秀、景色宜人的××，嘉宾云集，欢聚一堂。我们××市××交流会隆重开幕了。在此，我谨代表××并以我个人的名义，向光临大会的各位嘉宾，表示热烈的欢迎和衷心的感谢。"然后表达会议的目的、意义、愿望，主人的态度、承诺，或写所迎送客人的贡献、作为，以及对客人的评价、赞赏等。其次表示希望、决心、祝愿等。如果是答谢词，应当表示一下对主人的感谢。结尾用热情洋溢的话语，或表示感谢，或表示祝贺，或表示欢迎（送），或表示惜别等，最后用"谢谢"结束讲话。欢迎词、欢送词和答谢词的写作要注重感情热烈、尊重对方、讲究礼仪、表达真切。由于是用在隆重场合的朗诵文稿，所以，文字要讲究文采，句型较短，表述生动，更要注意连贯流畅，朗朗上口。

祝酒词，是指主人设宴招待客人时所发表的令客人愉快的劝酒祝愿之词。祝酒词的称呼往往要照顾全面，还要亲切。称呼按先外后内、先高后低、先女后男、先远后近的顺序排列，尽可能照顾周到。正文可分三部分：第一部分表示欢迎、欢送、问候、感谢等；第二部分是主体部分，要说实质性内容，如双方的合作、友谊，会谈、会见的历程、成果、发展，或对对方态度的称赞、感谢等，还可以对对方的成就和一贯的友好态度等给以肯定和赞誉；第三部分表示祝愿、希望。最后提议为××干杯。写祝酒词，要根据对象、场合、双方关系的融洽程度，以及此前相关事务进展等情况考虑措辞。一般都应当显示出热情诚恳、感情充沛、随和轻松的态度，如果能恰当地使用幽默的语言，会使宴会气氛更加轻松、活跃。但要注意对方的习俗、禁忌。祝酒词虽然可以随和自由，不那么严肃、刻板，但轻松谈笑中，仍要避免失礼、失态。

此外，还有欢送词，是指客人将要离别时，为了表示依依不舍之情，在举行相应的礼仪活动中发表的叙旧惜别、充满情意的讲话。答谢词，是指在某个特定的社交场合，主人致欢迎词或祝酒词之后，客人为了表示感谢主人的欢迎和招待，所致的相应答谢词。当然，客人也可以举行必要的答谢活动，如宴会、酒会、招待会等，客人在这种场合发表的对主人的热情接待和多方面关照表示谢意的讲话，也是答谢词。

致辞在内容上，一般要表达对客人的热烈欢迎之情，抒发对客人的依依惜别之情，追忆与客人友好合作的昔日往事，表达对客人的美好祝愿，以及与客人长期合作的真诚愿望。致辞可以根据所要表达的欢迎、欢送、祝愿、答谢等不同情感的需要，选择其中的内容。

2. 致辞的写作

语言要热情友好、充满浓厚的感情色彩，字里行间都应注意传递友谊。但切忌客套话连篇，如果感情不真挚，会给人以千篇一律之感，造成虚伪的印象。

篇幅要简短，结构要完整，措辞要得体适度、不卑不亢，词语要简洁清晰、朗朗上口。

致辞时，要气宇轩昂、洒脱大方，表现出应有的气度。

悼词礼仪

悼词，是发表文辞表示对死者的哀悼。广义的悼词，是指向死者表示哀悼、缅怀与敬意的悼念性文章；狭义的悼词，专指在追悼会上对死者表示敬意与哀思的文辞。

悼词的格式主要由标题、署名和正文三部分组成。按写作手法分，悼词有记叙式、评述式和抒情式三种。

1. 记叙式悼词

记叙式悼词是以记叙死者的生平事迹或业绩为主的悼词。多由死者的熟人、朋友所写，也包括报上发表的悼念性回忆文章。

（1）标题是一般记叙文的标题写法，如《难忘的记忆》；也可加上副标题。

（2）署名在标题下面。

（3）正文同记叙文写法一样，形式多种多样，以记叙为主，要有记叙的六要素：时间、地点、人物、起因、经过、结果。

2. 评述式悼词

评述式悼词是以评述死者对社会的贡献为主的悼词。一般由单位书写，在追悼会上宣读。

（1）标题一般都写"在××同志追悼会的悼词"或"悼念××同志"。

（2）标题下署上致悼词者的姓名。

（3）正文一般分三层含义：开头以"我们以沉痛的心情悼念××同志"开始，然后再简述去世原因、时间、地点、享年等，对死者表示深切哀悼，语气较沉痛；中心部分分别对死者的籍贯、学历、经历进行集中介绍，重点突出对人民、对社会的贡献，并给予总结性评价，结尾表达对死者的怀念，及化悲痛为力量的决心；最后用"××同志永垂不朽！"或"××同志永远活在我们心中"等作结语。

现在一般使用的悼词和讣告已合二为一，题目用"××（机构名称）沉痛宣告××同志逝世"来表示，正文就以评述生平为主。

3. 抒情式悼词

抒情式悼词是侧重抒发悼念之情的悼词，常以抒情散文或诗词形式出现。

（1）标题不拘一格，像"写给××""哀××"等。

（2）署名在标题下面。

（3）正文不受格式限制，结构安排多种多样，全篇要以"情"字为中心，以抒发强烈、深沉的悼念之情。

4. 悼词写作注意事项

写悼词要具有概括性，不能变成流水账，要突出死者的高贵品质和贡献。

悼词中对死者的评价要公允，既不苛求，又不过分溢美。

悼词一般不写死者的缺点和错误，在写作时最好能事先与家属进行商量，求得同意。

悼词的语言要简洁、朴实，并充满感情，做到哀而不伤，悲而不惨。

悼词可事先印制成文，也可用墨笔抄写在白纸上，悬挂于追悼会场。

第5辑 演讲与交谈礼仪

交谈礼仪

　　语言交流是人际交往过程中最直接的方式，注意说话的礼仪可以使你在人际交往中取得比较好的沟通效果。一句热情得体的话，可以使人感到温暖；一句尖刻低级的话，则会导致沟通的障碍和矛盾。

　　首先，谈话的表情要自然，语气和气亲切，表达得体。说话时可适当做些手势，但动作不要过大，不要手舞足蹈，更不要用手指指人。需要注意，世界各民族的人体语言多种多样，内涵也不尽相同。就点头而言，世界大多数国家的习惯上是表示同意、赞同、肯定，但在希腊和保加利亚等国，则表示否定、不同意。再如伸出大拇指，在世界大多数国家表示赞赏、夸奖，有"好""真行""太棒了""顶尖高手"之意，而在澳大利亚竖起大拇指则是一个粗野的动作，欧美人在公路上若横向伸出大拇指表示要搭车，在日本用大拇指表示男性，印度尼西亚人用大拇指指东西。

　　与人谈话时，不宜与对方离得太远，但也不要离得过近，不要拉拉扯扯，拍拍打打。谈话时不要唾沫四溅。谈话前忌吃洋葱、大蒜等有气味的食物。

　　其次，在和人交谈时要保持和蔼的态度，真诚而又风趣。语气要温柔平和，文雅得体。时刻注意自己的语调是否柔和悦耳，注意避免使用令人难堪的字眼，避免语调粗野。矫揉造作、弄虚作假、无中生有是品格不好的一种表现。表达真诚，首先要超越自我，不卑不亢。言必由衷，言必行，才会赢得别人的尊重和信任。

说话风趣来自活泼的语言，来自妙言成趣的幽默。恰到好处的幽默能使人感到轻松愉快，而且这是提高人的大脑及整个神经系统的张力和充分发挥潜力的必要条件。适当地制造幽默，可以活跃沟通的气氛，使沟通的效果更加完美，也可以驱除沟通中的疲劳感，同时，还可以让人身心健康，延年益寿。友善的幽默能表达人与人之间的真诚、友爱，能沟通心灵，拉近人与人之间的距离，填平人与人之间的鸿沟，是希望和他人建立良好关系不可缺少的东西。特别是当一个人要表达内心的不满时，如果能使用幽默的语言，则听起来会顺耳一些。当一个人需要把别人的态度从否定改变为肯定时，幽默具有很强的说服力。当一个人和他人关系紧张时，即使在一触即发的关键时刻，幽默也可以使彼此从容地摆脱不愉快的窘境或消除矛盾。

说话时应该保证语句的流畅。半天吐不出一个字，或语无伦次，都会令人遗憾。有抑扬顿挫之势，又有音乐节奏之美，声声入耳，句句撼心，方为上乘。说话的内容应力求做到：少说抱怨的话，抱怨带来记恨；少说讽刺的话，讽刺显得轻视；少说拒绝的话，拒绝形成对立；少说命令的话，命令只是接受；少说批评的话，批评产生阻力；多说宽容的话，宽容乃是智者；多说尊重的话，尊重增加理解；多说关怀的话，关怀获得友谊；多说商量的话，商量才是领导；多说鼓励的话，鼓励发挥力量。

再次，要善于倾听。人人都希望有一个好的听众倾听自己的想法和意见。善于倾听就是让讲话的人能够感受到一种得到认可的喜悦和共鸣。善于倾听要求用神态表示出自己正在积极地参与交流，不是一味地接受而不做任何评论。随声附和，用目光、表情、态度、语言来表示你的参与，不但会对对话产生"润滑"的作用，而且会鼓励对方继续讲下去。

在交际场合，自己讲话时要给别人发表意见的机会；别人说话时，也应适时地发表个人看法。要善于聆听对方谈话，不轻易打断别人的发言。一般不提与谈话内容无关的问题，如对方谈到一些不便谈论的问题，不对此轻易表态，可转移话题。在相互交谈时，目光应注视对方，以示专心。对方发言时，不能左顾右盼、心不在焉，或注视别处，显出不耐烦的样子，也不要老看手表，或做出伸懒腰、摆弄东西等漫不经心的动作。

如果谈话是在三个人以上之间进行的话，应照顾全局，寻找共同有兴趣的话题来谈。不要只和一两个人交谈，对其他在场的人置之不理，而应不时地和在场的所有人攀谈几句。如果谈及他人不知道的事情时，应稍作解释，以便共同参与谈话。如果所谈问题不便让旁人知道，则应另找场合。

最后，与人交谈要注意节奏与分寸，特别是对陌生人。打断别人谈话是不礼貌的行为，要善于限制、隐藏自我，让他人表现。不要轻易否定别人，在众人面前，即使对方真的错了，也不要那样做。若有事需与某人说话，应等到别人说完。有人与自己主动说话，应乐于交谈。第三者参与说话，应以握手、点头或微笑表示欢迎。如果发现有人想要与自己谈话，可主动打招呼询问。谈话中遇有急事需要处理或需要离开，应向谈话者说明原因，表示歉意。

语言是人际交往和交流的基本途径，对于激起双方在认识上的共鸣来说，更是显得尤为重要。善于交谈是生存的需要、社会的需要，也是时代的需要。

辩论与答辩礼仪

1. 日常辩论

在日常生活中，在某些场合或者遇到某些问题，需要我们为自己、为他人、为集体辩论。我们生活在一个理性的社会中，面对形形色色的人和事，要用道理和人格魅力的方式来化解争论。要申辩道理，叙述缘由，抒陈感情，讲究方法，方可服人、感人。

通常的辩论可以分为以下四个步骤。

（1）说明道理

向当事人或有关人员等说明有关事物的道理、原则等，使人领悟，以消除疑惑，改变看法或做法。这就是通常所说的"晓之以理"，这也是辩论最常用、最直接的方式。

（2）叙述理由

任何事物和行为都是因果关系的产物，任何事物都是有联系的。某一事物的产生，往往有特定的原因和条件依据，但他人可能不明其因，遂生种种疑虑，甚至导致错误判断。只要解释清楚，就可以达到澄清事实、消除疑虑的有效目的。

而且，这样也有利于增进当事人之间的了解和认识。

（3）动之以情

这是辩论攻心的有效手段。古人云："感人心者，莫先乎情。"情动于衷，行发于外，辩论就成功了。陈情式辩论不仅可以打动对方，而且可以打动听众，取得同情的效果。

（4）委婉阐述

直说直辩固然有效，但有时候会产生犯颜忤旨的不利结果，此法未必是放之四海而皆准的方式。因此，应具体情况具体分析，最好是根据实际，讲究策略，巧辟蹊径。在实际中可以利用正话反说，达到预期的效果，也可以采取欲取先舍、欲擒故纵、先抑后扬等方式。

2. 论文答辩

参加论文答辩是每一位学生都会面临的时刻，这是学生们自身专业知识、综合能力和个人素质的一个整体展现。这既是一份对学习经历所交出的答卷，又是一个自我整体能力展示的绝好时机和难得的舞台。在面对着老师们进行答辩的时候，很多学生都会因为种种原因出现令自己很不满意的状况，如何使自己的答辩顺利进行，使自己的精心准备能够取得预期的效果，需要在以下方面做足事前工作，只有如此才会给自己的答辩成功增加筹码。

一是熟练掌握论文内容，做到不看稿件能自如叙述。这方面就需要对自己所著的论文内容有比较全面的熟悉和比较透彻的理解。这样不仅能够表达流畅，更为重要的是能借此对答辩委员会成员就有关论文的深度及相关知识面而提出的问题回答出自己的独到见解。

二是论文答辩时注意语速平衡，不可忽快忽慢。在毕业论文答辩的过程中，学生的说话速度往往越说越快，这种情况在首次答辩的学生中显得尤为突出。论文答辩要求的语速应该趋于平衡，尽量保持一定的语速，这样可以给老师一种稳定平和的感觉。

三是注意眼神和肢体语言的运用。在脱稿、半脱稿、不脱稿答辩的过程中，都应注意眼神的运用，切忌盯着地板或是天花板，或只是注视着一个方向，要时常瞟向答辩老师及听众，这样给人的感觉是目光在流动，不那么僵硬。另外是肢体语言，适当的身体语言会增加答辩的多样性和变化性，尤其是恰当地运用手势语言，会使答辩显得更为得体和有力。

四是紧密切合主题，精确控制时间。对时间的控制应有力度，到该截止的时间立即结束，显得有所准备，对内容的掌握和控制也轻车熟路。灵活地减少或增加时间也是对时间控制的一种良好的答辩方式。整个答辩过程能否围绕主题进行，能否最后扣题对答辩者显得非常重要，答辩委员会成员容易就题目涉及的问题提问。

五是答辩过程中最好尽量多地使用第一人称，如"我""我们"，即使引用材料也要用"我们引用"，这样会给答辩委员会成员留下"工作做了不少""东西都是自己写的"等良好的印象。

演讲者形象礼仪

演讲者的形象是演讲者的思想、道德、情操、学识及个性的外在体现，是演讲者的仪表、举止、表情、谈吐的综合反映。演讲者一上场，就会把自己的形象展现给听众，直接影响听众的评价和审美。注重形象美不只是个人的喜好问题，也是在一定场合下应当遵循的礼仪规范。

演讲者的形象美主要体现在以下三个方面。

1. 仪容美

容貌的端庄秀丽及由这些所表现出来的精神状态，一方面是演讲者固有的生理条件所决定的，另一方面在于外貌的修饰，包括头发、面容、颈部及手部等部位的修饰。男性演讲者应该修面剃须，整洁大方。女性演讲者可以化淡妆，使个人的五官更富有精神，但是不要浓妆艳抹，口红以红色为主，不要用深褐色、银色等异色。

身材、容貌仅是演讲活动的诸多要素之一，要给听众以直观的感受，所以演讲者一定要注意自己的仪容。

2. 服装美

服装要求整洁大方、庄重朴素、轻便协调、色彩和谐。具体地说，首先是服装颜色要与演讲者的思想感情和演讲内容的特点协调一致。如果演讲内容是严肃、庄重、哀痛的，穿黑色衣服或深色衣服就比较合适；如果演讲内容是欢快、喜悦的，穿浅色衣服会好些。

其次是服装要和体型、肤色相适应。体型肥胖的人，穿深色服装会显得匀称些；体型瘦削的人，穿浅色服装会显得丰满些等。而最关键的问题是要注意把握尺度，既不要过于华艳，又不要过于随便。

3. 举止美

演讲者要注意自己的站姿，不要驼背弯腰。同时演讲中的手势不但能强调或解释演讲的信息内容，而且能生动地表达演讲语言所无法表达的内容。因此，手势也是最能直接体现礼仪信息的一种表现形式。

在手势运用上要注意：简洁易懂、协调合拍、富于变化、不要无节制地频繁使用。

演讲流程礼仪

演讲是一门语言的艺术，它能通过语言传达出你所要传达的思想、观点、感悟。在举行演讲时有一定的流程，演讲礼仪八部曲是贯穿于演讲过程的重要礼仪行为。

1. 进入会场

在一般的演讲场合，演讲者进入会场时要面带微笑，不论听众是否注意到自己。如果是重要的演讲者，往往由大会主持者陪同，则更要雍容大度、谦和诚挚，用眼神和微笑与听众交流，步履稳健地向安排的座位走去。

2. 坐下前后

演讲者和大会主持者或陪同人员一起走到座位前，演讲者应先以尊敬的态度主动请对方入座，对方也会礼貌地恳请演讲者入座，这时方可坐下。坐下后不要前探后望，也不要和台上台下的熟人打招呼。

3. 介绍之后

主持者介绍之后，演讲者应自然起立，并向主持者点头致意，并要由衷地从面部、眼神表达出谦虚之意和感激之情。

4. 登上讲台

走路时要上身挺直，步伐快慢有序，稳健地走到台前，自然地面对听众站好。此时应端庄大方、举止从容、精神饱满，也要面露微笑，尤其是女性演讲者。

5. 演讲开始

先以友好、诚恳、恭敬的态度向听众点头示意，以表示对听众的致意。然后不要急于开口，暂停几秒钟，以亲切、尊敬的眼神环视一下听众，能起到组织听众、安定听众情绪的作用，同时深吸一口气。

6. 站姿和目光

演讲者可以统观全场，最大限度地注意到周围听众的情绪，使处在不同位置的听众都能从各自的角度看到演讲者的表演。笔直的站姿会显得英俊干练，生气勃勃，给人美感。目光要散到全场，落到每位听众的脸上。

7. 走下讲台

演讲结束，应说句"谢谢大家"，接着向听众点头致意，向大会主持者致意，然后走回原座。坐下后，如大会主持者和听众以掌声向演讲者表示感谢时应立即起立，面向听众致礼，以表示回谢。

8. 走出会场

大会主持者陪同演讲者往外走的时候，听众常常出于礼节鼓掌欢送。这时演讲者同样也要热情回应，鼓掌或招手表示答谢，直到走出会场为止。

演讲内容礼仪

演讲的内容一般包括开场白、正文、结束语和问答环节，演讲时要注意整个流程的礼仪。演讲者是听众注目的焦点，上场时务必大方自然、亮相得体，上场后首先环视一下全场，接下来可以进行开场白。

1. 开场白

开场白就是第一句话，演讲的开场白没有固定的模式，可礼节性地介绍一下自己的姓名，并向听众致意。然后可适当运用以下形式：一是提纲式，就是把自己要陈述的正题内容列成提纲，简单介绍主要内容；二是提问式，就是先向听众提几个问题，以引起他们的兴趣，如果演讲者的问题提得好，听众自然会格外留神，等待富有见解的答案；三是悬念式，就是先提出一个问题或摆出一个事例，激发听众的好奇心，然后回答或说明真相原委；四是即兴式，就是结合演讲时的气候、季节、场地特征或逸事，以及听众的情绪，即兴发挥，随机应变，使听众在感情上产生共鸣。

一般情况下，不要在演讲一开始自我检讨或假客套、假谦虚，说一些"没有准备""缺少研究""没有什么好讲的"之类的话。这是对听众的不尊重，也很容易引起听众的反感。

2. 正文

演讲的正文即正题，就是演讲者所要陈述的主张或发表的见解。从礼仪角度来看，有三点应予以注意：一是要有逻辑性、条理性，不要茫无头绪，使听众不知所云；二是要扣题，不要东拉西扯，跑题千里；三是留有一定的余地，以便届时根据时间上的限制，尤其是听众的精力和情绪适时调整，延长或缩短时间。

3. 结束语

结束时应当干净利落。演讲的结束是走向成功的最后一步，是演讲者给听众留下的最后一个印象。拿破仑有句名言："兵家成败决定于最后五分钟。"演讲也是如此。

结束语常用的方法有四种。一是概述式，就是通过概括总结演讲内容，使听众能记住主要内容，加深印象。二是激情式，就是用一两句充满激情的话语来营造情绪气氛，使听众精神振奋。但要注意避免平地拔高，应该根据演讲内容而定，并提前蓄势，否则容易使听众产生虚假做作之感。三是幽默式，让听众从幽默的美感享受中，心情愉快地离开会场。但应注意幽默的健康、文明和智慧性。四是称赞式，要感谢听众的支持。在结束语中，不要说"我的话说完了""就谈到这里吧"，在语气上不要显得疲惫不堪，无精打采，匆忙收场。记住，一定要对听众说"谢谢大家"，而且要说得真诚、认真，不要让听众感到这是敷衍了事的"套话"。

4. 问答环节

通过问答形式可以将演讲内容更好地传递给听众。演讲结束后，如果有人有问题，可以请他们起立，在他们提问之前可以请他们说出自己的名字和单位。之后，重复他们的问题以便所有的人都能听到。如果有人是在描述而不是在问问题，你可以插入讲话并有礼貌地说："请问你的问题是什么？"如果有人问了你不能回答的问题，你不必因为不能回答而感到为难，你可以说："也许这里有人比我知道得更多，可能更适合回答你的问题。"总之，恰到好处地运用一定的礼节，一定会大受欢迎。

为了便于掌握，以下分别介绍一下日常生活中常见的生日会、聚会、婚礼等几种不同形式的即席演讲时，所需要注意的礼仪问题。

（1）在自己生日晚会上的演讲

在为自己举办的生日晚会上，一般是向大家表达自己的心情、感受，回忆在过去一年里取得的成绩、不足，以及与大家结下的深厚友谊，憧憬一下自己的美好未来，还可以表达一下对大家参加晚会的感谢，请大家不要拘束，祝大家晚会愉快。如果是他人为自己举办的生日晚会，应当表示感谢。

（2）受奖礼仪的答谢词

在现代社会中，各式各样的大赛使我们有很多机会向世人展示自己的才华和能力，同时这也要求我们在受奖时能够得体应对得奖后的答谢致辞。我们的外在言行可以反映自己的应变能力和思辨能力。

受奖场合的答谢词，一般要结合自身的经历和获奖感受来一一展开，同时，关键要表露出自己的感激和感谢，这方面的感言是面对方方面面的，要注意用词的严谨和切合身份。而后要适时地表达一下自己今后的打算和决心等方面的言辞。

（3）老师在学生毕业聚会上的讲话

老师在学生毕业聚餐会上的讲话，主要是表达对学生在校期间刻苦学习、尊师重教、帮助同学的肯定，以及对学生毕业后生活、学习、工作的美好祝愿，也可以表达自己对学生的热爱之情，或对学生提出希望。

（4）证婚人在婚礼上的祝词

祝词，指在各种喜庆场合中对人或事表示祝贺的言辞或文章。祝词和贺词在某些场合可以通用，但它们所包含的意义并不相同。祝词一般是事情未果，表示祝愿、希望的意思；而贺词一般是事情已结，表示庆贺、送喜的意思。现实中多有事业祝词、寿诞祝词等。

要注意的是语言要求充满热情、喜悦、鼓励、希望、褒扬之意，以便使对方感到温暖和愉快，受到激励与鼓舞；祝词不应使用辩论、谴责、批评等词句和语气；颂扬与祝贺要恰如其分，过分的赞美之词会使对方感到不安，自己也难免有谄媚之嫌。以婚礼祝词为例。这类祝词一般都是赞扬新婚夫妇郎才女貌、感情专一、忠贞不渝，或感情经过波折最终开花结果，制造欢乐祥和的气氛，表达美好的希望与祝福，一般情况下应短小精悍。

（5）同学会上的祝词

同学聚会一般是对过去美好的光景、纯真友谊的回忆，追忆相互之间的深厚感情，对分别后各自经历的叙述，以及对大家美好未来的憧憬、对友谊地久天长的赞美等，以烘托欢快、友好的气氛。

即兴演讲礼仪

即兴演讲是在演讲者事先并无准备的情况下，根据眼前的场面、情境、事物、人物即兴发表的演讲，它的特点是有感而发、时境感强、篇幅短小。如婚礼祝词、欢迎致辞、聚会演讲等。它对演讲者的要求比较高，要求演讲者要紧扣主题，即兴发挥，言简意赅。

即兴演讲的能力，实质上也是思维的能力。在思维演变到演讲的过程中，人的思维是先决的、本质的，表现在迅速确定演讲中心、组织演讲内容、形成思路，然后出口成章。演讲时的口齿清楚、普通话标准与否、语言流畅、词汇丰富等，也是即兴演讲成功的重要因素。

即兴演讲都是临场发挥，没有预先的蓝图，也没有时间充分考虑。在高度集中的思维中，思路纷至沓来，人的思维变得十分活跃，敏捷的才思和智慧得以充分地发挥，灵感的火花也随时会闪现，充满了创造性的内容。即兴演讲者兴之所至，其精妙的程度，在事后演讲者自己都会感到吃惊。但灵感不是从天上掉下来的，也不是头脑里所固有的。从演讲的角度来看，那是演讲者在长期的社会实践中获得的经验和知识潜存在大脑里，由特定的演讲时境和对象的触发创造的杰作。

对缺乏经验和技巧的人来说，做好即兴演讲是件困难的事。即兴演讲有什么方法可依照吗？当然有。在这里要着重提一下美国演讲专家理查德总结的即兴演讲"四步曲":第一步,"喂,喂!";第二步,"为什么要费这个口舌?";第三步,"举例";第四步,"怎么办?"

第一步,"喂,喂!"意思是首先引起听众的兴趣。理查德说:"不要平铺直叙地开始演讲:'今天,我要讲的内容是保障行人生命安全……'最好可以这样开头:'在上星期四,订购的450具棺材已运到了我们的城市……'"这样的开头能制造悬念,引起听众的兴趣。也就是说,要尽量想一些能引起听众的兴趣、集中注意力的开头。

第二步,"为什么要费这个口舌?"即接下去应该向听众讲明为什么应当听这次演讲。如果谈交通安全,可以这样讲:"不讲交通安全,那订购的450具棺材也许在等待着我,等待着你,等待着我们的亲人。"说明了演讲的重要意义。

第三步,"举例",是用事例对主题的进一步论证说明。理查德指出,比如谈交通安全问题,演讲者若用活生生的事例来说明那些会使人送命的因素,远比只讲那些干巴巴的条文要好得多。

第四步,"怎么办?"是点睛之笔。理查德要求演讲者注意,这一步一定要告诉听众,演讲者谈了老半天是想表达什么,最好能讲得生动一点、具体一点、实际一点。从根本上说,"怎么办?"是演讲者的目的所在。

从以上的介绍中可以得知,即兴演讲的目的性很强,即能够与听众产生共鸣,随着演讲的节奏和内容,使大家的思维方式能跟着走。由于时间有限,演讲者要在最短的时间内找到和听众共享的兴趣点,即找到触动听众敏感神经的一点。这对演讲者的演讲可以说是提出了更高的要求。要适时、适地找到这个"感",找到正确的兴趣点可以通过具体的时间、地点、物体、话语、行为等方式。

即兴演讲还要强调和观众要有共同的"兴趣点",即"兴"的产生。上面讲是要从特定的时间、地点、物体等方面入手寻找,既然"感"和"兴"之间有那么多的共同点,"兴"的产生也可以借鉴。"兴之所至,有感而发"是即兴演讲的基本特点。实践经验表明,即兴演讲的"兴",是处在特定场景中的人通过以下五条主要途径感受和激发出来的。

(1)通过时间产生"兴"

特定的时间,是演讲的构成因素。倘若这个时间具有某种特殊意义,就可能成为现场触媒,引发即兴演讲。处在某个特定的时间,演讲者会受到眼前熙熙攘攘的景象触发而激起讲话的兴趣。

（2）通过地点产生"兴"

特定的地点，同构成演讲的环境因素密切相关。演讲者对此地点有难以忘怀的人生回忆，可以引出一段热情洋溢的即兴演讲。

（3）通过话语和行为产生"兴"

公众场合、某人的言论可能成为他人即兴讲话的触媒，让演讲者觉得应该表达自己的现场感受。现实生活中的某种行为方式倘若具有了普遍的社会意义，就可以激发关注者强烈的兴趣，引发特定场合的即兴演讲。

（4）通过物体和事情产生"兴"

善于观察和联想的人，往往从事物中能感悟到其特殊内涵，引发即兴演讲。即使是一件小事，只要蕴含重要意义，对善于观察和感悟生活的人来说，也可以激发演讲者的兴趣。例如，针对身边的好人好事，结合自身来发表一篇演说词。

（5）通过人产生"兴"

演讲过程中演讲者面对听众时，往往会受到特定对象的影响，从而激发兴致，情不自禁地发表临时演讲。例如，面对负伤的战友能够讲出安慰、感人的慰问话语。

第 6 辑 社交礼仪

在社交活动中，人们为了有秩序地生活和工作，使社交活动和谐而有效，就要用各种规范来调节复杂的人际关系和现实的社会关系，并用来约束人们的行为。这些规范反映在我们的日常生活中，就是一些常用的社交礼仪。

握手礼仪

握手，是我们在日常的社会交往中常见的礼仪，是与他人交流感情、增进友谊的一种重要方式，是现代交际和应酬的重要礼仪之一。深情、文雅、得体的握手，往往蕴含着令人愉悦、信任、接受的契机。

握手，多数用于见面致意和问候，也是对久别重逢或多日未见的友人相见或辞别的礼节。有时，又具有"和解"的象征意义。握手除了作为见面、告辞、和解时的礼节外，还是一种祝贺、感谢或相互鼓励的表示。在不同的场合，与不同的人握手各有不同的礼仪。

1. 与女性握手的礼仪

与女性握手，应等对方先伸出手，男性只要轻轻地一握即可。如果对方不愿握手，也可微微欠身问好，或用点头、说客气话等代替握手。

与女性握手，最应掌握的是时间和力度。一般来说，握手要轻一些，更不能握着对方的手用力摇晃。

2. 与长辈或贵宾握手的礼仪

与长辈或贵宾握手，不仅是为了问候和致意，还是一种尊敬的表示。除双方注视、面带微笑外，还应注意以下五点。

（1）在一般情况下，见到平辈、朋友或熟人时先伸手为有礼，而见到长辈或贵宾时则应等对方先伸手，自己才可伸手去接握。

（2）握手时，身体可稍微前倾，以示尊重，但也不能因对方是贵宾就显得胆小拘谨，只用手指轻轻接触对方的手掌就算握手；也不能因感到"荣幸"而久握对方的手不放。

（3）当长辈或贵宾向你伸手时，应快步上前，用双手握住对方的手，这也是尊敬对方的表示。并根据场合，边握手边打招呼问候，如说"您好""欢迎您""见到您很荣幸"等热情致意的话。

（4）遇到若干人在一起时，握手、致意的顺序是：先贵宾、长辈，后同事、晚辈；先女后男。

（5）在外交场合，遇见身份高的领导人，应有礼貌地点头致意或表示欢迎，但不要主动上前握手问候，只有在对方主动伸手时，才可向前握手问候。

3. 上级或下级之间的握手礼仪

在与上级或下级握手时，除应遵守一般握手的礼仪外，还应注意以下四个方面。

（1）上级为了表示对下级的友好问候，可先伸出手；下级则应等对方有所表示后，再伸手去接握。

（2）当遇到几位都是你的上级时，握手时应尽可能按其职位高低的顺序，但也可由他们中的一位进行介绍后，由你与对方一一握手致意。

（3）上级与下级握手，一般也应以其职位高低为序，遇有自己熟悉的下级，握手的同时也应说些问候、鼓励和关心的话。

（4）不论与上级还是下级握手，都应做到热情大方，遵守交往礼节。

下级与上级握手时，身体可以微欠，或快步趋前用双手握住对方的手，以示尊敬，但切不可久握不放，表现出过分的热情。

介绍礼仪

介绍，是社会交往中人们互相认识、建立联系的常用方式。它主要指有人从中架起桥梁进行沟通，使双方建立关系。在社交场合中，介绍和被介绍，是一种经常采用的形式。

在社交场合中，介绍有各种方式。如按交际场合来区分，有正式介绍和非正式介绍；按介绍者来区分，有自我介绍和他人介绍；按被介绍者的地位来区分，有重点介绍和一般介绍；按被介绍的人次来区分，有集体介绍和个别介绍；按被介绍者的性质和介绍采取的形式，又可区分为商业性介绍、社交性介绍和家庭成员介绍等。

1. 正式介绍

正式介绍，是指在较为正式、郑重的场合进行的介绍。总的原则是：年轻的被介绍给年长的，后辈被介绍给前辈，男性被介绍给女性，一般来客被介绍给身份较高的人等。

如果把一名男士介绍给女士，在介绍过程中，应先提到女士的名字，然后再提男士的名字。但如果要介绍一男一女相识，而男士的年纪比女士大得多，则应该将女士介绍给这位男士，以示尊敬长者。在同性别的两人中，应该是年轻的被介绍到年龄大的，同样是表示对长者的尊敬。在年龄相差无几的男士中，并不讲究谁先介绍，但如果其中一人在社会上已有一定的知名度或德高望重时，另外一位应当被介绍给他。另外，通常是未婚的被介绍给已婚的，除非是未婚的男士（或女士）年龄比已婚的大得多。介绍时，最好是把对方的工作单位或就读的学校顺便提一下。

当你被介绍后，通常要做的礼仪是握手，面露笑容并说一声"您好！"，在需要表示庄严郑重或特别客气时，你还可以略施一躬。如见到某人特别高兴，则可以说"见到您真高兴"。

2. 非正式介绍

非正式介绍，是指在非正式场合所作的介绍。这种介绍不必过分讲究正式介绍的规则，如果大家都是年轻人，就更可以轻松、随便一些。如介绍人可先说一声："让我来介绍一下！"然后就作简单的介绍。也不必遵循先介绍谁、后介绍谁的次序，最简单的介绍方式是直接报出被介绍者各自的姓名，当然也可加上"这位是""这就是"之类的话以加强语气。

3. 一般介绍

一般介绍，是指人们在日常生活中的介绍。它要注意两条原则：

第一，把男士介绍给女士；

第二，在简单介绍中，必须先提女士的名字，然后再说男士的名字。

4. 自我介绍

自我介绍，是社交场合中很重要的一环。如果在聚会的场合要与一个不相识的人谈话，你可以先作自我介绍，等对方也作自我介绍后，便可进行交谈。

5. 集体介绍

集体介绍，一般在宴会、舞会或普通集会上，由于来宾较多，这时不必逐一进行介绍，主人只需要介绍坐在自己旁边的客人相互认识即可。

名片礼仪

名片是一个人的身份、地位的缩影，也是使用者想获得社会认同、社会尊重的一种方式。在现代社会，名片不仅有进行自我介绍和保持联络的作用，还有其他多种用途。

1. 通报和留言

拜访友人时，若被访者系尊长，可在名片的姓名下方写上"求见""拜谒"字样，转行顶格起写上对方姓名称谓。若被访者不在家，可留下一张名片，上面写一句"很遗憾，未能一见"或"很遗憾，来访未晤"等，也是很友善的表示。

2. 业务宣传

在进行业务往来时，名片是公司的招牌，具有类似广告的作用，可使对方了解你所从事的业务。

3. 通知变更

一旦调任、迁居或更换电话号码，送给至亲好友一张注明上述变动的名片，等于及时而又礼貌地打了招呼。

交换名片是人们交往中常用的一种介绍方式。交换名片应重视其礼仪效应，恰到好处地使用名片，会给人一种文明、现代、彬彬有礼的感觉。

交换名片是建立人际关系的第一步，一般宜在与人初识时，自我介绍或经他人介绍之后进行。递送名片的先后没有太严格的讲究，一般是地位低的人先向地位高的人递名片，男性先向女性递名片。出于公务和商务活动的需要，女性也可主动向男性递名片。当对方不止一人时，应先将名片递给职务较高或年龄较大的人，如分不清职务高低和年龄大小时，则可依照座次递名片，应给对方在场的人每人一张，以免厚此薄彼。如果自己这一方的人较多，则让地位高者先向对方递送名片。递送名片时，应面带微笑，正视对方，将名片的正面朝着对方，恭敬地用双手的拇指和食指分别捏住名片上端的两角送到对方胸前。如果是坐着，应起身或欠身递送，递送时可以说一些"我叫××，这是我的名片，请笑纳"或"请多关照"之类的客气话。另外，要注意不要用名片盒发名片，这样会给人一种不注重自己的内在价值，名片发不出去的感觉。

接受他人的名片时，应起身或欠身，面带微笑，恭敬地用双手的拇指和食指捏住名片的下方两角，并轻声说"谢谢"或"能得到您的名片十分荣幸"。如对方地位较高或有一定知名度，则可道一句"久仰大名"之类的赞美之词。对接到的名片要十分珍惜，并当着对方的面，用30秒钟以上的时间，仔细把对方的名片看一遍，随后郑重其事地将对方的名片放入自己携带的名片盒或名片夹之中，千万不要随意乱放，以防污损。如果接过他人的名片后一眼不看，或漫不经心地随手向口袋里一塞，这是对人失敬的一种表现。倘若一次同许多人交换名片，而且双方都是初交，那么最好依照座次来交换，并记好对方的姓名，以防搞错。在公共场合，如欲索取他人的名片，可以婉转地说："以后怎样向您请教？"或"以后怎样同您保持联系？"如自己无意送人名片时，可婉转地说："对不起，我没有带名片。"

为了查找和使用方便，宜分类收藏他人的名片。对个人的名片可按姓氏笔画分类，也可依据不同的交际关系分类。要留心他人的职务、职业、住址、电话等情况的变动，并及时记下有关的变化，以便通过名片掌握每位客户、每个朋友的真实情况。还可把对对方的了解，譬如他的爱好、擅长等记在名片上。待下次与这个人见面时，不但能一下子说出他的名字，还能随口以他的爱好和擅长为话题，对方必然会感到意外，对你自然有好感。

探病礼仪

当自己的家人、同学、好友、同事生病时,我们应该积极地去探望他们,送去我们的关心与问候,这样可以加深彼此的了解,增进相互间的感情,使病人和家属得到精神上的安慰。

探望病人时要注意以下几点。

了解病人常有的心理,关怀、安慰病人,尽量使病人的心情愉快起来。例如,谈话时可以说某个朋友原来也得过这种病,经治疗后很快痊愈了。这样可以稳定病人的情绪,减轻和消除病人的疑虑。

要控制内心的感情,不要神态过于沉重,尤其是至朋亲友患了绝症,更要控制自己的感情。不能在病人面前流露出内心的哀伤,更不能当着病人的面痛哭,以免给病人造成压力和负担,引起病人悲观、绝望而加重病情。

对待病人的态度要和蔼可亲,不要当面谈及他的病情,只有在病人看不见、听不到的地方,才能低声向人打听和询问。

探病时病人委托的一些事,如借书、买日用品、传书信等,要尽力办好,使病人满意。

去医院探望病人时,一定要遵守医院的规章制度,不要在病房里絮絮叨叨,扯个没完。因为这不仅使病人感到疲劳,也会妨碍其他病人休息。

给病人带食物,应根据病情适当选择,不要把病人不能食用的食物送给病人。给病人带食物可以征求医护人员的意见,并要经过医护人员同意,在数量上也不是越多越好。

对长期卧床的病人除带食物外,还可带些供消遣的书籍、画册等,使病人分散注意力。看望病人时,送上一束鲜花,可以美化环境,增加病房的美和活力,使病人心情舒畅,但不宜把香味太浓的花带入病房。

病人如果需要你陪床,不要让病人感到需要招待你,或必须同你谈话。你可以带一本书,坐在病人能看到或知道的地方,以便随时帮助病人。

病人在家里养病时,宜在午休后探望,并注意相应的礼节和事项,告辞时应谢绝病人送行。

最后要注意的是,同病人谈话的时间不宜过长,以免妨碍病人的休息。如果是一般朋友，探病的时间在半小时内比较适宜；如果是挚友，时间可稍长些。

拜访礼仪

拜访是人际交往的一种常见的形式。通过拜访，人们可以达到相互了解、加深感情、增进友谊、沟通思想的目的。

从拜访的对象上说，可以是机关团体、企业、政府机构、个人等；从拜访的内容上讲，可以进行礼节性拜访或是工作拜访。

拜访前应遵守以下礼仪：拜访与约会要讲究时间与必要性，要选择恰当的时间，一般安排在对方比较空闲的时候。"不速之客"通常是不受欢迎的，因为不期而至会打乱对方的生活秩序和日程安排，这是很不礼貌的。如果因情况特殊无法预约，见面时要向对方说明理由，表示歉意，取得对方的谅解，否则会使别人对你产生不满情绪，达不到预期的交际效果。

打电话或写信约会，宜用请求的口气，不宜用命令式的语句。在发现对方带有推辞或勉强的意思时，切不可咄咄逼人，强求会见。即使遭到拒绝，也不要迁怒对方，仍应以友好而婉转的口气说："那么，我等您方便的时候再约时间来看您，祝您一切顺利。"说些祝福问好的话是必要的。热情洋溢的语言能感动对方，使对方对你感到歉意，为下一次的约会打下良好的基础。

有一种情况必须避免，那就是像发通知书一样写信告诉对方何时拜访，不等对方回答就匆匆忙忙地登门。如果对方早已另有安排或有更重要的事要做，你的突然来访会使对方感到为难。拜访本是双方的事，不能强迫，要尊重对方，不可贸然行动，否则会影响人与人之间的友好关系。

赴约要遵守时间，不要迟到，如果遇到意外情况，不能准时到达或不能前往时，必须及时通知对方，以免对方久等心焦，无故失约是最不礼貌的。

拜访一定要衣冠整齐，修饰边幅。离对方家的路程再近，关系再融洽，也不可穿着背心、短裤及拖鞋登门，那样是不礼貌的行为。冬天进屋后要脱去大衣、帽子及围巾，表示你来到了温暖的地方，且不能说"冷"字。夏天做客时，天气再热，也不能脱去衬衫和长裤。

拜访前要预先用电话或书信约定，并按时抵达。进门前应先按门铃或敲门，经主人应允后方可进入。如无人应声，可稍等片刻后再次按门铃或敲门（按门铃的时间不要过长）。

一般机关团体或企事业单位的办公室，因工作环境中的人较多，再加上电话等干扰，有时敲门之后会出现听不到的情况，在敲过一阵门稍等片刻之后，可推门进入办公室，但一般私人住宅，未经主人允许，不得擅自进入。

经主人邀请进入室内后，如谈话所需时间较短，则可不必坐下，事毕也不要逗留；如所需时间较长，则要在主人的邀请下方可入座。

进屋后看见熟悉的人，一律要打招呼，表示亲切与友好；见到陌生人也要点头示意，如果主人没向你一一介绍在座的陌生人，不可随便打听人家与主人是什么关系。

主人请你坐下，要说声"谢谢"。主人给你倒茶，要双手相接并欠身道谢。主人请你抽烟，而你不会抽，应说"谢谢，我不会抽烟"。如果主人没有让烟，而你想抽烟时，要征得主人的同意，通常说："对不起，我可以抽烟吗？"待主人说"请"字后再抽。烟灰不可弹在地上，如果没有烟灰缸，可卷个纸筒弹在里面。不要轻视这些小小的细节，它能使别人对你产生好感。

拜访对方时可带上礼物，对主人可说："一点小意思，略表心意，请笑纳。"如果知道对方家有小孩，最好送些小玩具或儿童爱吃的食物，以示关心。

在对方家里，举止要稳重，除了翻阅书刊外，不可看主人的书信或笔记本，更不可随便打开主人的抽屉或书橱。不要东张西望，不宜打听主人家这一件或那一件物品值多少钱或从哪里弄来的，因为在习惯上人们最忌讳别人打听私人领域里的事。

拜访要注意言谈举止。没有主人的主动邀请，不得要求参观主人的庭院和住房及触动房内的陈设。在办公室内，要注意谈话的时间不要太长，声音不要太大，以免影响其他人办公。

拜访的时间一般不宜过长。如果对方兴致勃勃，情绪高昂，可以多谈一会；如果对方反应冷淡、心不在焉或主人与家人东拉西扯消磨时间，与你话不投机，那么你必须立即结束谈话，准备告辞。在这种情况下，即使主人挽留你，也应离开，这时候的挽留往往是出于客套，并不是真心的。要是发现主人偷偷看表，应知趣地告退，因为主人已在下"逐客令"了。

当遇有其他人也来拜访时，应尽快谈完所要谈的话，向主人告辞。对其他来访者，或打招呼，或点头微笑示意，以表示对主人的尊敬。如果你与来访者熟悉或主人真情挽留，亦可坐一会儿，再告辞。

在拜访即将结束时，应向主人及其亲属、在座客人握手或点头致意，对主人的接待表示谢意。主人相送时，应说"请回""留步""再见"。

馈赠礼仪

馈赠，即赠送礼物，是人际交往之中的一种表达感情、敬重和感激的常用形式。馈赠礼物要讲究礼仪，这样才能收到好的效果。

1. 馈赠的时机与场合

一般来说，春节、中秋节、端午节、生日、结婚、生子、圣诞节、情人节、母亲节等都是送礼的好时机。另外，除了业务上联络的请帖，其他几乎都是收请柬必送礼的。送礼多少则可灵活掌握，当然这还得结合个人、家庭的经济等具体情况而定。

送礼应注意宴会举行的时间和地点，按照惯例，礼物要求在宴会举行之前送到主人家才表示恭敬，否则临宴时才送礼就有点失敬了，尤其是婚礼、大寿等较为隆重的宴会。另外，除非你不知道宴会时间，否则切忌事后补礼。

归纳起来，下面七种情形需要考虑送礼。

（1）喜庆嫁娶

乔迁新居、过生日、生小孩、嫁女娶亲等亲友的喜庆日子，应考虑备礼相赠，以示庆贺。

（2）探望病人

去医院或别人家中探望病人时，应带点礼物。

（3）欢庆节日

我国传统节日如春节、端午节、中秋节、重阳节等，西方节日如圣诞节、情人节、母亲节等都可作为送礼的时机。

（4）亲友远行

为了祝愿亲友一路顺风，安心离开家人远出外地求学、工作，送上一份礼物以表心意，表示纪念。

（5）酬谢他人

当你在生活中遭遇困难或挫折，亲朋好友对你伸出过援助之手，事后应考虑送点礼物以表酬谢。

（6）拜访、做客

当你拜访或做客时，一方面对打扰对方表示歉意或接受对方款待表示感谢，另一方面向对方表示自己的问候，往往也要带上一份礼物登门。

（7）还礼

接受过对方的礼物，就等于欠着对方一个人情，在对方送礼离开时回赠一份自己的礼物，或者事后在类似的场合向对方送上一份礼物。

2. 礼物的选择

馈赠之前，要对礼物进行认真选择，首先就是考虑对方有什么爱好、兴趣和禁忌；其次要考虑送礼的原因和目的，尽量使礼物恰如其分；同时送礼不可太贵重，过于贵重的礼物易使对方产生不安，有行贿之嫌，总觉得背负你的"人情债"，这就事与愿违了；最后还得注意礼物的包装。

下面针对不同对象介绍有关礼物的选择。

（1）情人节的礼物

情人节是恋人之间、夫妻之间表达爱慕尊敬之情的一个节日，故恋人间、夫妻间均可以通过送礼来传递爱慕的感情。鲜花是情人节最好的礼物，如玫瑰花表示自己对对方的感情至深。除了鲜花外，一些小工艺品如一方手帕、一把香扇、一条项链、一盒化妆品均可以是恋人间传递爱情的媒介物。夫妻之间除了互赠鲜花外，可以在情人节这天给对方制造一个惊喜，一件对方向往已久的东西，突然在情人节这天从天而降，让对方终生难以忘怀，铭刻在心。

（2）结婚礼物

要收到对方的请柬或通知后再携礼登门祝贺。礼物宜以家庭用品、床上用品、餐饮具或字画等工艺品为好，也可事先征求主人的意见再选购；如果用金钱代替礼物，可在封套上写明"贺仪"等字以示庄重。

(3）生子礼物

可送婴儿用品，如衣服、鞋帽、玩具、食品、生肖纪念章等，也可送产妇滋补营养品等。

(4）生日礼物

父母、长辈生日做寿，可送寿联、寿糕、营养品、衣服等，夫妻生日可送鲜花、化妆品、饰物、领带等，朋友生日可送贺卡、工艺品、学习用品、鲜花、影集等小物件，小孩过生日，可根据小孩的年龄、性别选择一些玩具、磁带、图书、小孩衣物、糖果等，但不宜给小孩过多的钱作为礼物。

(5）节日礼物

按照具体的节日来选择合适的礼物。如春节可送腊味、礼盒、水果，端午节送粽子，中秋节送月饼等。

(6）病丧礼物

探望生病的亲友，应携带一些适宜病人食用的食品，也可送鲜花。丧礼中可送花圈、挽联或"帛金"，如送物品应以不留纪念的一次性易耗品为原则。

(7）远行礼物

毕业升学远行时，可选择书籍、学习用品、生活用品等。

(8）迁居礼物

恭贺乔迁之喜的礼物，以对联、字画、镜屏、工艺品、家庭装饰品为最佳。

(9）开张志喜礼物

作为个人，为朋友新业务的开张表达自己的祝贺，此时送上一只花篮是最合适的。单位之间，每遇同行或商务单位新业开张，那么送上一只大花篮，花篮上悬挂祝贺联一对是很合适的。

宴会礼仪

在生活、工作中，我们常常要出席各种各样的宴会，注意社交宴会上的礼仪，往往能反映出一个人的文化教育程度。一次宴会的气氛是否热烈，能否达到增进友谊的目的，不仅取决于主人是否热情好客、真诚待友，也取决于客人能否以诚相待、彬彬有礼。

一般常见的宴会通常有以下四种。

一是家宴，即在家中设便宴招待客人，通常用于招待亲朋好友。家宴一般由主人亲自下厨烹调，有时也可请厨师或亲友掌勺，采取全家人共同招待的形式，更显得亲切友好。

二是工作宴会，这是人们平时在工作交往中经常采用的一种非正式宴请形式。按用餐时间，可分为早、中、晚宴。这种宴会一般只请与工作有关的人员参加，利用进餐时间，边吃边谈。双边或多边的工作宴会，往往按参加者职务的高低安排席位。

三是酒会，这种宴会多用于大型活动，招待以酒和饮料为主，略备小吃。酒会一般不设座位，仅放置小桌或茶几，以便客人随意走动，便于广泛地接触和交谈。酒会在早、中、晚间均可举行。请柬上往往注明整个活动的持续时间，客人可在其间任何时候到达和退席，不受约束。

四是茶话会，这是一种更简便的招待形式。茶话会常设在客厅或会议室举行。室内可安排桌子、茶几、座椅，如果茶话会专为某客人举行，则入座时主人应与主宾坐在一起，其他人可随意入座。茶话会对茶叶、茶具的选择应讲究些，一般采用陶瓷器皿，茶话会通常略备水果、点心或蜜饯等。茶话会也有不用茶，而用咖啡的。茶话会举行的时间，一般在下午4点左右，也可在上午10点举行。

宾客赴宴应注意如下礼仪。

1. 注意服饰和化妆

盛大的宴会或较为正式、隆重的宴会，主人在请柬上一般都注明应该穿着什么样的服装或礼服，作为被宴请的宾客必须注意这一点。男宾可以着西装，在我国也可以着中山装。男宾还应注意头发和胡须，应保持卫生和整洁。女宾可以着色彩艳丽的裙装或套装。如果宾客衣衫不整，既是对主人的不尊重，也有损于自身的形象。女宾还应注意面部化妆，面部妆若能浓淡适中，就会容光焕发，显示出秀丽和高雅的气质。但化妆应在家里进行，在公共场合当着别人的面，尤其是在男士的面前化妆，会被看作不礼貌。另外，宾客还应注意鞋子和袜子，鞋子应该干净光亮，袜子应干净、无臭味。

2. 根据宴请的性质准备礼物，准时赴宴

如果是官方或公务宴请，不必带礼物。如果是亲朋好友宴请，则要根据宴请的性质准备相关礼物。无论是结婚宴请、生日宴请，还是送行宴请、接风宴请、好友聚会，收到请柬后，都应准备礼物。不论礼物轻重，都应考虑礼物类型、格调与宴请性质的联系。

参加宴会时，如果请柬上写明时间，一般在约定时间五分钟前或准时到达。若因故迟到三分钟至五分钟也是允许的，但到达后应向主人致歉并说明原因。

3. 根据自身的地位和身份按位落座

在较大的宴会上，座位席次主人事先都是有安排的。在餐桌上置有宾客的名签。赴宴者可以到桌前查看，找到自己的名签，然后入席就座。如果没有宾客的名签或服务人员引座，当其他宾客已相继坐下，而一时无人给自己引座时，可选择次要的位置坐下，待主人发现后再引宾入座。大型宴会一般都分主宾席和一般宾客席，赴宴者应考虑个人的身份和地位，分别在主宾席或一般宾客席入座。在隆重而正式的宴会上，一般有接待人员引导宾客到预先安排好的位置上就座。

4. 用餐时宾客应有优雅的风度、良好的仪态

用餐时，宾客应保持愉快的心情。无论主人请宾客享用什么样的菜肴，宾客都应表现出高兴的神态。

宴会进行过程中，宾客还应举止得体。当主人或其他宾客讲话、敬酒、介绍菜肴时，应停止进食，面向讲话人仔细聆听，不可与其他宾客交头接耳，或随意摆弄餐具。一般情况下，宴会中不要高声谈笑，更不能喧宾夺主或反客为主。用餐时应自然大方，从容进食。享用菜肴时，要等主人、主宾先夹后，自己再夹。吃菜、吃饭时要细嚼慢咽，若狼吞猛咽，就会显得极不文雅。若过分细嚼慢咽，又会显得一个人行动迟缓。若一次放入嘴中的食物太多，使两腮鼓起，会形成一副丑态。餐桌上的餐巾、餐巾纸及送上的热毛巾，只可用于擦嘴，不可擦头颈、胳膊、胸脯。席间一般不要剔牙，更不能当着主人或其他宾客的面毫无顾忌地剔牙。若确实需要剔牙时，应用另一只手捂住嘴或到非宴会场所，如洗手间去剔牙。在宴会上应尽量避免打喷嚏、打饱嗝和吐痰等行为。若实在控制不住打喷嚏、咳嗽时，应用手帕捂住口鼻低头面向一旁，尽量避免发出声音，并向邻近宾客轻轻说声"对不起"。

5. 宴会结束，向主人表示感谢并热情话别

当主人示意宴会结束时，应走到主人面前对主人的热情款待表示感谢，对丰盛的酒菜表示赞美。不可因余兴未尽或过于贪杯而迟迟不起，致使宴会拖延不散。否则，既是对主人的失礼，也是对其他宾客的不尊重。在"时间就是金钱""效率就是生命"的今天，更应懂得准时结束宴会的内在价值。宴会结束时，应热情与主人或其他宾客道别。若主人在宴会结束时，有礼物相赠，应高兴收下并表示感谢，不可过于推让或坚持不收。

中餐、茶、酒礼仪

出席宴会，最重要的就是要讲究饮食的礼仪。有人说："判断一个人的教养如何，只要看他的吃相就行了。"按照惯例，在宴会上不论是吃东西，还是喝酒水，都不能发出刺耳的声响，这种声响会影响他人的食欲，同时也有损自己的形象。

1. 中餐进食礼仪

吃中餐首先要注意筷子的使用。中式餐饮的主要进食工具是筷子，筷子的使用在长期的生活实践中也形成了一些礼仪上的忌讳。过高或过低握筷，或者变换指法握筷都是不规范的。忌敲筷子，即在等待就餐时，不能用筷子随意敲打。忌掷筷，即在发放筷子时要轻，相距较远时可以请人递过去，不能随手掷在桌上。在使用筷子夹菜时，不要在菜肴上乱挥动，不要用筷子穿刺菜肴，不要将筷子含在口中，不要让菜汤滴下来，不要把筷子当牙签，不要用筷子指别人。需要使用汤匙时，应先将筷子放下。

其次要注意自己的吃相。进食要文雅，每次入口的食物不可过大，应小块小口地吃。在品尝已入口的食物与饮料时，要细嚼慢品，最好把嘴巴闭起来，以免发出声响。食物或饮料一经入口，除非是骨头、鱼刺、菜渣等，一般不宜再吐出来。需要处理骨刺时，不要直接外吐，可用餐巾掩嘴，用筷子取出放在自己的餐盘或备用盘里，不要放在桌上。口中有食物，不要张口说话，如别人问话，示意自己的口中有食物，可等食物咽下后再回话。要热情与同桌人员交谈，眼睛不要老盯着餐桌，显示出一副贪吃相。

最后要注意牙签的使用。正式宴会中，不宜当众使用牙签，更不可用指甲剔牙缝中的食物，如果感觉确有必要时，可以直接到洗手间去除掉。在餐桌上必须用牙签时，最好用手捂住嘴轻轻剔。边说话边剔牙或边走路边剔牙都不雅观。

2. 饮酒礼仪

酒席、宴会的祝酒，既能表示对客人的尊敬，又可增添席间的热烈气氛。用酒来表达对宾客的欢迎或谢意，不但是我国人民的传统风俗习惯，也是世界各族人民增进友谊的一种方式。

（1）日常交往用酒礼仪

主人在为客人斟酒时，常说"满上，满上"，这个"满"不是指满到杯口几乎溢出来，而是指斟满八成就行了。

主人斟酒时，客人可行"叩指礼"，表示感谢主人敬酒。行"叩指礼"时，客人把拇指、中指捏在一块，轻轻在桌上叩几下。

酒席上喝酒讲究碰杯。有时在碰杯后，会一口气喝下去，还要把杯子倒过来让旁人看看杯子已经空了。

在酒席上还常常有"无三不成礼"的说法，意思是一次喝酒高潮必须是三杯以上。

（2）敬酒

饮酒之乐除了酒质优良带来的乐趣外，饮酒的气氛和场面更是一种享受，因此，文明饮酒便显得尤为重要了。

向人敬酒，是表示祝愿、祝福等。在祝酒时，应注意以下事项。

①首先应了解对方的饮酒习惯，以便做必要的准备。

②根据社交礼仪的规定，提议大家干杯、向来宾祝酒的只能是主人，其他人则不宜这么做。

③在为欢迎某位贵宾而特意举行的欢迎宴会上，在主人祝酒之后，主宾也可祝酒。

④碰杯时，主人和主宾先碰，人多可同时举杯示意，不一定碰杯。

⑤祝酒时注意不要交叉碰杯。

⑥在主人和主宾致辞、祝酒时，应暂停进食，停止交谈，注意倾听，也不要借此机会吸烟。

⑦主人和主宾讲完话与贵宾席人员碰杯后，往往到其他各桌敬酒，遇此情况应起立举杯。

⑧碰杯时，要目视对方致意。

⑨参加各种宴会，切忌饮酒过量致使失言、失态。

（3）干杯礼

干杯时人们往往要相互碰杯，碰杯的响声与教堂敲钟一样，传说是为了驱除恶魔。过去干杯还必须右手执杯，伸直与肩齐，这是为了向对方表明自己腰间没有暗藏武器，以示友好。

3. 茶会礼仪

一些机关、团体、企事业单位在公务活动中，常用"茶会"的形式进行公务聚会，以达到交流思想、联络感情、洽谈业务、开展公务等目的。茶会礼仪，就是指人们在各种茶会活动中应遵守的礼仪。

茶会开始时，主持人应热情欢迎应邀者光临，并讲明举办茶会的目的和内容。一般来说，茶会就座比较自由，讲话也不要求有严格的顺序，可随感而发，即席发言。当别人发言时，不要随便插话，更不要任意打断别人的发言。

茶会应安排专人给客人续茶，续茶时服务人员走路要轻，动作要稳，说话声音要小，举止要落落大方。

当有人兴之所至、发言滔滔不绝时，主持人不要当众打断他的讲话，那样做是对发言人的不恭敬。这时，可以用"递条子"的形式，提醒发言人尽快结束谈话，使茶会得以圆满结束。

茶会结束前，主持人应再次感谢各位的光临，并就茶会所达到的目的作简要的小结。送客时，主持人应站在门外——与客人握手告别，并致以简短的祝福语。总之，在道别时，要以依依不舍的心情，与客人热情地说一声"再见"。

西餐、咖啡礼仪

随着社会经济的发展，我们接触到更多西方的事物，比如吃西餐等。而吃西餐的礼仪比中餐的礼仪更为严格。

西餐中都要用到餐巾。餐巾分为午餐巾和晚餐巾。午餐巾可以完全打开铺在膝上，晚餐巾只打开到对折为止。餐巾打开后应平铺在大腿上，不能围在脖子上或折在腰间。已经打开的餐巾应该一直放在大腿上，要等散席时才拿回到桌子上。用餐中途需离席时，应稍微折一下放在椅上。

1. 西式餐具的选用

吃西餐最麻烦的是如何正确选用餐具。餐具的选用可遵循下列原则：依上菜顺序从外向里选用餐具，通常叉置于餐盘左侧，刀和匙置于右侧。

餐具的选用要依据上菜顺序来确定。而西餐的上菜顺序同中餐完全不同。首先是开胃菜或开胃酒，然后是汤、副菜、主菜、沙拉、甜品、咖啡或红茶。通常先选择主菜（肉类），然后再配以其他食品。

2. 吃西餐的礼仪要求

用餐就座身体要端正，与餐桌的距离以便于使用餐具为准。将餐巾放在膝上，不要随意摆弄已摆好的餐具。

文明用餐。每次送入口中的食物不宜过多，在咀嚼时不要讲话，更不可主动与人谈话，避免食物喷出或掉出。

吃东西要闭嘴咀嚼，不要舔嘴唇或咂嘴发出声音。如果汤菜过热，可等稍凉后再吃，不要用嘴吹。

面包一般要掰成小块送入口中，不要拿着整块面包去咬。抹黄油和果酱时，也要先将面包掰成小块再抹。

吃鱼、肉等带刺或骨的菜肴时，不要直接往外吐，可用餐巾捂嘴轻轻吐在叉上放入盘内。如果盘内剩余少量菜肴时，不要用叉子刮盘底，更不要用手指相助食用，应以小块面包或叉子相助食用。吃面条时，要用叉子先将面条卷起，然后送入口中。

吃鸡时，应先用刀将鸡骨去掉，不要用手拿着吃。吃鱼时，不要将鱼翻过来，要吃完上层后用刀叉将鱼骨剔掉后再吃下层。吃肉时，要切一块吃一块，每块不能切得过大或一次将肉都切成块。

不可在餐桌边化妆或用餐巾擦鼻涕。用餐时打嗝是最大的禁忌。别人讲话时，不可搭嘴插话。

不可在进餐途中退席。如有重要的事情要离开一下，应向左右的客人小声打招呼。饮酒干杯时，即使不喝，也应将杯口在唇上碰一碰，以示敬意。当别人为你斟酒时，如不需要，可简单地说一声"谢谢"，同时以手稍盖酒杯，表示谢绝。

在用餐过程中，不可吸烟，直到上咖啡表示用餐结束时才能吸烟，如左右有女客人，应有礼貌地询问一声"您不介意吧"。

喝咖啡时，如愿意添加牛奶或糖，添加后要用咖啡匙搅拌均匀，然后将小勺放在咖啡的垫碟上。喝咖啡时，应右手拿杯把，左手端垫碟，直接用嘴喝，不要用小勺一勺一勺地舀着喝。

暂时离开时，刀、叉应交叉摆放或摆成"八"字，以示尚未吃完。若将刀、叉并拢放在盘子上，叉面向上，就表示不再用餐。

3. 喝咖啡礼仪

在我国，喜欢喝咖啡的人日渐增多。因此，了解一些喝咖啡的礼仪要求，是完全有必要的。

在餐后饮用的咖啡，一般都是用小型的杯子盛出。这种小型杯的杯耳较小，手指无法穿进去。但即使是用较大的杯子，也无须用手指穿过杯耳再端起杯子。咖啡杯的正确拿法，应是用拇指和食指捏住杯耳，再将杯子端起。

给咖啡加糖时，如果是砂糖，可用咖啡匙自取，直接加入杯内；如是方糖，则应先用糖夹子把方糖夹在咖啡碟的近身一侧，再用咖啡匙把方糖加在杯子里。如果直接用糖夹子或手把方糖放入杯内，有时可能会使咖啡溅出，从而弄脏衣服或台布。不要用咖啡匙着力去捣碎杯中的方糖。

在用咖啡匙把咖啡搅匀以后，应把咖啡匙放在外边，以不妨碍喝咖啡为原则。不能让咖啡匙留在杯子里就端起杯子来喝，这样不仅不雅观，而且很容易使咖啡杯泼翻。也切不可使用咖啡匙来喝咖啡，因为咖啡匙只是用来加糖和搅拌的。

如果嫌刚刚煮好的咖啡太烫了，可以用咖啡匙在咖啡杯中轻轻搅拌使之冷却，或者等待其自然冷却，然后再饮用。用嘴试图去把咖啡吹凉，是很不雅观的动作。

盛放咖啡的杯碟都是特制的。它们应当被放在饮用者的正面或者右侧，杯耳应指向右方。喝咖啡时，可以用右手拿着咖啡杯的杯耳，左手轻轻托着咖啡碟，慢慢地移向嘴边轻咽，切记不要发出声响来。

在家中请人来喝咖啡，通常安排在下午4点以前，一般不用速溶咖啡。届时应准备一些点心，主人负责给客人们倒咖啡。

喝咖啡是一种文化，只有讲究礼仪，才能体会到它的温馨。

约会聚餐礼仪

中国人讲究吃，男女之间相亲约会也通常约在餐厅吃饭。因为就餐时可以对对方的形象气质、个人修养、谈吐举止等方面有一个直观的了解，而约会聚餐时吃什么、怎么吃等细节问题就需要提前想到位。

1. 预订餐厅

男士要处处体现绅士风度，应该主动选择餐厅，高档、中档或大众餐厅随预算而定，但是不管档次高低，建议一定要选择比较安静舒适的餐厅。为了更好地认识和了解对方，交谈是饭局的重点，吃反而是次要的。男士要预先订座，然后通知女士，最好对交通路线给出建议。记得一定不要迟到，最好可以早点到。

2. 中餐还是西餐

如果是约在中餐厅，记得预定的时候说明要两个人的小桌子，不要为了显示气派找个包间的大桌。一个大桌在两个人中间平白添加了很多陌生感，坐得近了，两人不自然，而且显得大桌很累赘；分开坐，距离远了，说话又费劲。

如果约在西餐厅，最好选择去过或者常去的西餐厅，一是在熟悉的环境比较自在，谈吐也会自然许多；二是由于熟悉菜品和服务员，无形中增添选菜的自信，进一步给对方留下有能力的好印象。

3. 休闲装还是正装

男士着装整体以大方简洁为主，不一定非要穿全套西装、领带，如同上班那么正式，但也不可穿拖鞋、短裤、T恤，既会显得邋遢，又表现出自己不够重视和尊重对方。

4. 怎么点菜

双方坐下来之后，男士让女士先看菜单，看她有什么喜欢吃的。懂得点菜也是一种个人修养的体现，但是千万不要指手画脚、急于表现，可以在女士不知道选择什么的时候适当地提出建议，口气谦逊，不张扬。如果女士让男士拿主意点菜，点菜的时候要注意女士的忌口，不要为了向女士表现自己的财力而点太多,也不要点太少而吃不饱。若是吃西餐,可以考虑推荐给女士点一些甜鸡尾酒,如 Margarita、Cosmopolitan、Mojito 等。若她不喝酒,可以推荐一些不含酒精的饮料。

5. 准备什么话题

谈吐非常重要。在等上菜的时候,男士最好主动引起话题,千万不要你看我、我看你,什么都不说。所以参加约会前最好预先做一点功课,看看最近有什么时事新闻、生活时装、娱乐八卦可以谈论,但千万不要滔滔不绝,只顾自己讲,让人插不上嘴。适当表现自己的强项,但是不要给人傲气自满的感觉。

6. 吃相很重要

很多人相亲失败之处就是自己或对方不注意吃相。礼貌用餐不但是相亲成功的关键,也是个人修养、受教育程度的体现。例如,接听手机,在用餐时无论是商业或朋友来电,最好把手机调到静音状态,不然对方会觉得你的注意力不在自己的身上。不要大声咀嚼或吃面条、喝汤发出声音,说话时嘴巴里不要含着东西,骨头吐在盘子里而不是桌布上,不要大声呼喝服务员等。

7. 谁来买单

买单时,男士一定要主动,不要与女士 AA 制,若女士觉得过意不去,也可以提议下次约会她请客,这也是一个继续发展的暗示。饭后若没有其他安排,男士应该主动送女士回家,或陪同她打上的士,或送到公交、地铁站口。如果男士觉得相亲的对象不是自己的意中人,也要表现出绅士风度,该买单还是要买单,千万不要退缩或者表现出不情愿,让人暗地里说小气。

8. 多余的亲友团

建议不要找亲密的朋友陪同,相亲是考验个人能力。对方没看上你,却和你的朋友对上眼的情况屡见不鲜。也不要找长辈陪同,除非是这位长辈介绍你们进行第一次认识,否则对方会觉得你胆小、没有个性。

交友礼仪

朋友,是人际关系中十分重要的交际对象。真诚的朋友肝胆相照,互相照顾。

而怎样与朋友交往是一门很深的学问,其中一些重要的原则我们必须掌握。

1. 交友四要

(1) 要诚实可靠

对待朋友一定要诚实可靠。你遇到一个陌生人时,会"话到嘴边留半句,未必全抛一片心"。因为你本能地要保护自己,担心受到"伤害"。而一旦发现对方可靠时,就会滔滔不绝地讲个没完。别人对你也是这样,只有知道你不会为个人的利益而出卖他,不会背弃诺言,才会视你为好友。

(2) 要正直而不虚伪

性格软弱并不影响交友,但所有人都讨厌虚伪。虚伪的人不会向别人敞开心扉,没有人愿意与这样的人交朋友。

(3) 要通情达理

不通情达理的人有两个特点:一是思想上的"自我中心"意识过重,不愿意也不想理解别人;二是行为上的自我放纵。例如,朋友正在为学习成绩不好而忧心忡忡,你却跑来埋怨朋友昨天为什么不陪自己去跳舞,还为一点小事与朋友胡搅蛮缠。谁愿与这样的人待在一起呢?

(4) 要乐观而不自卑

自卑的人可以从自信的朋友那里学到以"广角镜头"看待事物和自己的方法,但过分自卑却会使对方失去交友的欢乐气氛,因为谁也不愿意无止境地和你在一起唉声叹气。相反,乐观的人总给朋友带来春天的气息。乐观本身就是对人的心理支援。现实生活中,乐观的人比一般的人有更多的朋友,而心情抑郁的人只能与个别知己窃窃私语。

因此,需要注意克服一些不好的性格:宁愿对朋友说办不到,也不要说谎;宁愿冷漠一点,也不要虚伪;宁愿笨手笨脚,也不要心术不正;宁愿随意一点,也不要苛刻;宁愿迟钝,也不要太精明。

2. 交友五忌

(1) 忌傲慢跋扈、言谈不慎

相貌、才识、家庭、职务的优势都能促使别人与你接近,这可能使你在朋友圈里有一种淡淡的优越感。但是你的这种优越感一旦失控就可能无意之中在朋友面前摆出一副傲慢的态度,处处炫耀自己,看不起别人,从而失去友谊的平等互惠性。因为任何人都不愿出卖自尊心去换取友谊。

（2）忌彼此不分、不拘小节

有的人自认为大度豁达，对朋友借给自己的东西从不爱惜，甚至久借不还，随便乱翻乱用朋友的东西也从不事先打个招呼。长此以往，就会使朋友觉得你的行为不端，甚至认为你贪婪。有的人常把彼此不分当成友谊深厚的表现，但友谊的维持和发展，是需要珍惜、保护、遵守信用。朋友馈赠的东西，是情感物化的表现，但平日里，对借的东西还是要爱惜，否则会使人觉得你不可靠。

（3）忌斤斤计较、过于吝啬

友谊是通过以心换心获得的，如果事事唯恐吃亏，占了便宜也觉得理所当然，自己又爱钱如命，别人当然就会远离你。

（4）忌不识时务、一意孤行

不管朋友工作是忙是闲，心情是好是坏，也不管什么场合，只顾自己夸夸其谈，人家有急事在身也缠着不放。这样做就会被人觉得浅薄、没有教养。也有的人遇事固执己见，硬要别人屈从就范。这两种态度都反映了认识上的不成熟，不会体谅、理解人，也不能随情景的变化而调剂自己的行为。这当然得不到朋友的好感。

（5）忌出尔反尔、不讲信用

这种人表面上很慷慨，答应别人的请求也很爽快，但答应之后即丢在脑后，忘得干干净净。当下次朋友催问的时候，只是用三两句话搪塞一番。也许你认为这是生活小事，但对别人来说，失信、毁约意味着破坏了他人的工作安排，并且使别人的感情受到戏弄。这样的人不能作为彼此信赖的好友。

舞会礼仪

舞会是人们喜爱的社交活动之一，它可以增进人们之间的交往，从而加深友谊，还可以丰富人们的文娱生活。在舞会上，一般跳的是"交谊舞"，是由"宫廷舞"演变而来的，是一种国际性的社交活动舞蹈，常见的如快步舞、伦巴舞、探戈舞等。

出席舞会要注意舞会前的修饰礼仪、舞会中的礼仪以及舞会结束时的礼仪。

1. 修饰礼仪

仪容要求：舞会前沐浴；剃胡须（男士）；剃去腋毛（女士在穿短袖或无袖装时）。

特别注意：①口腔卫生，随身携带口香糖，清除口臭，禁食葱蒜等刺激气味的食物，不要喝烈性酒，不要大汗淋漓或疲惫不堪时进入舞池。②传染病患者不要参加舞会，否则不仅有可能传染别人，还会影响大家的情绪。③维护舞场秩序，不吸烟，不乱扔果皮，不随意喧哗。

化妆要求：舞会妆允许浓一些。

服装要求：不允许戴帽子、墨镜，不能穿拖鞋、凉鞋、旅游鞋等。

男士参加正式舞会通常打白色领结，穿大燕尾服；也可以打黑色领结，穿小燕尾服。女士参加舞会的衣着应该是长款的，服装不要过露、过透、过短、过紧。女士穿裤子跳舞通常是不允许的，多为白色衣裙。穿无袖裙时可以戴长手套，但当开始跳舞或共进餐饮时需要脱掉。大型舞会，应着晚礼服。

2. 邀舞的注意事项

一般是男士邀女士共舞。关系很好、很熟的情况下，女士也可邀请男士共舞。

想要邀请一位素不相识的女士跳舞，必须先观察她是否已有舞伴。如果有，一般不宜邀请。邀请时，男士应步履庄重地走到女士面前，弯腰鞠躬，微笑邀请。邀请别人跳舞时，表情应自然、有修养。不要紧张做作，更不能流于粗俗。绝对不要叼着烟去请人跳舞。

如果是女士邀请男士，男士一般不得拒绝。音乐结束时，男士应将女士送回座位，并说"谢谢"，再离去。

男士邀请女士跳舞，如果女士不想跳，男士不能勉强。不论男士还是女士，若单独坐在离人群较远的地方，就不应去打扰。

邀舞前应注意观察，不要几个人同时抢邀一个舞伴。男士如果邀了舞伴同赴舞会，不能让舞伴独坐。

3. 拒绝礼仪

一般情况下，女士最好不要拒绝别人的邀舞。如果决定拒绝，应说"对不起"。如果女士已答应和别的男士跳这支曲子了，应向其他来邀的人说明并表示歉意。若已经婉言谢绝别人的邀请，则在一曲未终了时，女士不要同别的男士共舞。

若自带舞伴，可以多跳几曲，但别人来邀请时，不能一概拒绝，更不能说不礼貌的话。

如果夫妇二人同去参加舞会，跳过一曲后，有人前来邀请，先生应按礼节促请夫人接受，绝不能代夫人回绝对方。

4. 共舞礼仪

步入舞池时，要尊重女伴，女在前，男在后，由女士选择具体位置。跳舞时，一般男士领舞引导在先，女士配合在后。一曲终了，应立于原处，面向乐队或主持人鼓掌表示感谢，男士再将女士送回座位。

跳舞时舞姿要端庄大方，身体不要晃动。双方面带微笑，不可大声谈笑。男士不要强拉硬拽，女士不可挂、扑、靠、扭。双方身体应保持一定的距离。不可目不转睛地凝视着舞伴，即便是热恋中的情侣，在舞会上也不应过分亲昵。

跳舞时若冲撞了别人，应礼貌地向人道歉。在双方共舞过程中，无论舞步有多么不合，都应坚持到底，一般不应中途离去。

5. 其他注意礼节

舞会开始后，不应穿越舞池，而应绕道。

舞间休息时，不应向不熟悉的舞伴问长问短，闲聊不止。

舞会结束后或中场退出，应向主人或重要"朋友"道别。有时还可以在一两天后以短信方式向主人道谢。这将是对主人莫大的回报。舞会结束后，男士可以送女士回家。如果女士不想接受，这时可以礼貌地说声"对不起"，并告诉男士已经有人送了。说话要婉转得体，既使对方不会难堪，也不至苦缠下去。

饮茶礼仪

我国是茶叶的原产地，饮茶在我国是一种源远流长的传统文化。中国人习惯以茶待客，并形成了相应的饮茶礼仪。

茶艺已经成为中国文化的一个组成部分。比如中国的"工夫茶"，便是茶艺的一种，有严格的操作程序。

嗅茶。主客都坐定以后，主人取出茶叶，并且主动介绍该品种的特点、风味，客人则可以依次传递嗅赏。

温壶。先将开水冲入空壶，使壶体温热，然后将水倒入茶船。

装茶。用茶匙向空壶中装入茶叶，通常装大半壶。切忌用手抓茶叶，以免手气或杂味混淆。

倒水、续水粗看似乎是比较简单的，但却是体现对宾客文明礼貌服务的一项重要内容，因而对倒水、续水有其具体的要求和操作规范。

润茶。用沸水冲入壶中，待壶满时，用竹筷刮去壶面茶沫，随即将茶水倒入茶船。

冲泡。至此，才可正式泡茶。要用开水，但不宜用沸水。

浇壶。盖上壶盖之后，在壶身外浇开水，使壶内、壶外温度一致。

温杯。泡茶的间隙，在茶船中利用原来温壶、润茶的水，浸洗一下小茶盅。

运壶。第一杯茶泡好后，提壶在茶船边沿巡行数周，以免壶底的水滴滴入茶盅串味。

倒茶。将小茶盅一字排开，提起茶壶来回冲注，俗称"巡河"。切忌一杯倒满后再倒第二杯，以免浓淡不均。

敬茶。双手捧上第一杯茶，敬奉在座的客人。如果客人不止一位时，第一杯茶应奉给德高望重的长者。

茶的本性是恬淡平和的，因此，品茗礼仪要求着装整洁大方，女性切忌浓妆艳抹，大胆暴露；男性也应避免乖张怪诞，如留长发、穿乞丐装等。除了仪表整洁外，还要求举止庄重得体，落落大方。喝茶的环境应该静谧、幽雅、舒适，让人有随遇而安的感觉。选茶也要因人而异，如北方人喜欢饮香味茶，江浙人喜欢饮清芬的绿茶，闽粤人则喜欢酽郁的乌龙茶、普洱茶等。茶具可以用精美独特的，也可以用简单质朴的。

客人在主人请自己选茶、赏茶或主人敬茶时，应在座位上略欠身，并说"谢谢"。如人多、环境嘈杂时，也可行叩指礼表示感谢。品茗后，应对主人的茶叶、泡茶技艺和精美的茶具表示赞赏。告辞时，要再一次对主人的热情款待表示感谢。

电影欣赏礼仪

电影欣赏为目前国内最为普遍的娱乐活动之一，到处均有电影院，人们经常选择晚上或者周末和朋友一起去看一场电影。遵守观影礼仪不仅能使自己的行为更为得体，而且能让人们得到美的享受。

1. 观影前礼仪

随着社会的日趋开放，电影的限制也日渐放松，有暴力、恐怖或色情情节的影片，不适合儿童观赏。因此，必须严格遵守电影的限制级数，人人自爱。

一般电影院必须购票进场，对号入座。可以选择中间或者中间靠后的座位，这样观影的视觉效果比较好。如果遇到座位划位有冲突，应避免争吵。原则上先到者优先，后到者可到影院售票处换位。

衣着整洁。看电影应注意仪表着装整洁大方、无异味，不宜穿背心、短裤、拖鞋入场。如果患感冒、咳嗽、气管炎等疾病，应避免进入电影院。

尽量于影片放映前，排队入场，提前入座。如果迟到了，入场时注意脚步放轻，尽快寻找到座位，也可以找工作人员带位。

在走向自己的座位时，如果需要从其他已经落座的观众前面通过，正确的做法是应当先向对方说一声"对不起"，随后面向对方侧身而过，尽量不要与对方的身体接触。若触碰到对方，要立即道歉。就座的姿势和坐定的姿势要轻而缓，轻稳地坐下，不应发出嘈杂的声音。由于座位狭窄，必须坐姿端正，避免干扰到邻座。

2. 观影时礼仪

切勿在电影院内嗑瓜子等容易造成声响的食物，可以买一些电影院常卖的爆米花、饮料来食用。

不要随意丢弃票根、纸屑、口香糖渣及其他垃圾，要把垃圾扔到附近的垃圾箱，或者装在小垃圾袋里。

开演前应将手机设置成振动提示或暂时关机。在观影过程中一般不应主动给他人打电话。如因特殊情况必须接听电话时，应小声说话或离开观影厅。电影放映中，务必保持安静，不可交谈、讨论剧情，以免影响他人观影。

电影放映途中，避免走动或站起来，这样会影响后面观众的视线。如果有急事必须中途退场，要低头弯腰退出，不要遮挡别人的视线。

切勿在电影院中吸烟，在封闭的公众场合吸烟是十分不礼貌的行为。

电影放映途中，不可鼓掌或吹口哨叫好，更不能一时高兴跟着哼歌或手舞足蹈。

尊重知识产权。一般电影院上映的电影都不得私自录音、录像和拍照，严禁使用闪光灯。

观影结束后，退场时千万别忘了带走放在座位上的物件，也不要留下垃圾。不要乱拥挤，应该保持有秩序地离开电影院。

音乐会礼仪

到音乐厅欣赏音乐会不仅是美的享受，更能使自己的身心受到陶冶。参加音乐会，特别要注意现场的礼仪，这样才能更好地感受音乐。

1. 音乐会前礼仪

（1）着装

一般而言，除了户外音乐会不对服装加以要求，聆听音乐厅的音乐会演出，应注意着正装，或者比较正式的服饰。着装要干净整洁，不用过度华丽，但也要避免牛仔裤、睡衣、拖鞋、短裤或奇装异服的打扮。如果是听歌剧，建议也穿正装。音乐剧、流行歌曲演唱会可以轻松休闲一些。

（2）入场

不论哪种场合，迟到都是很不礼貌的行为。演出当天，一定要尽早赶到音乐厅附近。提前入场有很多好处，不仅可以充分熟悉环境，还可以有充裕的时间阅读节目单上有关乐曲、乐队、指挥的详细介绍，熟悉和了解演出曲目，才能从容不迫，放松心情，好好享受音乐，避免演出过程中的匆忙翻阅，这样便于更好地欣赏音乐会。准时入场，这也是对演出团体和艺术家最起码的尊重。现在很多音乐厅都拒绝乐章演奏中途让迟到者入场，如果迟到，要先在场外等待，在合适的时间让领位员领位，通常会就近入座，不要打扰其他听众，到休息时间再换到自己的位置上。

2. 音乐会中礼仪

（1）鼓掌

鼓掌是听音乐会的一门很大的学问，适当的掌声是听众对演奏者的响应。但是过于热情或是不合时宜的掌声则会扰乱演奏者的情绪。因此，鼓掌时注意以下注意事项。

音乐会开始时，应鼓掌迎接指挥者上台。对上台演出的独奏、独唱等演员，也应给予掌声鼓励。

许多音乐会在开演前都有节目单，我们不妨在听音乐会前先行了解演出的曲目，或是事先在家里找寻相关曲目或音乐家资料，这样不但能掌握鼓掌的时机，更能增加听音乐会的临场感受与共鸣。

乐章间不鼓掌已成为一种约定俗成的礼节，一般来说，乐曲之中有许多乐章，而乐章与乐章之间，有时拥有极微妙、藕断丝连、一气呵成的关系，乐章间保持安静既可以保证一部宏大作品的整体性，又能够保证我们欣赏思绪的连续。在两个乐章之间没有鼓掌的必要，否则就会出现扰乱演奏的问题。所以，不管前面的乐章多么精彩动人，我们只能把全部由衷的感谢留到曲终时再释放出来。

注意指挥者的手，一般来说，鼓掌的时机把握，是要看指挥者的双手是否已完全放下，音乐是否有完全停止的气氛。尤其是在听不熟悉的音乐或乐曲时，更要注意。一般乐章之间，台上的指挥者、演奏者都有简单的休整动作，台下的听众可以有调整身姿、咳嗽等举动，而全部乐章演奏结束后，指挥者一般都会转过身来鞠躬谢幕，此时就可以纵情鼓掌、喝彩来表示对艺术家们的感谢。

（2）不要制造噪声

聆听音乐时，请保持安静，不要食用或饮用容易发出响声的食物、饮料，当然最好是什么都别吃。也不要交头接耳、窃窃私语或发出打拍子声、清喉咙以及咳嗽声等。

手机的尖锐铃声在音乐厅里听起来绝对让人胆战心惊，特别是演出过程中出现的铃声，为了避免这种极不和谐音的出现，避免招致周围听众射来的"仇视"目光，最好在进场前就把手机都关闭掉。如果确实要等待特别重要的信息，务必要将手机设置成振动提示。在音乐会接听电话是非常不礼貌的行为，更不建议和同伴大声评价节目优劣。尽量避免携带那些容易发出干扰噪声的物件入场，比如塑料袋、塑料瓶、会发出声响的饰品等，一般音乐厅入口大厅里都有这些小件物品的免费寄存处。

演出当中，照相时不能使用闪光灯，以免干扰演奏者的注意力，影响演奏者的正常发挥；摄像师不可以上舞台，不可以走动，机位需要固定。

一般情况下，演出期间听众不能随意向演奏者献花，如有特殊情况要求，向演奏者献花应事先与工作人员联系，由工作人员安排献花活动。

通常在演出结束时，出于礼貌应鼓掌感谢演奏者的演出。若音乐会非常成功，可以起立鼓掌感谢参与演出的演奏者，也可以喝彩。演奏者谢幕时，听众应报以热烈的掌声，这是对演奏者辛勤演出的肯定和答谢。

演出结束，应该等演奏者谢幕以后再退场。只要乐队首席没有起身退场，听众最好不要匆忙起身退场。

沙龙礼仪

"沙龙"，是社交集会的代名词，是17世纪西欧贵族、资产阶级为谈论文学、艺术或政治问题而兴起的。近年来，沙龙这种社交集会形式也逐步进入我国。

按照人们在聚会中所讨论的中心话题或从事的主要活动来区别，沙龙又有许多种类。具体来讲，亲朋好友、同事、同学相互之间以保持联络为目的的，叫作交际沙龙；包罗万象、内容众多的，叫作综合沙龙；以学术讨论为主要内容的，叫作学术沙龙；主要是为了接待来访者，意在相互了解，加深认识的，叫作联谊沙龙；主要由文学艺术爱好者发起、参加的，叫作文艺沙龙；以休闲、娱乐为主要活动形式的，叫作休闲沙龙。

时下最流行，同时也是对商务人士的实际工作最有影响、最有帮助的，则当数交际沙龙和休闲沙龙。因此，下面将根据目前商务人士的实际需求，来重点地介绍一下交际沙龙和休闲沙龙的基本礼仪。

1. 交际沙龙

交际沙龙，主要的目的是使参加者之间保持接触，进行交流。因此，它的具体活动形式可以灵活多样。平日商务人士经常有机会参加的座谈会、校友会、同乡会、聚餐会、庆祝会、联欢会、生日派对、节日晚会、家庭舞会等，实际上多数都属于交际沙龙。在交际沙龙里，节日晚会、家庭舞会均具有一定的娱乐、休闲的功能，只不过其中交际性功能所占的比重更大一些。

（1）交际沙龙的组织礼仪

通常情况下，交际沙龙的地点、时间、形式、主办方和参加者，均应事先议定。它可以由一人发起、提议，也可以由全体参加者群策群力，共同讨论决定。

①举办交际沙龙的地点，应当选择条件较好的某家客厅、庭院，或是宾馆、饭店、写字楼内的某一专用的房间。举办地点至少应当做到面积大、通风好、温度适中、照明正常、环境幽雅、没有噪声、不受外界的任何干扰。

②举办交际沙龙的时间，一般应为2~4小时。通常，为了不影响正常工作，交际沙龙以在周末下午或晚间举行为好。

③举办交际沙龙的形式，应根据具体目的，而加以选择。如果参加者只想"见一见"，或是"聚一聚"，那么就应当选择较为轻松、随便的同乡会、聚餐会、联欢会、节日晚会或家庭舞会。要是打算好好地"谈一谈"，或是"聊一聊"，则不妨选择不宜"跑题"分神的座谈会、讨论会等形式。当然，在具体操作上，这几种形式也可以彼此交叉，或同时使用。

交际沙龙的参加者，大体上应当事先确定好。在某些较为正式的交际沙龙上，参加者彼此之间相识者居多。当然，它也不排斥"新人"的加入。只不过"新人"的加入，应提前征得主办方的首肯，并以不会同有前嫌的人在沙龙上"狭路相逢"为前提。

（2）交际沙龙的参加礼仪

去参加交际沙龙之前，应认真对自己的仪表、服饰进行必要修饰与斟酌。男士通常应当理发、剃须、换着西服套装或休闲型西装，女士则需要做发型、化淡妆，并选择旗袍、时装、连衣裙等式样的服装。

作为主办方，在穿戴上应当尽可能地向自己的身份靠拢。应当指出的一点是，要求主办方讲究着装，并不是要求他们力求"高、大、全"，非要奢华到"脱离群众"的程度不可。

在交际沙龙上，有三条基本的礼仪，是商务人士作为参加者时，不可不知的。

①要遵守约定。所谓遵守约定，就是要求商务人士在参加沙龙时，遵守时间，

按时赴约，不得无故迟到、早退或是爽约。

参加交际沙龙，通常不宜早到。准时到场或早到五分钟，是比较合适的。万一临时有事难以准时到达，或不能前往，需要提前通知主办方，并表示歉意。迟到太久了，一定要向主办方说"对不起"。

②要尊重妇女、长者。商务人士在包括交际沙龙在内的一切社交场合，都要主动自觉地尊重、照顾、体谅、帮助、保护妇女和长者，并积极地为其排忧解难。

③要体谅主办方。商务人士在参加沙龙活动时，应当设身处地地多为主办方着想，并尽可能地对其伸出援手。

（3）非专题性的交际沙龙的参加礼仪

在非专题性的交际沙龙上，即无讨论主题的交际沙龙，自己的表现相对而言要更自由一些。参加这种沙龙时，同样需要自己主动与他人进行交流。在同他人交谈时，应当表现得诚恳虚心。同时，有可能的话，还应当扩大一下自己的交际范围。除了与老朋友交谈之外，还应借此良机，尽量去认识更多的新朋友。

（4）专题性的交际沙龙的参加礼仪

参加专题性的交际沙龙，即有既定的中心或主题的交际沙龙，既要真实地发表自己的见解与主张，又要宽容大度，善于向他人学习和请教。在商界，专题性的交际沙龙很受欢迎。人们参加它，不仅是为了就某一问题进行座谈、讨论，以期明辨是非，更重要的是为了集思广益，取长补短，开阔视野，增长知识。

商务人士在参加这种沙龙时，应当记住两条规则。第一，应当以学习"取经"为主要目的。商务人士应当多听、多记、多向别人请教。有不明白之处，能够提出来由大家讨论一番，也称得上是自己的一种贡献。第二，应当避免争强好胜。商务人士与他人交谈时，应当三思而行，出口谨慎。不要发言时条理不清，言不及义，故弄玄虚，更不要唯我独尊。

2. 休闲沙龙

休闲沙龙有多种多样的形式。为人们所常见的有游园联欢会、远足郊游会、家庭音乐会、小型运动会、俱乐部聚会等。

对商务人士来讲，在休闲沙龙里的应酬，与正式场合的社交，在实质上并无二致。实际上，在休闲沙龙的表现，应当以玩为主，生动、随意、自然。具体来讲，分为以下三点。

一是商务人士在休闲沙龙里，要求"轻装上阵"，脱下西服套装、西装套裙、时装、礼服和皮鞋，卸下表明地位与身份的首饰，洗去脸上厚重的铅华，换上与休闲沙龙的具体环境相搭配的牛仔装、运动装、休闲装，穿上运动方便的运动鞋，实实在在地进入自己此时此刻的角色之中。

二是商务人士在休闲沙龙里，应当表现得会玩，有两重含义：一方面是指玩的技巧；另一方面则是指对玩的内容的选择。

休闲沙龙的内容，应当既高雅脱俗，又使人轻松、愉快。总之，既要能玩，又要好玩，还要力争做到大家都会玩。一般来讲，打桥牌、下象棋、打网球、打高尔夫球，或是举办小型音乐演奏会，都是休闲沙龙优先选择的内容。

商务人士去休闲沙龙，当然意在使自己和一同前去的伙伴们开心和放松。不过有一条必须坚守的界限不容逾越，那就是大家在玩的同时，必须严守国家法律，严守社会公德，绝对不可以为图一时的快感，而贸然犯险。

三是商务人士在休闲沙龙里，应当表现得以玩为主。既然是休闲、娱乐，商务人士在沙龙里，就是要以玩为主，以玩为中心，以玩为主要活动内容。

有经验的商务人士都懂得：该工作时就要工作，该休息时就要休息。因此，参加休闲沙龙时，切勿忘记应当以"休闲"为主，以"交际"为辅，不要随便将二者倒置。

第 7 辑 商务礼仪

商务服饰礼仪

俗话说："佛靠金装，人靠衣装。"一个人的穿着打扮，将给人留下一个深刻的印象，人在职场，更要注意穿衣打扮。如何着装可真实地传递出一个人的修养、性格、气质、爱好和追求，是一个人向外界传达的重要信息。

商务人士的服饰主要应注意两点：第一，必须对个人服饰予以高度重视，服饰得体与否，与个人形象、企业形象有很大的关系；第二，要想在服饰上不出差错，就要遵守现代商务人士的礼仪规范。

1. 西装的礼仪

（1）选择

挑选一身做工精细、落落大方、适合商务交往穿着的西装，需要关注其面料、色彩、图案、款式、造型、尺寸、做工等各个方面的细节。

①面料。面料力求高档，不选择那些容易起皱的面料。人造丝、粗斜纹和有条子的厚面料都不适合在高雅、严肃的场合穿着。

②色彩。适合男士在商务交往中所穿的西装的色彩，理当首推藏蓝色。深蓝色、深灰色的西装为公司中层和高层人员所喜爱，它有助于增加权威感。中度蓝色或灰色的西装适合基层人员，给人较亲切的感觉。浅蓝色、浅灰色的西装有比较活跃的感觉。

③图案。商务男士注重的是成熟、稳重，所以西装一般以没有图案为最好。用"格子呢"缝制的西装，只有在非正式场合里，商务男士才可以穿着。

④款式。区别西装的具体款式，主要有以下两种最常见的方法。

一是按照西装的件数来划分，有单件与套装之分。

套装，指的是上衣与裤子成套，又有两件套与三件套之分。两件套包括一衣、一裤；三件套则包括一衣、一裤和一背心。

二是按照西装上衣扣数量来划分。

西装上衣有单排扣与双排扣之分。一般认为，单排扣的西装上衣比较传统，而双排扣的西装上衣则较为时尚。

⑤造型。世界上的西装主要有欧式、英式、美式、日式等四种主要的造型。欧式西装洒脱大气，英式西装剪裁得体，美式西装宽大飘逸，日式西装贴身凝重。商务男士在具体选择时，一般来说，欧式西装要求穿着者高大魁梧，美式西装穿起来稍显散漫，中国人在选择西装时宜三思而后行。相比较而言，英式西装与日式西装更适合中国人穿着。

⑥尺寸。最好是量体裁衣，为自己量身定做。购买成衣时，必须认真进行试穿才行。

⑦做工。在挑选西装时，检查其做工的好坏，应特别注意下面六点。

一是要看其衬里是否外露；二是要看其衣扣是否缝中；三是要看其口袋是否对称；四是要看其针脚是否均匀；五是要看表面是否起泡；六是要看其外观是否平整。

（2）男士穿西装的讲究

商务男士在穿西装时，要特别注意以下六个方面的问题。

①拆除衣袖上的商标。

②熨烫平整。

③扣好衣扣，起身站立时，西装上衣的衣扣应当系上，以示郑重其事。就座之后，西装上衣的纽扣则要解开，以防其走样。

④慎穿毛衫。在西装上衣之内，除衬衫外最好不要再穿其他任何衣物。在冬季寒冷难忍时，只宜暂作变通，穿上一件薄型"V"领的单色羊毛衫或羊绒衫。

⑤巧妙搭配。

⑥少装东西。在西装上衣左侧的外胸口袋除可以插入一块用以装饰的真丝手帕外，不应再放其他任何东西，尤其是不应当别钢笔、挂眼镜。

在西装的裤子上,两只侧面的口袋只能放纸巾、钥匙包。其后侧的两只口袋,则不要放任何东西。

(3)西装的搭配

商务男士在穿西装时,必须掌握衬衫、领带、鞋袜和公文包与之组合搭配的基本常识。

①衬衫。应选择正装衬衫,正装衬衫需要具备以下的特征。

面料:主要以高织精纺的纯棉、纯毛制品为主。

色彩:必须为单一色彩。在一般的商务活动中,白色衬衫是商务男士的最佳选择。

图案:大体上以无任何图案为佳。

衣领:领型多为方领、短领和长领。具体进行选择时,需要兼顾本人的脸型、脖长以及领带结的大小,千万不要使它们相互之间反差过大。

衣袖:必须为长袖衬衫。

衣袋:以无胸袋为佳,免得乱放东西。

②领带。商务男士在挑选领带时,要重视以下几点。

面料:应当用真丝或羊毛制作而成。

色彩:在商务活动中,蓝色、灰色、棕色、黑色、紫红色等单色都是十分理想的选择。

图案:主要是单色无图案的领带,或者是以条纹、圆点、方格等规则的几何形状为主要图案的领带。

款式:领带有箭头与平头之分。下端为箭头的领带,显得比较传统、正规;下端为平头的领带,则显得时髦、随意一些。领带的宽窄最好与本人的胸围以及西装上衣的衣领成正比。

质量:外形美观、平整、无跳丝、无疵点、无线头,衬里不变形,悬垂挺括,较为厚重。

要打好领带,就要注意服装、结法、长度、配饰、场合、性别等各方面。

服装:一般来说,穿西装套装必须打领带。穿单件西装时,领带则可打可不打。

结法:打领带结的基本要求是挺括、端正,并且在外观上呈倒三角形。

长度：领带打好后，要长短适度。最标准的长度，是领带打好之后，下端的大箭头正好抵达皮带扣的上端。

配饰：依照惯例，打领带时可不用任何配饰。

场合：在上班、办公、开会或走访等执行公务的场合，以打领带为好。当参加宴会、舞会、音乐会时，也可打领带。但在休闲场合，通常是不打领带的。

性别：在商务活动中，领带仅适合男士，一般商务女士在正式活动中是不打领带的。

③鞋袜。穿西装时，商务男士所穿的鞋和袜子均应符合统一的要求，并且要与之配套。

一般来说，牛皮鞋与西装是最搭配的。与西装配套的皮鞋，按照惯例应为深色、单色。最适于同西装配套的皮鞋为黑色。商务男士所穿皮鞋的款式，理当庄重而正统。根据这一要求，系带皮鞋是最佳的选择。

穿西装、皮鞋时所穿的袜子，以深色、单色为宜，最好是黑色。商务男士在穿袜子时，必须遵守下列三项规则：一是干净；二是完整，无破洞，无跳丝；三是成双。

④公文包。商务男士所用的公文包，有许多特定的讲究。它的面料一般为真皮，并以牛皮、羊皮制品为最佳。从色彩搭配的角度来说，公文包的色彩若与皮鞋的色彩相一致，则看上去十分完美而和谐。一般来说，黑色、棕色的公文包是最正统的选择。

除了商标之外，商务男士所用的公文包在外表上不应再带有任何图案和文字，否则是有失身份的。最标准的公文包，是手提式的长方形公文包，而箱式、夹式、挎式、背式等其他类型的皮包，则很少使用。

2. 女士套裙的礼仪

（1）套裙的选择

①面料。套裙所选用的面料最好既是纯天然质地，又是质料上乘的。上衣、裙子及背心等，应当选用同一种面料。

在外观上，套裙选用的面料，讲究的是匀称、平整、滑润、光洁、丰厚、柔软、悬垂、挺括，不仅弹性、手感要好，而且应当不起皱、不起毛、不起球。

②色彩。应当以冷色调为主，借以体现出着装者的典雅、端庄与稳重。还要

使之与各种"流行色"保持一定距离，以示自己的传统与庄重。套裙的全部色彩不要超过两种，否则就会显得杂乱无章。

③图案。一般情况下，商务女士在正式场合穿着的套裙不带任何图案。如果本人喜欢，以各种或宽或窄的格子、或大或小的圆点、或明或暗的条纹为主要图案的套裙，大都可以一试。

④点缀。套裙上不宜添加过多的点缀。一般来说，以贴布、绣花、花边、金线、彩条、扣链、亮片、珍珠、皮革等点缀或装饰的套裙，穿在商务女士的身上都不合适。

⑤尺寸。套裙在整体造型上的变化，主要表现在它的长短与宽窄两个方面。商务女士的套裙要求上衣不宜过长，下裙不宜过短。裙子下摆恰好抵达着装者小腿肚子上方，是最为标准、最为理想的裙长。以宽窄肥瘦而论，套裙之中的上衣分为紧身式与松身式两种。一般来说，紧身式上衣显得较为正统，松身式上衣则看起来更加时髦一些。

⑥造型。造型的基本轮廓可以分为"H"型、"X"型、"A"型、"Y"型等。"H"型上衣为松身式，裙子多为筒式；"X"型上衣多为紧身式，裙子则大多是喇叭式；"A"型上衣为紧身式，裙子则为松身式；"Y"型上衣为松身式，裙子多为紧身式，并以筒式为主。

⑦款式。套裙款式的变化主要集中于上衣与裙子。

上衣的变化主要表现在衣领面。除常见的平驳领、枪驳领、一字领、圆状领之外，还有青果领、披肩领、燕翼领等。

裙子的样式常见的有西装裙、一步裙、筒式裙等，款式端庄、线条优美；百褶裙、旗袍裙、开衩裙等，飘逸洒脱、高雅漂亮。

（2）套裙的穿法

①套裙的长短要适宜。通常套裙之中的上衣最短可以齐腰，而裙子最长则可以达到小腿的中部。上衣的袖长以恰恰盖住着装者的手腕为好。上衣或裙子均不可过于肥大或包身。

②套裙的穿着要到位。上衣的领子要完全翻好，衣袋的盖子要拉出来盖住衣袋；不要将上衣系在身上，或者搭在身上；裙子要穿得端端正正，上下对齐。

③穿套裙应扣紧衣扣。商务女士在正式场合穿套裙时，上衣的衣扣必须全部

系上，不要将其部分或全部解开，更不要当着别人的面随便将上衣脱下。

④穿套裙应考虑场合。商务礼仪规定：商务女士在各种正式的商务活动中，一般以穿着套裙为好。在涉外商务活动之中，则务必这样去做。

⑤套裙要与妆饰协调。高层次的穿着打扮，讲究的是着装、化妆与佩饰风格统一、相辅相成。在穿套裙时，既不可以不化妆，也不可以化浓妆。不允许佩戴与个人身份无关的珠宝首饰，也不允许佩戴有可能过度张扬自己的耳环、手镯、脚链等首饰。

⑥穿套裙应兼顾举止。穿上套裙之后，商务女士要站得又稳又正，不可以双腿叉开东倒西歪，或随时倚墙靠壁而立。就座以后，务必注意姿态，切勿双腿分开过大，或是翘起一条腿来，脚尖抖动不止。

由于裙摆所限，穿套装者走路时不能大步流星，行进之中，步子以轻、稳为佳。

（3）套裙的搭配

①衬衫的搭配。从面料上讲，主要要求轻薄而柔软，如真丝、麻纱、府绸、罗布、花瑶、涤棉等，都可以用作其面料。

从色彩上讲，除了白色之外，其他各式各样的色彩，包括流行色在内，只要不是过于鲜艳，同时与所穿套裙的色彩不相互排斥，均可用作衬衫的色彩。与套裙配套穿着的衬衫最好不要有图案。

衬衫下摆必须掖入裙腰之内，不得任其悬垂于外，或是将其在腰间打结。纽扣要一一系好。除最上端的一粒纽扣按惯例允许不系外，其他纽扣均不得随意解开。在他人面前露出一抹酥胸，乃是不雅之态。

②衬裙的搭配。衬裙的色彩，宜为单色，如白色、肉色等，但必须使之与外面套裙的色彩相互协调。衬裙的款式应特别注意线条简单、穿着合身、大小适度三点要求。衬裙的裙腰切不可高于套裙的裙腰，而暴露在外。应将衬衫下摆掖入衬裙的裙腰与套裙的裙腰之间，切不可将其掖入衬裙的裙腰之内。

商务女士所穿的与套裙配套的鞋子，宜为皮鞋，并以牛皮鞋为上品。所穿的袜子，可以是尼龙丝袜或羊毛袜。

还应该注意的是，鞋袜应当大小相宜，并且完好无损。

3. 化妆礼仪

（1）在工作岗位上，应以淡妆为主

男士所化的工作妆，一般包括：美发定型；清洁面部与手部，并使用护肤品进行保护；使用无色唇膏与无色指甲油，保护嘴唇与指甲；使用香水等。

女士所化的工作妆，在此基础上，还需要使用相应的化妆品以略施粉黛、淡扫蛾眉、轻点朱唇，恰到好处地强化可以充分展现女性光彩与魅力的面颊、眉眼与唇部。

发现妆面出现残缺后，要及时采取必要的措施，重新进行化妆，或者对妆面进行修补。

（2）在工作岗位上，避免过量地使用芳香型化妆品

与他人相处时，自己身上的香味在1米以内能被对方闻到，不算是使用过量。如果在3米之外，他人依旧能够闻到你身上的香味，那肯定是使用过量了。

正确使用香水的位置有两个：一是离脉搏比较近的地方，如手腕、耳根、颈侧、膝部、踝部等处；二是既不会污损衣物，又容易扩散出香味的服装的某些部位，如内衣、衣领、口袋、裙摆的内侧，以及西装上所用的插袋巾的上端等地方。

商务语言礼仪

在商务活动中，语言是表达思想、联系业务、交流沟通的重要桥梁。一位擅长沟通的商务人员对其公司的发展将会大有帮助。语言是一门应酬与交往的艺术，商务交往中不仅要注意用词、表情和态度，还要讲究方式和方法。遵守语言礼仪，是顺利表达交往效果的"润滑剂"。

在商务交往中，对商务人员的口才有极高的要求，商务人员不一定要出口成章、妙语连珠，但必须具有良好的逻辑思维能力和清晰的语言表达能力，必须在克己敬人、"寸土必争"的前提下始终保持自己应有的风度，始终以礼待人，从而在商务交往中增加部门内部以及与公司外部的沟通成效。

1. 谈话礼仪

在商务活动中，想要自己的谈话受欢迎，要重视谈话的礼仪。

（1）谈话的礼仪

①在发表意见时，以知识和经验为依据，不妄加猜测，因此要求你知识渊博，谈话内容广博而有深度。

②有包容他人的气度，对同伴的喜事，要表现出诚意的关心与祝贺。

③能很快地转移话题，不插嘴。与人交谈时，应正视对方的眼睛。

④对他人赖以维持生存的行业要表现出高度的兴趣。

⑤不当众纠正别人的错误，应在私下帮助其纠正错误或解决困难。

⑥当你和一位正全神贯注地工作的人谈话时，不应突然插入与工作无关的新话题，这样会令他感到困惑。

⑦知道什么时候听众开始不耐烦。一个口才好的人要能掌握每一种情况，如果发现听众注意力不集中了，就应立即转移话题。

⑧知道如何使一位害羞的人自然地加入到谈话当中，最好的方法就是问有关他的专长方面的问题。

⑨有人分享他的喜悦时，即使有充分的证据显示对方是单方面兴奋过度，也不要扫他的兴。

⑩万一出现冷场，能立刻打破沉默。

（2）谈话的注意事项

①交谈的内容以双方共同感兴趣、需要商量的事为宜。

②不随便议论别人的长短，特别是不应把别人的私生活当作谈话内容。

③如果在交谈中无意涉及某些话题而刺伤了对方，应立即道歉，请求其原谅。

④谈话中避免提及对方的生理缺陷，以免使当事人因此而产生沮丧、痛苦、自卑等消极的情绪。

2. 寒暄与问候

（1）寒暄

和初次见面的人寒暄，最标准的说法是："您好！很高兴能认识您。"或"见到您非常荣幸。"比较文雅一些的话，可以说："久仰""幸会"。

要想随便一些，也可以说："早听说过您的大名""某某人经常跟我谈起您""我早就拜读过您的大作""我听过您作的报告"等。

寒暄语不一定具有实质性内容，而且可长可短，需要因人、因时、因地而异，但必须简洁、友好与尊重。

（2）问候

问候，多用于熟人之间打招呼。西方人爱说："嗨！"中国人则爱问："去哪儿？""忙什么？""身体怎么样？""家人都好吧？"等。

在商务活动中，一句"您好"，既节省时间，又将寒暄与问候合二为一。

3. 称赞与感谢

（1）称赞

赞美用语表达要准确，不能偏离事实，更不能无中生有，否则将弄巧成拙，招致误解。

赞美要因人而异。男士喜欢别人称道他幽默风趣，很有风度。女士渴望别人注意自己年轻、漂亮。老年人乐于别人欣赏自己知识丰富，身体保养得好。孩子爱听别人表扬自己聪明、懂事。能够适当道出他人内心渴望获得的赞美的人最受欢迎。

说赞美的话语时，常需要想象力和热忱，不可虚假，最美好的言辞是发自内心深处的。更要学会赞美同性，这种赞美往往表现出你心胸宽阔。

（2）感谢

对他人给予自己的关心、照顾、支持、鼓励、帮助，表示必要的感谢，不仅是一名商务人士应当具备的教养，而且是对对方的"付出"做的最直接的肯定。

受到他人夸奖时，应当说一声"谢谢"。这既是礼貌，也是一种自信。

在方式方法上，有口头道谢、书面道谢、托人道谢、打电话道谢等。

表示感谢，最重要的一点莫过于要真心实意。为使被感谢者体验到这一点，务必要做得认真、诚恳、大方。话要说清楚，要直截了当，不要连一个"谢"字都讲得含混不清。表情要加以配合：要正视对方双目，面带微笑。必要时，还要专门与对方握手致意。

4. 祝贺与慰问

（1）祝贺

祝贺的方式多种多样，有口头祝贺、电话祝贺、书信祝贺、传真祝贺、贺卡祝贺、点播祝贺、赠礼祝贺、设宴祝贺等，都有自己特定的适用范围。在多数情况下，几种方式也可以同时并用。

祝贺的时机，也需要审慎地选择。对商务人士来说，适逢亲朋好友结婚、生育、乔迁、获奖、晋职、晋级、过生日、出国深造、事业上取得突出成就之时，都应当及时向他们表示自己的祝贺。对于关系单位的开业、扩店、周年纪念、业务佳绩也应予以祝贺。

对不同的对象，在不同的时刻，祝贺语言的选择是有所不同的。

当祝贺生日时，除了"生日快乐"可广泛使用外，"寿比南山，福如东海"这种老寿星爱听的祝词，就不宜对年轻人尤其是孩子讲；当祝贺同行开业时，"事业兴旺""大展宏图""日新月异""生意兴隆""财源茂盛"，都是对方最爱听的话；对新婚夫妇，使用"天长地久""比翼齐飞""白头偕老""百年好合""互敬互爱""早生贵子"之类的祝贺语，能使对方更加陶醉在幸福与憧憬之中。

（2）慰问

慰问，首先要表现得"患难与共"。不论是表情、神态，还是动作、语言，都应当真诚地显示出慰问者的"同舟共济"之心、体贴关心之意。

慰问语的重点是关心、体贴与疏导。对生活困难者，可询问其具体的难题，并给予力所能及的援助；对工作受挫者，支持其再接再厉，奋起直追；对失恋者，可以"顾左右而言他"，免谈伤心事，也可以劝慰其"天涯何处无芳草"或"大丈夫何患无妻"；对颓废之人，则可以多说一些激励的话。

慰问时，与被慰问者进行一些交流是很有必要的，但没有必要对对方的伤心往事刨根问底，或者进行再三的"咨询"。

5. 争执与辩论

在进行争辩时，应考虑的头等大事，是它有没有实际意义。一般来说，为公事进行争辩是必要的，为私事进行争辩则意义不大。为大事应当进行争辩，并且应当据理力争；为小事则宜求同存异，不必非"争"不可。

还要静思三个细节性问题：一是自己争辩胜利后，对自己是利大还是弊大；二是自己争辩的欲望，是出自理智还是感情；三是自己对争辩的对手有无敌意或成见。

在进行争辩时，应当注意的第二件大事，是切记对事不对人，勿忘常存敬人之心。

在争辩的过程中，依旧要注意文明礼貌，要始终如一地尊重对方，维护其自尊心，要晓之以理，动之以情。

在争辩问题时，可以先声夺人，也可以后发制人。但不论"出场"在先在后，都要掌握一定的礼仪，做好充分的准备。

在争辩中阐述自己的观点时，语气要自然、果断。说话快慢相间，要不怒自威。说话要简单明了，同时要多摆事实，以理服人。

6. 规劝与批评

每个人都需要得到他人的尊重，因此在批评或规劝他人时，完全可以把同一种意思表达得中听一些，忠言不一定非得逆耳不可。

当众批评别人，难免会使其自尊心受到伤害，或许还会因此而使其对批评者心存怨恨。在批评他人时，不但不能讲粗话、怪话、难听话，而且要尽量不当众斥责他人，这是为了尊重被批评者，而不使其难堪。

除非绝对必要，不要在会议、写字间内当众规劝他人。可找对方单独交谈，而不在他人面前交谈，这样，哪怕规劝的话语说得重一些，也易于被对方接受。

还需要说明的是，在外人面前规劝同事、批评下属，有时会有"借题发挥""指桑骂槐"之嫌。

规劝或批评别人时，应先肯定后否定，在肯定的基础上局部否定，既顾全了被批评者的自尊心，也纠正了他的错误，这是一种很好的办法。

7. 道歉与拒绝

（1）道歉

道歉语应当文明而规范。在一般场合，可以讲"对不起""很抱歉""失礼了"。如有愧对他人之处，可说"深感歉疚""非常惭愧"。渴望见谅，可说"多多包涵""请您原谅"。有劳别人，可说"打扰了""麻烦了"。

道歉应当及时。知道自己错了，马上就要说"对不起"。道歉及时，还有助于当事人"退一步海阔天空"，避免因小失大。

道歉应当大方。道歉绝非耻辱，故而应大大方方、堂堂正正。

道歉可以借助于"物语"。有些道歉的话当面难以启齿，写在信上寄去也是一种方法。

道歉并非万能。不该向别人道歉的时候，就千万不要道歉。即使有必要向他人道歉时，也要切记使自己今后的所作所为有所改进，不要让道歉仅仅流于形式。

（2）拒绝

从语言礼仪上说，拒绝有直接拒绝、婉言拒绝、沉默拒绝、回避拒绝等四种方法。

①直接拒绝。采取此法时，重要的是应避免态度生硬、说话难听。直接拒绝别人，需要把拒绝的原因讲明白。还可向对方表达自己的谢意，表示自己对其好意"心领"，借以表明自己通情达理。有时还可为之向对方致歉。

②婉言拒绝。与直接拒绝相比，它更容易被接受，因为它在很大程度上顾全了被拒绝者的尊严。

③沉默拒绝。当他人的问题很棘手甚至具有挑衅、侮辱的意味时，"拔剑而起，挺身而斗"，未必适宜。不妨以静制动，一言不发，静观其变。这种不说"不"字的拒绝，所表达出的无可奉告之意，常常会产生极强的心理上的威慑力，令对方不得不在这一问题上"遁去"。

④回避拒绝。避实就虚，对对方不说"是"，也不说"否"，只是搁置此事，转而议论其他事情。遇上他人过分要求或为难的问题时，均可一试此法。

商务举止礼仪

行为举止是一种不说话的"语言"，包括我们的站姿、行姿、坐姿、手势和表情等动作。一个人的行为举止反映出他的修养水平、受教育程度以及可信任度。在当今往来频繁而又注重外在形象的商务交往中，一个人大方、得体、优雅的行为举止，可能会成为他成功的通行证。

优美的举止不是天生就有的，每个商务人士应当积极主动地进行形体训练，掌握正确的举止姿态，矫正不良习惯，达到自然美与修饰美的最佳结合。

1. 站姿

（1）规范的站姿

两眼平视前方，嘴微闭，收颔梗颈，表情自然，稍带微笑。

肩平：两肩平正，微微放松，稍向后下沉。

臂垂：两肩平整，两臂自然下垂，中指对准裤缝。

躯挺：胸部挺起，腹部往里收，臀部向上收紧。

腿并：两腿立直，贴紧，脚跟靠拢，两脚夹角呈60°。

（2）服务岗位中的站姿

①接待人员的站姿：两手在腹前交叉，右手搭在左手上直立。男子可以两脚分开，距离不超过20cm；女子可以用小丁字步，即一脚稍微向前，脚跟靠在另一脚内侧。这种站姿端正中略有自由，郑重中略有放松。在站立时，身体重心还可以在两脚间相转换，以减轻疲劳。

②安保人员的站姿：两手在身后交叉，右手贴在左手外面，贴在臀部中间。两脚可分可并，分开时，不超过肩宽，脚尖展开，两脚夹角呈60°，挺胸立腰，收颌收腹，双目平视。这种站姿优美中略带威严，易产生距离感。如果两脚改为并立，则突出了尊重的意味。

2. 行姿

（1）规范的行姿

头正：双目平视，收颌，表情自然平和。

肩平：两肩平稳，防止上下摇摆。双臂前后自然摆动，前后摆幅在30°~40°，两手自然弯曲，在摆动中离开双腿不超过一拳的距离。

躯挺：上身挺直，收腹立腰，重心稍向前倾。

步位直：两脚尖略开，脚跟先着地，两脚内侧落地，走出的轨迹应在一条直线上。

步幅适度：行走中两脚落地的距离大约为一个脚长，即前脚的脚跟距后脚的脚尖相距一个脚的长度为宜。但是不同的性别、不同的着装、不同的身高，都会有所不同。

步速平稳：行进的速度应当保持均匀、平衡，不要忽快忽慢。在正常情况下，步速应自然舒缓，显得成熟、自信。

（2）穿不同鞋子的行姿

①穿平底鞋的行姿：走路比较自然、随便，要脚跟先落地，前行力度要均匀，走起路显得轻松、大方。

②穿高跟鞋的行姿：由于穿上高跟鞋后，脚跟提高了，身体重心自然前移，为了保持身体平衡，膝关节要绷直，胸部自然挺起。穿高跟鞋走路，步幅要小，

脚跟先着地。

3. 坐姿

（1）女士的坐姿

①标准式：轻缓地走到座位前，转身后两脚呈小丁字步，左前右后，两膝并拢的同时上身前倾，向下落座。如果穿的是裙装，在落座时要用两手在后边从上往下把裙子拢一下，以防坐出皱褶或因裙子被坐住而使腿部裸露过多。

坐下后，上身挺直，两肩平正，两臂自然弯曲，两手交叉叠放在两腿中部，并靠近小腹。两膝并拢，小腿垂直于地面。

②前伸式：在标准式坐姿的基础上，两小腿向前伸出一脚的距离。

③前交叉式：在前伸式坐姿的基础上，右脚后缩，与左脚交叉，两踝关节重叠，两脚尖着地。

④屈直式：右脚前伸，左小腿回屈，大腿靠紧，两脚前脚掌着地，并在一条直线上。

⑤后点式：两小腿后屈，脚尖着地，两膝并拢。

⑥侧点式：两小腿向左斜出，两膝并拢，右脚跟靠拢左脚内侧，右脚掌着地，左脚尖着地，头和身躯向左斜。注意大腿与小腿要呈90°，小腿要充分伸直，尽量显示小腿长度。

⑦侧挂式：在侧点式坐姿的基础上，左小腿后屈，脚绷直，脚掌内侧着地，右脚提起，用脚面贴住左踝，膝和小腿并拢，上身右转。

（2）男士的坐姿

①标准式：上身正直上挺，两肩正平，两手放在两腿或扶手上，两膝并拢，小腿垂直落于地面，两脚自然分开呈45°。

②前伸式：在标准式坐姿的基础上，两小腿前伸一脚的长度，左脚向前半脚，脚尖不要翘起。

③前交叉式：小腿前伸，两脚踝部交叉。

④屈直式：左小腿回屈，前脚掌着地，右脚前伸，两膝并拢。

⑤斜身交叉式：两小腿交叉向左斜出，上体向右倾，右肘放在扶手上，左手扶把手。

⑥重叠式：右腿叠在左膝上部，右小腿内收、贴向左腿，脚尖自然下垂。

4. 手势

（1）规范的手势

规范的手势应当是手掌自然伸直，掌心向内、向上，手指并拢，拇指自然稍稍分开，手腕伸直，使手与小臂呈一条直线，肘关节自然弯曲。

在做出手势时，要讲究柔美、流畅，做到欲上先下、欲左先右。同时配合眼神、表情和其他姿态，使手势更显协调大方。

（2）常用手势

①横摆式：在表示"请进""请"时常用横摆式。五指并拢，手掌自然伸直，手心向上，肘微弯曲，腕低于肘。应从腹部之前抬起，以肘为轴轻缓地向一旁摆出，到腰部并与身体正面呈45°时停止。头部和上身微向伸出手的一侧倾斜，另一手下垂或放在背后，目视宾客，面带微笑，表现出对宾客的尊重、欢迎。

②前摆式：如果右手拿着东西或扶着门时，这时要向宾客做向右"请"的手势时，可以用前摆式，五指并拢，手掌伸直，身体一侧由下向上抬起，以肩关节为轴，到腰的高度再由身前右方摆去，摆到距身体15cm，并不超过躯干的位置时停止。目视来宾，面带笑容，也可双手前摆。

③两臂横摆式：当来宾较多时，表示"请"的手势可以动作大一些，采用两臂横摆式。两臂从身体两侧向前上方抬起，两肘微屈，向两侧摆出。指向前进方向一侧的臂应抬高一些、伸直一些，另一手稍低一些、微屈一些。

④斜摆式：请客人落座时，手势应摆向座位的地方。手要先从身体的一侧抬起，到高于腰部后，再向下摆去，使大小臂呈一条斜线。

⑤直臂式：需要给宾客指明方向时，采用直臂式，手指并拢，掌伸直，屈肘从身前抬起，向抬到的方向摆去，摆到肩的高度时停止，肘关节基本伸直。

5. 目光

见面时，不论是熟人见面，还是初次见面；不论是偶然见面，还是约定见面，首先要眼睛睁大，以闪烁光芒的目光正视对方片刻，并且面带微笑，显示出喜悦、热情的心情。

对初次见面的人，还应头部微微一点，行注目礼，表示出尊敬和礼貌。

在集体场合开始发言时，要用目光扫视全场，表示"我要开始讲了，请予注意"。

交谈中，**随着话题、内容的变换，做出及时恰当的反应**。或喜或惊，或微笑或沉思，用目光流露出会意的万千情意，会使整个交谈融洽、和谐、生动、有趣。

当交谈和会见结束时，目光要抬起，表示谈话的结束。道别时，仍需用目光注视着对方的眼睛，面部要表现出惜别的深情。

6.微笑

微笑可以表现出温馨、亲切的表情，能有效地缩短双方的距离，给对方留下美好的心理感受，从而形成融洽的交往氛围。因而微笑不仅是一种外在的形象，也是内心情感的真实写照。

微笑一定要发自内心，并且自然大方，显示出亲切之感。要由眼神、眉毛、嘴巴、表情等方面协调动作来完成。

要防止生硬、虚伪，切忌笑不由衷，而且在严肃的场合不要随意大笑。

商务演讲礼仪

演讲，是当众进行的一种正规而庄严的讲话，一般是为了向听众传达思想、表达感情，比如就某一事件、某一问题，发表个人见解，或是论证某种观点。当众发表商务演讲，可以说是对商务人员的学识、口才、应变能力、表达能力的一个综合考查。

演讲者的形象是演讲者的思想、道德、情操、学识及个性在外表的体现，是演讲者的仪表、举止、表情、谈吐的综合反映。演讲者一经上场，就会把自己的形象诉诸听众的视觉，直接影响听众的评价和审美。注重仪表美不仅是个人的喜好问题，而且是在一定场合下应当遵循的礼仪规范。

演讲者的仪表美主要体现在以下两个方面。

仪容美，这是人的自然美。容貌的端庄秀丽，及由这些所表现出来的精神状态，都是演讲者固有的生理条件所决定的，一般难以改变。但是，是不是身材、容貌欠佳，甚至有生理缺陷的人就不适合演讲呢？绝不是。因为身材、容貌仅是演讲活动的诸多要素之一，绝不是决定性的因素。只要在其他条件，如思想、修养、知识、气质、语言等方面有超人之处，仍然可成为成功的演讲者。

服装美，即装饰美。这是增加仪容美的一个必要条件。总体要求是：整洁大方、庄重朴素、轻便协调、色彩和谐。具体地说，首先是服装颜色要与演讲者的思想感情和演讲内容的特点协调一致。如果演讲内容是严肃、庄重、愤怒、哀痛的，穿黑色衣服或深色衣服就比较合适；如果演讲内容是欢快喜悦的，穿浅色衣服会好些。其次是服装要和体型、肤色相适应。体型肥胖的人，穿深色服装会显得匀称些；体型瘦削的，穿浅色服装会显得丰满些等。而最关键的问题是要注意把握尺度，既不要过于华艳，又不要过于随便。

商务演讲要遵循一定的礼仪规范。

在语言上，应当尽量生动、形象、幽默、风趣。可以多举例证，多打比方，多使用名言警句，但不要乱开玩笑，尤其是不要讲下流话、脏话、黑话。

在内容上，应当言之有物，力戒陈词滥调，无的放矢。

在表情与动作上，应是当喜则喜，当悲则悲。

在声音上，应当抑扬顿挫，有所变化，借以突出重点，表达感情，或是调动听众的情绪。

在时间上，应力求点到为止。照常理来说，三分钟左右即可，一般不要超过五分钟。遇上"限时演讲"，即演讲的时间有所规定，则宁可时间没用完，也不要超过。切勿被人"叫停"，罚下场去。

为了便于掌握，以下分别介绍一下商务人员在进行常见的欢迎、欢送、祝贺、答谢、简介、解说等几种不同形式的即席演讲时，所需要注意的礼仪问题。

1. 欢迎演讲礼仪

遇上来宾参观、访问，或是有新职员加入，在见面之初，致上一篇热情洋溢的欢迎词，往往可起到活跃气氛的作用。

准备欢迎词时，通常应考虑对象、场合、内容与态度等。一定不要忘记的是，演讲的目的是"欢迎"。

对象不同，欢迎词便有所不同。对前来检查的上级人员，应当谦恭；对初来乍到的客户，应当诚恳；对新加入的职员，应当热情。

致欢迎词的最佳地点，应是经过特意布置的接待室、会客室或会议室。站在人来人往的大门口或人声嘈杂的楼道里，演讲效果多少会受到影响。

演讲时，要胸有成竹，充满自信，面带微笑。特别要注意，在与听众交流眼神时，要坚持"等距离交际"，不要只看着上司、熟人、异性，而让其他人受冷落。致欢迎词时，演讲者既可以提前撰写演讲稿，届时"照本宣科"，也可以不照稿致辞，即现场发挥，这可以依个人状况和实际情况而定。

2. 欢送演讲礼仪

每逢同事离职、朋友远去或是来访的同行、客户告辞之际，为了表示对他们的尊重，于情于理，商务人员都应当赠之以临别的赠言。

举行正式的欢送会，当着被欢送者以及其他送行者的面，致上一篇欢送词，可以体现出致辞者对友情的珍惜，也可以使被欢送者倍觉温暖，不知不觉增进彼此的友谊。

致欢送词的重点，是要充分地表达致辞者的惜别之意。与此同时，亦可表现出对友谊的无比珍视。

准备欢送词时，要注意四项要素：一是对被欢送者的高度评价；二是对既往与之相处的美好时光的温馨回忆；三是自己真心实意的惜别之情；四是对被欢送者的美好祝福。以上四项要素，不一定每一篇欢送词都要无一遗漏地包括在内，这要根据实际情况而定，也可以有所侧重。

与欢迎词相比，欢送词应更富有文采，更要具备真情实感。

3. 祝贺演讲礼仪

在商务活动中，不要轻易地放过每一个可以向自己的交际对象表示好感、敬意与尊重的时机，每一位商务人员都应该具备这种商业眼光和商业意识，如在他人适逢喜庆之时，予以正式的祝贺，就是一种有助于双向沟通的方式。

祝贺的方式有不少，其中致贺词就是一种被广泛接受的做法。

适合致贺词的机会有许多。年轻人过生日、结婚，老年人做寿、庆祝结婚纪念日，同事或同行立功、受奖、晋升，协作单位开业、周年庆典等，都可以致辞祝贺。

在为贺词打"腹稿"时，需要仔细斟酌辞令，既要语言优美、感人，又要力戒过度恭维或词不达意。

例如，祝贺上司晋升时，说上一句"此乃实至名归"或"合乎民心"，不为过也，但要借机"高攀"或"抬轿子"，说"英明""伟大""对我的关怀如父如兄"等，便让人肉麻了。

再如，向一对外商夫妇祝贺银婚或金婚时，要避免提及对方的实际年龄，勿夸对方"老当益壮""老骥伏枥"。因为外国人大都讳谈年龄，推崇年轻，对其称"老"，等于提醒对方"您可不年轻了"，这当然会让人家不高兴。

准备贺词，要以"恭喜"为首要内容。在贺词的字里行间，要自始至终充满热烈、喜悦、愉快、激动的气息，要使自己所讲的话中满怀着热情。

准备贺词，一定要加入对对方称颂、赞扬、肯定的内容。同时，也不要忘了，如果具体场合允许，应借机表达对被祝贺者的敬重与谢意。

一篇良好的贺词，还要认真、诚恳地表达致辞者的良好祝福，祝福被祝贺者"万事如意""步步好运"。

4.答谢演讲礼仪

在人与人之间的交往中，对自己肯定最大的、最使人感觉珍贵的，可能就要算是他人对自己表达的感谢之意了。在正式的集会上，发表一篇热情洋溢的答谢词，较之在无外人在场时悄声说一个"谢"字，要更为郑重其事，影响更大，也更能让人感动。

商务人员在商务交往中，需要即时答谢的场合有很多。例如，过生日、结婚、获得奖励、被授予荣誉称号、本单位举行庆典、事业上取得了重大成就等时刻，都应当向来宾或在场者致辞答谢。

如果说对人常存感激之意，并在适宜之时将它表达出来，是做人的一个诀窍，那么在必要时，在商务往来中发表一篇言之有物的答谢词，则更让人有种惊喜的感觉，效果也会更佳。

准备答谢词，要力戒套话、废话。一开始就讲"我好激动""想起那些往事，我兴奋得难以自抑""我想起了许多昔年往事"，说这些反倒不如回顾一下在自己取得成绩的过程中，其他人是如何支持、帮助自己的。

在答谢词里，对自己的评价要中肯，不要自吹自擂，表现得"天上地下，唯我独尊"，不可一世，但也不要妄自菲薄，引喻失义，显得不够诚实。

在致答谢词时，叙事要清楚，对他人的感激要不厌其烦地一一说清楚、道明白。最后，别忘了找出一些自己的不足，以及今后努力的方向，借以请求他人继续关照自己。

即便自己有再大的喜事，确确实实值得高兴，也要在致辞时沉住气，不要气喘吁吁、口齿不清，或语气神态表现出得意忘形。

5. 简介演讲礼仪

在商务活动中，商务人员必须善于利用一切时机，去成功地"推销"自己。简介演讲，在某种意义上说，就是一种必要的"推销"。

简介，就是主动或应邀向公众介绍自己、介绍他人、介绍自己所在的单位、介绍自己所负责的某项工作等。它同一般所说的介绍有所不同，简介的业务性强于交际性，而且就其内容而言，简介其实一点也不简单，所谓"简"，只是相对于长篇大论而言的。

当商务人员应聘新职、联系工作、结识新同事、参加社交聚会时，有必要恰如其分地通过简介去"推销"自己。自我介绍，既要谦虚、诚实，又要注意扬长避短，争取给人以好感。在内容上，自我介绍应包括个人姓氏、单位、职务、专长、业绩等。此外，还可酌情加上籍贯、兴趣、家人等较为轻松、易于由此"发现"朋友的个人资料。

新同事加入、贵宾光临之时，商务人员时常需要介绍他人。介绍他人，应当因人而异，并且在内容上应有主有次。大体上来说，介绍他人时，应将其姓名、职衔、学位、单位等个人资料，其特殊专长、突出成绩等不同凡响之处，以及其为人处世的长处等，都包括进去。

在很多情况下，如招聘、推销、联系业务、接待来访者时，商务人员还需要为自己的单位或部门进行"推销"，即介绍单位。介绍单位的重点，应是其与众不同之处。此外，还可提及其知名度、社会关系等。需要列举数字来说明时，宜少不宜多，而且还要使其精确，不可杜撰。

介绍自己所负责的工作，首先，应对其充满信心，切勿自惭形秽，"底气不足"；其次，要突出其特征，在不泄密的前提下，应细讲、精讲、耐心讲；最后，欢迎他人多加指正，有什么不足讲出来，反而显得实在，更容易得到理解与信任。

总而言之，简介重在突出特点，即人的特点、事的特点、物的特点等，在不同类型的简介中，都占据着首要位置。

6. 解说演讲礼仪

在新产品与新技术的陈列会、展示会、发布会，以及日常的推销、促销工作中，商务人员经常需要发表解说词。

解说，就是为了满足他人对某事或某物想要了解的愿望而作的解释与说明。

准备解说词，一定要有针对性，而且要尽可能地设想一下，听众会提出哪些问题，对此应如何回答，做到有备而无患、"师出有名"。

准备解说词，一定要突出"被解说者"的特征、长处与优势。例如，向他人解说"油皮鞋"这一类新品种时，应强调一下它不用擦鞋油。这样，会给听众深刻的印象，一下就能够"抓"住他们的心，并真正打动对方、吸引对方。

有人说："买的永远没有卖的精。"这话有一定的道理，尽管如此，商务人员在准备解说词时，也不能只凭"货卖一张嘴"，而对听众"坑、蒙、诈、骗"。其实，在强调某物长处时，适度地为之"亮丑"，如解说"油皮鞋"时，可以告诫消费者不宜穿浅色袜子，不然会被皮鞋里渗出的油弄脏，这样反而会因为诚实无欺而赢得人心。

临阵之际，倘若遇到听众插话、询问甚至有意说怪话、出难题时，一定要冷静、镇定，保持应有的风度。

有时，处于众目睽睽之下的解说者，会因为听众的"视线压力"，即不友好、不信任的目光，而影响情绪。当解说者在演讲方面是一名新手时，此种失态更容易出现。一定要注意，此刻切勿避开听众的视线，或看讲稿，或看上空。这时，解说者应当一面继续演讲，一面避开那些冷漠、挑剔的目光，而在听众中寻求自己的支持者，即那些目光友善或是频频点头的人。这种主动与友善者的目光的交流，将有助于提高自己坚信此次演讲必定成功的信心。

商务接待礼仪

随着企业业务往来的增加，对外交往面的扩大，企业对外的接待工作显得十分重要。接待工作繁杂琐碎，如有疏漏，将会给本企业的业务、声誉等造成损失，因此，有必要讲究接待的礼仪。

接到来客通知后，首先必须了解客人的单位、姓名、性别、职业、级别、人数等。其次要了解客人的目的、要求，以及到达日期、所乘车次和到达时间。

需要接待的客人可能是生产厂家、供货单位，也可能是本企业的顾客以及相关领域的企业。如果细分，可以分成业务往来接待、顾客投诉接待、视察指导接待、参观学习接待等。

接待一般客人时，可根据惯例直接接待。但接待重要客人和高级团体时，就要事先制订接待方案。其内容包括：客人的基本情况、接待工作的组织分工、陪同人员和迎送人员名单、食宿地点及房间安排、伙食标准及用餐形式、交通工具、费用支出意见、活动方式及日程安排、汇报内容的准备及参加人员等。接待方案要报送企业领导批准。

1. 正式接待

客人到达后，应安排专人迎接。对于一般客人，可以由业务部门经理或秘书等人员到车站（机场、码头）迎接；对于重要客人，有关领导要亲自前去接站。

客人到达后，应把客人引进客房，替其安排好食宿。同时，与客人协商活动日程。

根据日程安排，精心组织各项活动，如合同洽谈、参观游览等。活动结束后，根据具体情况安排时间让单位领导和客人见面。

根据客人的要求，为其安排返程，如订购返程车（机、船）票，并及时送到客人手中，最后送客人到车站（机场、码头）。

2. 行进中的礼节

接待人员在陪同客人走路时，一般应在客人的左侧，以示尊重；如果是主人陪同客人时，要并排与客人同行；如果是随行人员，应走在客人和主陪人员的后边。负责引导时，应走在客人左前方数步远的位置，遇到上下楼或转弯处应用手示意方向并加以指示。乘电梯时，如有专人服务，应请客人先进；如无专人服务，接待人员应先进去，到达时请客人先走。进房间时，如门朝外开，应请客人先进；如门朝里开，接待人员应先进去，扶住门，然后再请客人进入。

3. 乘车时的礼节

乘车时，接待人员要先打开车门，请客人上车，要以手示意车门上框，提醒客人以免磕碰，待客人坐稳后，再关门起车。车停下后，接待人员要先下车打开车门，再请客人下车。

商务拜访礼仪

商务拜访是指亲自或派人到与业务有关系的单位去拜访某人的活动。商务拜访礼仪对于业务的往来、企业形象也都有非同小可的影响。

1. 访前预约

拜访别人，无论到居室、办公室或者宾馆，都要事先与被拜访者取得联系，以便双方都能利用和控制时间。

作为领导秘书，给领导的拜访进行预约的方式有当面向对方提出要求约会、用电话向对方提出约会、用书信提出约会等。

赴约要注意仪表服饰。穿着要端庄、整洁。男士宜穿西装，女士宜穿套裙，穿着要规范。另外，要准备好名片。男士的名片可放在西装口袋中，也可放在名片夹中；女士则可将名片放在提包中容易掏出的地方。

2. 拜访客户

拜访客户前，对拜访对象的概况、特点、喜好以及对方的信用等都要有所了解，以免交谈时无话可说，而陷入尴尬境地。

（1）具备较强的时间观念

拜访他人可以早到，却不能迟到，这是拜访活动中最基本的礼仪之一。早到可以借富余的时间整理拜访时需要用到的资料，并准时出现在约定好的地点。而迟到则是失礼的表现，不但是对被拜访者的不敬，也是对工作不负责任的表现，被拜访者会对你产生看法。如果因故不能如期赴约，必须提前通知对方，以便被拜访者重新安排工作。通知时一定要说明失约的原因，态度诚恳地请对方原谅，必要时还需要约定下次拜访的时间。

（2）先通报后进入

到达会晤地点后，如果没有直接见到被拜访者，拜访者不得擅自闯入，必须经过通报后再进入。在一般情况下，前往大型企业拜访，首先要向接待人员交代自己的基本情况，待对方安排好以后，再与被拜访者见面。生活中可能存在这样的情况，被拜访者身处某一宾馆，如果拜访者已经抵达宾馆，切勿鲁莽直奔被拜访者所在房间，而应该由宾馆前台接待人员打电话通知被拜访者，经同意以后再进入。被引到会客室时，应向引路者表示感谢。

（3）就座注意事项

就座时要注意，上司坐上座，自己则居下座。向被拜访者致意，说一番"久仰"之类的客套话。向被拜访者介绍公司的负责人。介绍过后，上司与对方寒暄并交换名片。

（4）举止大方，温文尔雅

进入客户的公司后，应向接待人员主动介绍自己公司的名称和自己的姓名、职务等，同时说明客户的姓名和工作部门，如果是事先约定也要说清楚。见面后，打招呼是必不可少的。如果双方是初次见面，拜访者必须主动向对方致意，简单地进行自我介绍，然后热情大方地与客户行握手之礼。见面礼行过以后，在客户的引导之下，进入指定房间，待客户落座以后，自己再坐在指定的座位上。

（5）开门见山，注意角色

谈话要开门见山，切忌啰唆。因为被拜访者可能有很多重要的工作等待处理，没有很多时间接见来访者。随从人员在会晤时不要担任主角，由上司负责主要的交涉。如果上司早已认识客户，而下属是初见客户，就应由上司先将下属介绍给对方，再将对方介绍给下属。当对方发表自己的意见时，打断对方讲话是不礼貌的行为。应该仔细倾听，将不清楚的问题记录下来，待对方讲完以后再请对方就不清楚问题给予解释。如果双方意见产生分歧，一定不能急躁，要时刻保持沉着冷静，避免破坏拜访气氛，影响拜访效果。

（6）把握拜访时间

在商务拜访过程中，时间为第一要素，拜访时间不宜拖得太长，否则会影响对方其他工作的安排。如果双方在拜访前已经约定了谈话时长，则必须把握好已约定的时长，如果没有对时间问题做具体要求，那么就要在最短的时间里讲清所有问题，然后起身离开，以免耽误被拜访者处理其他事务。

（7）拜访结束

拜访结束时，如果谈话时间已过长，起身告辞时，要向被拜访者表示"打扰了"。出门后，回身主动与被拜访者握别，说"请留步"。待被拜访者留步后，走几步再回首挥手致意"再见"。

商务拜访是当今最流行的一种办公形式，掌握好上述礼仪要领，将有助于你的商务工作顺利进行。

商务通信礼仪

现代社会多种多样的通信工具层出不穷。它们的出现,为商务人士获取信息、传递信息、利用信息,提供了越来越多的选择。商务交往也越来越离不开各种通信工具。在现代商务交往中,商务人士接触最多的通信手段主要有电话、传真等。

商务通信礼仪,通常就是指在利用上述各种通信手段时,应遵守的礼仪规范。商务通信礼仪在商务礼仪中的地位越发重要。

1. 打电话

(1) 打电话之前与通话过程中的礼仪

打电话之前,应先确定一个明确的目标,并言简意赅地加以说明。

打错电话时,不要忘记向对方诚恳地道歉,千万不要粗鲁地将电话挂掉,这是非常不礼貌的。

打通电话开始讲话前,先琢磨自己的措辞和音量。有时候事先留意一些细节,会使通话中的磋商进行得更顺利。要尽快切入主题,谈话应简短清楚,千万不要耽误对方及自己宝贵的时间。当对方讲话时,不要一直保持沉默,应对谈话内容有所回应,即使只是回答"是"或"我同意",都可证明自始至终都在聆听。

(2) 怎样尽快结束不喜欢的电话

表示有事要处理或突然想起有个约会,可告诉对方:"很抱歉,我必须立刻到会议室,我们下次再详谈。"

向对方表示有一部紧急电话打进来。

给对方保留下一次谈话的希望:"张先生,我还有很多细节想要向您请教,我们可以改天约个时间,见面详谈,好吗?"

表示有客来访,必须去接待了。

(3) 使用手机

在餐厅、候机厅、酒吧等公共场合使用手机时,说话声音一定要小。比较适宜的做法是走到门外去接听电话,而且音量适中。

不在飞机上使用手机,以免干扰航行通信,影响飞行安全。

由于手机随时随地都可能响铃,因此,在听报告、讲座、音乐会时一定要把铃声调到振动的位置。

如果借用别人的手机，切记不要打个没完没了。

2. 使用传真机

传真前，先打电话给接收传真的单位，询问对方是否可以进行传真，并且要说清楚传真过去的是什么资料。传真时不要过久，且不要传不受欢迎的资料给他人。

如果要发出一份很长的传真，那会占用对方的传真机很久，应先打电话给对方，询问何时传真最适当，然后再传。

一份传真也许会经过许多人之手才能送达当事人，所以不要用传真机发送一些私人或敏感的东西。

商务会议礼仪

商务会议是指带有商业性质的会议形式，很多商务人士都经常要参加各种例会、研讨会等。如果工作性质是领导和主管一级的，开会更是家常便饭。不管重要或不重要的会议，都是商务人士在他人面前体现形象和气质的大好机会。

会议可以集思广益、融会众见、处理问题，但一定要在事前建立一定的规范，以期在诚恳温和的气氛下，运用会议规范，体察"礼"与"理"的相关性、法重于情的至高性，共同在会议中致力于问题的解决，建立"对事不对人，服从多数，尊重少数"的共识，从而发挥"直不至于犯，而婉不至于隐耳"的会议礼貌。

1. 现代人的会议礼仪

（1）开会之前

开会应守时，衣着应以正式服装为主。发言前先将衣扣扣齐，表示对自己发表的言论负责，也是尊重听众的行为。如果是户外会议，应事先询问主办单位是否可着休闲服。

主办单位应准备茶、咖啡、点心等食物，以供使用。室内若无烟灰缸，表示不能抽烟。

如果会议开始前，主席未介绍与会人士，你可主动伸手和附近的人握手，并进行自我介绍。等他人指示入座或主席宣布大家就座时，才可坐下。

（2）会议进行时

出席者要发言时，应先举手才可发言，这是发言的礼貌。别人发言时，不要打岔。如有问题可举手，经过会议主持人认可后再发言。

不可否认的是，开会有时很沉闷，但不能在大众面前做出打哈欠、频频看表、身体动来动去、把玩手上的笔或闭上眼睛等行为。

（3）会议就座

如果受到邀请参加一个排定座位的会议，最好等人将自己引导到座位上去。

通常会议主席坐在离会议门口最远的地方。主席两边是给高级管理人员、助理坐的，以便能帮助主席分发有关材料、接受批示或完成主席在会议中需要做的事情。在特殊性质的会议，比如"人事"的谈判中，如果有对等级别的高级管理人员，应当安排在长会议桌的中间，自己可以坐在他们的对面，会议桌的两端可以空着。

座位的次序不像正式宴会上男女交叉着坐那样安排，商务会议不应区分性别。

（4）会议主持人

会议主持人是宣布开会、散会休息及主持会议进行者，主持会议应公平、公正，并客观地行使其职权，应明确介绍所有来宾及参与开会的人士。

如同时有两人以上请求发言，这时若没有其他人补充或都尚未发言，可请距离主持人较远者先发言。

如有许多贵宾，无须请贵宾一一致辞，请一位代表即可。请人发言时，态度要诚恳，用语应有礼貌。有人发言时，应看着发言人，仔细聆听。不可在发言人尚未发言完毕时随便插嘴，但主持人有权控制发言人的发言时间。

（5）选择会议地点

会议的主题决定所需的软硬件设备，选择风景好的地方开会可将商业与娱乐、联谊相结合，是现代人流行的选择。而且开会之余顺便度个假，既可达到会议目的，又可舒缓压力，可以说一举两得。

如果要租一个新场地，想得知会场是否适宜的最快方法，就是询问最近使用同一场地的公司或个人。如果是纯工作性质的会议，则城市内舒适且拥有优良会议设备的酒店较为合适，交通也方便。会议地点还可选择会议中心。

一般来说，决定地点后，若需住宿，筹备会议的人应提早订好房间，注明住宿人数，并且以书面形式确定，以便安排。对于账单也应十分清楚，因为会议结束后，如果有账单上的问题是很麻烦的。

2. 一般会议

准时或早到会场均可，但千万不要迟到。

会议若因某些原因而延后，不要坐在座位上显得不耐烦，可适时与周围的与会人士交谈，聊些与主题相关的事或时下流行的话题。到会场时，态度应从容，不要慌慌张张、一副对会议主旨摸不着头绪的样子。

如果要在会上发言，在到达会场时就将报告的内容及资料再整理、过目一下，并要求管理人员再测试一下视听设备，以便会议进行时的报告发言能顺利无阻。

做好会议记录。如果想在会议中使用录音机录音，应于事前征得主持人同意，否则不宜擅自录音。

不可随意打断他人的发言，应等对方发言告一段落或结束时再提出问题，对于对方的论点有听不清楚或不明了的地方，可请求对方详细说明。

在会议上要轻松流利地阐述自己的观点，尽可能避免紧张或词不达意。面对其他与会者发表意见时，要注意用词的准确度，"我"是代表个人，而"我们"则是代表公司、团体或某些人。如果觉得自己的表达能力不是很好或者容易紧张、害羞，可在事前将发言内容和意见写在纸上。请主持人或其他人代为发言，以免因发言杂乱无章或口齿不清而浪费时间。

会场若提供饮料，宜用杯子喝，不可拿着罐子猛喝，而有不雅的仪态。要清楚了解会议室内能否吸烟。

散会后要祝贺主办方会议举办成功，并称赞其他与会者在会议中的表现及发言，以表示对会议的重视及参与。

3. 大、中型会议

参加大、中型会议应穿着整洁，提前到达会场，服从会议组织人员的安排，讲究礼节。坐在主席台上的人应按要求就座，姿态端正，不交头接耳，不擅自离席。当听众鼓掌时，也要微笑鼓掌。

会议上有发言任务的人，仪态要落落大方，掌握好语速、语量。

与会者即使对发言人的意见不满，也不可吹口哨、鼓倒掌、喧哗起哄，因为这些行为极其失礼。

商务洽谈礼仪

商务洽谈主要是双方为了促成交易,或为解决双方的争端,从而取得或维护各自经济利益进行的一种洽谈。洽谈既是一门学问,又是一种艺术。优秀的洽谈者需要具备全面的良好素质,其中礼仪方面的知识是非常重要的。

1. 洽谈准备阶段的礼仪要求

"知己知彼,百战不殆",这是众所周知的古训。在洽谈准备阶段要了解对方的情况,一方面当然是为了实现洽谈的目标,另一方面也有利于向对方表示出充分的尊重,为洽谈创造有利的条件。

(1) 了解对方的情况

了解对方人员的年龄、资历、地位、性格特点,以及与我方的交往历史等。我方可以按照礼仪交往中对等性原则,组织与对方人员职务相近的谈判班子,并据此安排食宿、设计日程等。

(2) 了解对方的文化背景和礼仪习俗

"入国问禁,入乡问俗",这些似乎与谈判无直接关系,但有时却会起到意想不到的作用。如果了解并尊重对方的礼俗,双方就容易沟通感情,增加信任,会对谈判起到积极的作用。

(3) 洽谈场所的准备

①场所的选择。洽谈场所的选择应当注重礼仪。大型的洽谈会,其礼仪要求相对高些。可在双方所在地轮流进行,以示平等;也可在第三地进行,以示公正。小型的洽谈会,参加人数少,则不重视地点。一般来说,在自己熟悉的场所要比生疏的地方得心应手,但必须征得对方同意。

②会场的布置。商务洽谈一般安排在会议室进行,有时也可以安排在会客室。大型的洽谈会,要选择宽敞明亮、整洁安静的场所,会场要精心布置,这也是对对方的一种尊重。会场的桌子可以是圆形、方形,也可以是长方形。桌上应设有席位卡,注明入席者的名字或职务,以便引导入座。要备有一定的茶具、茶水和饮料。还要准备好音响设备、灯光设备、通信设备、复印设备及必要的文具。

③座次的安排。大型的洽谈会,气氛比较严肃、郑重、对等性强,座次的安排更讲究双方或各方的平衡。最常见的是长方形桌横向摆放,宾主相对而坐。以

正门为准，主方在背门一侧，客人面向正门。主方居中，译员安排在主方右侧或身后，其他人按礼宾顺序左右排列。如果会谈长桌一端朝向正门，即纵向摆放，则以入门方向为准，右为客方，左为主方。多方参加的洽谈会，座位最好围成圆形或方形。如果洽谈是在不设谈判桌的会议室进行，其座次安排的要求是：主宾坐在右边，主方坐在左边，如需译员和记录员，则安排坐在主宾和主方的身后。其他客人按礼宾顺序在主宾的一侧就座，主方其他人员在主方的一侧就座。座位不够时，可在后排加座。

大型的洽谈会，主、宾双方分开来坐，一能加强气势，二能协助主谈人。小型的洽谈会，双方参加人员较少，或是相互间较熟悉，则可随意落座。

2. 洽谈过程中的礼仪

商务洽谈是在人与人之间进行的，洽谈过程就是一个人际交往过程。在洽谈过程中，人际关系往往有着十分微妙的作用，如果能够以诚相待，尊重对方，礼仪有加，洽谈就能取得理想的结果。因此，在洽谈过程的各个阶段都要遵守一定的礼仪规范。

（1）开局阶段礼仪

开局是洽谈的起点，起着引导洽谈的作用，关系到能否取得洽谈的控制权和主动权。开局阶段的礼仪规范一般有以下四点。

①穿着得体。参加商务洽谈要注意装束，既要干净整齐，又要庄重大方。男士一般着质料较好的深色西装，有时也可着中山装，衬衫、领带及皮鞋要搭配和谐。女士可着西服套装或西装套裙，以显出自信、干练为好，切忌打扮得花哨艳丽。

②相互介绍。双方见面时，如果是初次交往，应相互自我介绍。介绍的礼仪，关系着洽谈气氛的形成。一般是主方先将自己的谈判成员介绍给客方，以示尊重。介绍时，被介绍者应站立示意，面带微笑注视对方，介绍完毕后，相互握手致礼。如果对方是外商，要尊重对方的习惯和风俗。

③不急于切入正题。相互介绍完毕，不宜马上切入正题。需选择一些不涉及各方利益的中性话题开头，这时的话题应具有积极向上、令人愉快的特点，容易引起双方的兴趣，有利于消除双方的陌生感和压抑、防范的心理，创造出轻松、愉快、诚挚、友好的气氛，但开头的寒暄不宜过长，以免冲淡洽谈的正题。

④洽谈要及时切入正题。双方应各自说明自己的基本意图和目的，说明时应简短、明确，重点突出，要让对方感到你的坦率和真诚。在对方讲话时，要认真倾听，可以用点头的方式表示对对方意见的理解和赞同，给对方一个愉快的心情。不能左顾右盼，漫不经心。认真倾听，一方面是尊重对方，另一方面也是在观察分析，探听对方的虚实。在开局阶段，要尽量创造一种"一致感"。

（2）洽谈明示阶段礼仪

进入明示阶段，双方会相互提问题或不同意见。往往容易产生分歧，所以应特别注意说话语气平和、亲切，讲究说话技巧，不能把提问、查问变成审问或责问，引起对方反感。

洽谈明示阶段会把洽谈推向高潮，双方为了各自的利益据理力争、毫不相让。这是洽谈最关键的时候，也是最应该注意礼仪的时候，洽谈中失礼的言行，大多发生在这个阶段。失去了礼仪，也就不能洽谈成功。在这个关键时候，有礼貌的做法是：谈话范围广阔，双方有充分的回旋余地；争执仅限于双方观点的交锋，而不要激化双方人员的冲突；诚心诚意地探讨解决问题的共同途径；一张一弛，不要一个冲锋就想取胜，轻易地逼人就范。

（3）较量与协议阶段的礼仪

如果双方在洽谈的过程中想法和要求差距很大，各执己见，出现僵局时，要有礼貌地用灵活的方式打破僵局。可以插入几句幽默诙谐的话，使双方忘情一笑，缓和一下气氛，放松一下情绪，而后愉快地进行谈判。大型的洽谈会，主方可提议暂时休会或稍事休息，可以利用休会时间组织双方人员进行娱乐活动等，在"业余"活动中商谈，或是情绪转换过来之后再进行洽谈。总之，这是最需要礼仪保驾护航的阶段。

在洽谈过程中出现僵局或分歧时，不要轻易放弃谈判，要寻找一切途径，达到预期的目的。一般来说，有诚意地调整自己的目标，作出必要的妥协与让步是十分有益的。让步要有理、有利、有礼、有度，让步的幅度要对等，来而不往非礼也。让步是为了己方最终的利益，当谈判目标已达到，或对对方再无让步可能时，应主动转入妥协，不要穷追不舍，咄咄逼人，把对方逼入死角是很不礼貌的。

坚持自己的谈判条件，不等于无礼。因为谈判者往往代表着一个组织、一个企业，甚至一个国家，因而不应当轻易地改变自己的立场，否则会有损于所代表的组织的形象。只要是各方站在各自的角度都认为达到了满意的结果，就应当是成功的谈判。即使生意不成，但沟通了信息，交流了感情，认识了朋友，也应当是一种令人满意的结果。

3. 签字仪式中的礼仪

双方经过磋商，最终达成协议。协议一经达成，要有礼貌地商定是否举行签字仪式。一般来讲，凡是比较重要的、规模较大的商务洽谈，在协议达成后，都应举行签字仪式。

（1）签字仪式的准备工作

①确定参加人员。参加签字仪式的人员，基本上应是双方参加洽谈的全体人员。如果一方要求让某些未参加洽谈的人员出席，应事先征求对方的同意。有时为表示对本次商务洽谈的重视或对洽谈结果的庆贺，双方更高一级的领导也可出面参加签字仪式。在一般情况下，出席签字仪式的双方人数及职位大体相等。

②准备协议文本。洽谈结束后，双方应组织专业人员做好协议文本的定稿、翻译、校对、印刷、装订、盖章等工作。主方应为这些工作提供准确、周到、快速、精心的服务。

③签字场所的选择。选择签字仪式的场所，一般视参加的人员规格、人数及协议内容的重要程度等因素来确定。多数是选在客人所住的宾馆或主方的会议厅，有时为了扩大影响，也可商定在某个新闻发布中心或著名的会客场所举行。无论选在什么地方，都应取得对方的同意，否则是失礼行为。

④签字场所的布置。签字场所的布置各国不尽相同。我国举行签字仪式，一般在签字厅内设置一张长方桌作为签字桌。桌后放两把椅子，供双方签字人就座。主方席在左边，客方席在右边。桌上放有会后各自保存的文本，文本前方分别放置签字用的文具。签字桌中间摆有一个旗架，同外商签字时旗架要分别挂着双方的国旗。

（2）签字礼仪

所有参加签字仪式的人员都应注意服饰，仪表应整洁、得体。还应注意仪态庄重、友好、大方、平等，不应过分喜形于色。双方出席签字仪式的人员进入签字厅后，签字人入座，其他人员分宾、主各一方，按身份高低顺序排列，于签字人入座位后，双方助签人员应分别站在各自签字人的外侧。

签字仪式开始后，双方签字人员在本国或本单位保存的文本上签毕后，由助签人员互相传递、交换协议文本，签字人再在对方保存的协议文本上签字，然后由双方签字人郑重地相互交换协议文本，并相互握手致意，其他参加仪式的人员应鼓掌祝贺。

协议文本交换完毕，双方人员握手致意后，可以安排服务人员用托盘端上香槟酒，供宾主双方全体人员举杯庆贺。一般双方的最高领导及签字人、主谈人员相互碰杯即可，喝酒只是一种象征性的礼仪，不可狂饮。签字仪式结束后，应让双方最高领导及宾客先退场，然后主方再退场。

茶话会礼仪

茶话会，是饮茶谈话之会，它是由古代的茶宴发展演变而来的。茶话会也是现代社会的一种时髦的集会。茶话会主要是以清茶或茶点（包括水果、糕点等）招待客人的集会，在中国十分盛行，如业务讨论、商务会谈、庆典活动等，特别是欢庆新春佳节，采用茶话会形式的越来越多。茶话会的形式，因内容、人员的不同而有所区别。如与会人员仅几人，用一张圆桌；几十人乃至几百人，可用圆桌，每桌10人左右，或用方桌拼成长方形；几百人、上千人的大型茶话会，多用圆桌，团团围坐。

1. 茶话会的主题

商务人员召开的茶话会，其主题大致可分为以下三类。

（1）以联谊为主题

以联谊为主题的茶话会，是为了联络主办单位同应邀与会的社会各界人士的感情。在这类茶话会上，宾主通过叙旧与答谢，往往可以增进相互之间的进一步了解，加深彼此之间的关系。除此之外，它还为与会的社会各界人士提供了一个扩大社交圈的良好契机。

（2）以娱乐为主题

以娱乐为主题的茶话会，主要是指在茶话会上安排一些文娱节目或文娱活动，并且以此作为茶话会的主要内容。

（3）以专题为主题

以专题为主题的茶话会，是指在某一特定的时刻或为了某个专门问题而召开的茶话会。它的主要内容是主办单位就某一专门问题收集解决方案，听取某些专业人士的见解或者是同某些与本单位存在特定关系的人士进行对话。

2. 确定茶话会来宾

茶话会的主要与会者，大体上可以分为下列五种情况。

（1）本单位的人士

具体来讲，以本单位的人士为主要与会者的茶话会，主要是邀请本单位的各方面代表参加，意在沟通信息，通报情况，听取建议，嘉勉先进，总结工作。

（2）本单位的顾问

以本单位的顾问为主要与会者的茶话会，意在表达对有助于本单位的各位专家、学者、教授的敬意。特意邀请他们与会，既表达了对他们的尊重，也可以进一步地直接向其咨询，并听取其建议。

（3）合作中的伙伴

合作中的伙伴，在此特指在商务往来中与本单位存在着一定联系的单位或个人。以合作中的伙伴为主要与会者的茶话会，意在向与会者表达谢意，加深彼此之间的理解与信任。

（4）社会上的贤达

以社会上的贤达为主要与会者的茶话会，可使本单位与社会贤达直接进行交流，加深对方对本单位的了解与好感，并且倾听社会各界对本单位直言不讳的意见或反映。

（5）各行各业的人士

有些茶话会，往往会邀请各行各业的人士参加。这种茶话会，通常叫作综合茶话会。

以各行各业的人士为主的茶话会，除了可为主办单位传递必要的信息外，主要是为与会者创造出一个扩大个人交际面的社交机会。

茶话会的与会者名单一经确定，应立即以请柬的形式向对方提出正式邀请。按照惯例，茶话会的请柬应在半月之前送达被邀请者之手，但对方对此可以不必答复。

3. 时间和地点的选择

（1）时间

可以分为三个具体的、相互影响的方面，即举行的时机、举行的时间以及时间的长度。

茶话会举行的时机：通常认为，辞旧迎新之时、周年庆典之际、重大决策前后、遭遇危难挫折之时等，都是商界单位酌情召开茶话会的良机。

茶话会举行的时间：根据惯例，举行茶话会的最佳时间是下午4点钟左右。有些时候亦可将其安排在上午10点钟左右。在进行具体操作时，主要应以与会者，尤其是主要与会者的方便与否以及当地人的生活习惯为准。

茶话会时间的长度：在一般情况下，一次成功的茶话会都讲究适可而止。若是将其限定在两小时之内，它的效果往往会更好一些。

（2）地点

按照惯例，适宜举行茶话会的场地主要有：主办单位的会议厅，宾馆的多功能厅，主办单位负责人的私家客厅、私家庭院或露天花园，高档的营业性茶楼或茶室。餐厅、歌厅、酒吧等处，均不适合用来举办茶话会。

在选择举行茶话会的具体场地时，还需同时兼顾与会人数、支出费用、周边环境、交通安全、服务质量、档次名声等问题。

4. 茶话会的座次安排

（1）环绕式

环绕式排位，指的是不设立主席台，而将座椅、沙发、茶几摆放在会场的四周，不明确座次的具体尊卑，而随与会者在入场之后自由就座。

这种安排座次的方式，与茶话会的主题最相符，因而在当前最为流行。

（2）圆桌式

圆桌式排位，指的是在会场上摆放圆桌，而请与会者在其周围自由就座的一种安排座次的方式。

在茶话会上，圆桌式排位通常又分为下列两种具体的方式：仅在会场中央安放一张大型的椭圆形会议桌，请全体与会者在其周围就座；在会场上安放数张圆桌，请与会者自由组合，各自在其周围就座。当与会者人数较少时，可采用前者；

而当与会者人数较多时，则应采用后者。

（3）散座式

散坐式排位多见于室外的茶话会。座椅、沙发、茶几的摆放，可以散乱无序，自由地组合，甚至可由与会者根据个人要求而自行调节、随意安置，其目的就是要创造出一种宽松、舒适、惬意的社交环境。

（4）主席式

在茶话会上，主席式排位并不意味着要在会场上摆放出一目了然的主席台，而是指在会场上主持人、主人与主宾应被有意识地安排在一起就座，按照常规，中央、前排、会标之下或是面对正门之处为上座。

就整体而论，为了使与会者畅所欲言，并且便于大家进行交流，茶话会上的座次安排尊卑不宜过于明显。不排座次，允许自由活动，乃是常规做法。

5. 准备茶点

对于用以待客的茶叶与茶具，务必要精心进行准备。选择茶叶时，在力所能及的情况下应尽量挑选上等品，切勿滥竽充数。要注意照顾与会者的不同口味。对中国人来说，绿茶老少咸宜；对欧美人而言，红茶则更受欢迎。

茶具最好选用陶瓷器皿，并且要使茶杯、茶碗、茶壶成套。千万不要采用玻璃杯、塑料杯、搪瓷杯、不锈钢杯或纸杯，也不要用热水瓶来代替茶壶。所有的茶具一定要清洗干净，并且完整无损，没有污垢。

除主要供应茶水之外，在茶话会上还可以为与会者略备一些点心、水果或地方风味小吃。

6. 茶话会的议程

（1）主持人宣布茶话会正式开始

在茶话会正式宣布开始之后，主持人还应对主要的与会者略加介绍。

（2）主办单位的主要负责人讲话

讲话应以阐明此次茶话会的主题为中心内容，还可以代表主办单位，对全体与会者的到来表示欢迎与感谢，并且恳请大家今后一如既往地给予本单位更多的理解与最大的支持。

（3）与会者发言

根据惯例，与会者的发言在任何情况下都是茶话会的重心之所在。为了确保与会者在发言之中直言不讳、畅所欲言，主办单位事先均不对发言者进行指定，也不限制发言的具体时间，而是提倡自由地进行即兴式的发言。

（4）主持人宣布茶话会结束

主持人略作总结，随后，即可宣布茶话会至此结束。

7. 茶话会现场发言的礼仪

（1）主持人

在茶话会上，主持人所起的作用往往不限于掌握、主持会议，更重要的是能够在现场审时度势，因势利导地引导与会者的发言，并且有力地控制会议的全局。

在众人争相发言时，应由主持人决定发言顺序。当无人发言时，应由主持人引出新的话题，或者由其恳请某位人士发言。当与会者之间发生争执时，应由主持人出面劝阻。在每位与会者发言之前，可由主持人对其略作介绍。在其发言的前后，应由主持人带头鼓掌致意。

（2）与会者

与会者在茶话会上发言时，表现必须得体。在要求发言时，可举手示意，但同时也要注意谦让，不要与人争抢。

不论自己有何高见，打断他人的发言，都是失礼的行为。在进行发言的过程中，不论所谈何事，都要语速适中，口齿清晰，神态自然，用语文明。

工作餐礼仪

商务人士有时巧借用餐的形式，进行一种经常性的商务讨论或活动，称为工作餐，在商界有时亦称商务聚餐。站在商务礼仪的角度来看，正规的工作餐既不同于正式的宴会，也不同于亲友的会餐。

要成功地筹办一次工作餐，就要系统地掌握基本的工作餐礼仪。主要在于工作餐的安排、工作餐的注意事项、工作餐的进行等。

1. 工作餐的安排

安排工作餐，此处主要是在工作餐进行之前的有关准备事项。它主要分为目的、时间、地点等三个具体事项。

（1）明确目的

主动提议与他人共进一次工作餐，提议者要胸中有数，意欲借此机会来实现自己的某种目的。

一般来说，利用工作餐这一极其灵活的商务活动，商务人士可以会晤客户，接触同行，互通信息，共同协商，洽谈生意。此外，也可以接待新朋友和面试应聘者。然而有一点必须明确，那就是举行一次工作餐，首先应当有要事要办，要能够解决实际问题，不要无的放矢，将其等同于吹牛、聊天、发牢骚的"神仙会"，浪费各自的时间。

（2）商定时间

举行工作餐的具体时间，原则上应当由工作餐的参与者共同协商决定。有时，亦可由主人首先提议，并且经过参与者的同意。不管怎么说，它都应当既方便于众人，又不至于耽误正经事。

按照惯例，工作餐不应当被安排在节假日，而应当是在工作日举行。举行工作餐的最佳时间，通常是中午的十二点钟或一点钟左右。若无特殊情况，每次工作餐的进行时间以一个小时左右为宜，最多不应当超过两个小时。当然，若是届时要事尚未谈完，经大家一致同意，适当地延长一些时间也未必不可。

有些关系密切的商务伙伴，往往会以工作餐为形式进行定期的接触。也就是说，有关各方事先商定，每隔一段时间，如每周、每月、每季度，在某一既定的时间举行工作餐，以便保持经常性的接触。

（3）商议地点

根据惯例，举行工作餐的地点应由主人选定，客人则应当客随主便。具体而言，举行工作餐的地点可有多种多样的选择。饭庄、酒楼的雅座，宾馆、俱乐部、康乐中心附设的餐厅，高档的咖啡厅，等等，都可予以考虑。不过从总体上讲，选定工作餐的具体地点时，应当主要兼顾主人与客人的实际情况。

举例来说，如果主人打算在共进工作餐之际与客人初步敲定某一笔生意，那么最好将用餐地点选择在宁静、优雅之处，使双方免受外界干扰，专心致志地达成协议。若是一位男主人初次与一位仅有一面之交的女客户共进工作餐，前者所提议的用餐地点要是过于幽静，则未免会使双方有所不便，甚至会导致后者的误解。

如果主人准备借共进工作餐之机同自己的老客户互通一下情报，或者相互交流一下意见，那么将地点安排在俱乐部、康乐中心附设的餐厅里进行，在大家好好放松之后，再边吃边谈，效果可能会更好一些。因为大家是老朋友了，不必时时刻刻正襟危坐。再说，那里轻松而随意的气氛，也容易让人松弛下来。可是，若是在此处利用共进工作餐的机会面试一位应聘者，则显得有些不够严肃了。

总之，工作餐的用餐地点尽管应由主人选定，但主人在作出具体的选择时，还是有必要考虑一下客人的习惯与偏好，并给予适当的照顾。如果有必要，主人不妨同时向客人推荐几个自己中意的地点，而请客人从中挑选。或是索性让客人自己提出几个地点，然后再由宾主双方共同商定。

2. 工作餐的注意事项

作为主人，在举行工作餐的时候，必须负责如下四件事情。对此不闻不问，就是一种失职。

（1）要负责通知客人

正式决定进行工作餐之后，依照常规应由主人负责将相关的时间、地点、人员、议题等，向客人通知。对于重要的人士，必须由主人亲自相告。

如果宾主双方事先讲好了要在某处共进一次工作餐，那么主人在将一切具体事宜操办完毕之后，仍须再一次地详告于客人。仅仅告知对方具体的时间、地点，有时还远远不够，作为主人，还必须将工作餐将在哪一家餐厅进行、餐厅的具体方位与主要特征、交通的大致路线、宾主双方在何处会面等，一并告之于对方。

假定主人所邀请出席工作餐的人员之中，有个别人彼此之间尚未相识，那么在对对方进行邀请或通知时，最好先打一个招呼。若无特殊原因，出席工作餐的人员一经确定，并正式进行通知之后，不宜临时再增加其他人。万一有必要增加，也要首先征得客人的同意。

（2）要负责餐厅订座

前往一些知名的餐馆举行工作餐，通常需要提前预订座位。此事依例应由主人负责。如果临时贸然前往，不但有可能会排长队，浪费时间，而且还可能找不到座位。

餐馆订座主要有下列五种方法：第一，派遣专人前去订座；第二，拨打指定的电话号码进行订座；第三，利用传真进行订座；第四，利用电子计算机网络进行订座；第五，使用餐馆所发放的特惠卡或 VIP 卡进行订座。

在订座时，必须将自己的有关要求，如理想的位置、用餐的时间、到场的人数、特殊的要求、付费的方式等，同时告诉餐馆的工作人员。有必要的话，还应依照对方的要求，预付一定数额的订金。

即使座位已经先期订妥，主人也要派人提前一些时间到达现场，以便落实一下预订的座位有无变故，免得届时出现"座位危机"。

（3）要负责迎候客人

商务礼仪规定，举行工作餐时，主人必须先于客人抵达用餐地点，以迎候客人的到来。这是一种惯例，也是一种礼貌。

在正常情况之下，主人应当至少提前十分钟抵达用餐地点。稍事休整之后，应在适当之处恭迎客人的到来。一般认为，餐馆的正门之外、预订好的餐桌旁、餐馆里的休息室，以及宾主双方提前约好的会面地点，都是主人迎宾的适当之处。

倘若宾主在此之前尚未谋面，主人还可亲自驱车前往迎接客人。另外，也可以在通知对方之时，与对方互相通报一下宾主双方各自的基本特征，如性别、年龄、高矮、胖瘦、着装等，以便于双方届时相互进行辨认。

在迎候地点，宾主双方见面之后，应一一握手，并且互致问候。如果双方的人员不太熟悉的话，双方的负责人还要各自对自己的随员一一进行介绍。

（4）要负责餐费结算

工作餐的付费方式通常分为"主人付费"与"各付其费"两种。

"主人付费"，指的是在就餐结束后，由主人自掏腰包，负责买单付账。要是宾主十分熟悉，则主人在餐桌上当着客人的面算账掏钱即可。要是宾主双方初次相识，或者交往甚浅，则主人一般不宜当着客人的面，在餐桌上查看账单和算账掏钱。得体的做法是，主人应当先与侍者通气，独自前往收款台结账，或是在自己送别客人之后，再回过头来结账。尽量不要让侍者当着客人的面口头报账，更不能让侍者将账单不明主次地递到了客人的手里。

"各付其费"，又称"AA 制"。它是指就餐结束后，由全体用餐者平均分摊账单，各自支付费用。在国外，商务人士在共进工作餐时，更多的是以此种方式付费。采用此种付费方式，需要有言在先。

在结账时，不管是"主人付费"还是"各付其费"，都要符合本地的习惯。因考虑不周而惹人非议，则明显算是主人的失策。

3. 工作餐的进行

在参加工作餐时，宾主双方都有一些需要知晓的事项。

（1）就餐的座次

鉴于工作餐是一种非正式的商务活动，所以人们对于其座次通常都是不太讲究的。不过，仍有下述几点应予注意。

一起共进工作餐的人士应当在同一张餐桌上就餐，尽量不要分桌就座。万一同一张餐桌安排不下，则最好将全体用餐者分桌安排在同一个包间之内，倘若分桌就座，一般并无主桌与次桌之分。但是，仍可将主人与主宾所在的那张餐桌视为主桌。

在就座时，座次往往不分主次，可由就餐者自由就座。不过出于礼貌，主人不应率先就座，而是应当落座于主宾之后。若是主人为主宾让座的话，一般应当请对方就座于下列较佳的座次：面对正门之处，视野开阔之处，以及能够观赏优美的景致的位置。主人宜坐的位置，则在主宾之左或者其正对面。

（2）菜肴的选择

与宴会、会餐相比，工作餐仅求吃饱，而不刻意要求吃好。因此，工作餐上桌的菜肴大可不必过于丰盛。它的安排，应以简单为主。只要菜肴清淡可口，并且大体上够吃，就算是"达标"了。

根据常规，工作餐的菜肴安排应当由主人负责。然而主人若要表现得称职，在具体安排菜肴、饮料时，最好还是先同其他人，特别是主宾，进行一下协商为好。最重要的是要主动回避对方的饮食禁忌。

假使担心客人过于拘束，不愿将自己的饮食习惯以实相告的话，则主人可以让每位用餐者各点一道菜，或者统一选择套餐。

（3）席间的交谈

举行工作餐时，讲究的是办事与吃饭两不耽误。所以，在为时不久的用餐期间，宾主双方所拟议进行的有关实质性问题的交谈，通常开始得宜早不宜晚。不要一直等到大家都吃饱喝足了，方才正式开始交谈。那样一来，时间便往往不太够用。

依照商务礼仪的规定，待主宾用毕主菜之后，主人便可以暗示对方交谈能够开始了。此刻，主人说一声"大家谈一谈吧"，道一句"向您请教一件事情"，皆可作为交谈的正式开始。在点菜后、上菜前，亦可开始正式交谈。

有关各方在百忙之中共进工作餐，意在谈论正事。所以宾主在交谈之中不宜偏离正题。自己说话时，不要东拉西扯，插科打诨。别人说话时，则务必要认真倾听，既不要中途打岔，也不要与旁人七嘴八舌，心不在焉。

在交谈中，注意不要影响他人用餐。所以有必要讲讲停停，一张一弛。在别人用餐时，切勿毫无眼色地向其讨教。自己在讲话时，不要长篇大论，或是张牙舞爪，口水狂飞。

在交谈期间，有关人员均不宜中途无故离去，也不宜离座去与其他人交谈。实际上，在工作餐上忙于交谈的人，都不希望受到外人的打扰。如果在用餐期间偶尔遇见了自己的熟人，向其打个招呼，或是将其与自己的同桌之人互作一下简略的介绍，通常都是合乎礼仪的。但是，不允许擅作主张，将其留下来一道就餐。要是有人不识相，赖在边上久久不去，不妨措辞委婉地向对方下一道有礼貌的"逐客令"。比方说，可以告诉对方："某先生，您很忙，我就不再占用您的宝贵时间了。"或者是"某小姐，我们明天再联系。我会主动打电话给您。"这么一来，对方就不能不"知难而退"了。

（4）用餐的终止

工作餐必须注意适可而止。依照常规，拟议的问题一旦谈妥，工作餐即可告终，不一定非要拖至某一时间不可。

在一般情况下，宾主双方均可提议终止用餐。主人将餐巾放回餐桌之上，或是吩咐侍者来为自己结账，客人长时间地默默无语，或是反复地看表，都是在向对方发出"用餐可以到此结束"的信号。只是在此问题上，主人往往需要负起更大的责任。尤其是在客人需要"赶点"去忙别的事情，或者宾主双方接下来还有其他事要办时，主人更是应当掌握好时间，使工作餐适时地宣告结束。

当有人用餐尚未完毕，或是有人正在发表言论时，一般不宜提出终止用餐。在用餐期间不告而辞，或者在中途借故离去，也是失敬于人的。

公司年会礼仪

每年年终，公司一般都会举行年会，这是企业和组织一年一度不可缺少的盛会，主要是为了营造组织气氛、深化内部沟通，总结工作并展望新的一年。一般来说，公司年会分为多个部分，有领导致辞、表演抽奖、表彰员工、吃团圆饭等环节。那么在年会的时候，职场人应该如何表现，要注意哪些礼仪呢？

1. 服从安排，积极配合

身为职场人，除了在工作上要服从领导和组织的安排外，在参加公司年会时同样需要这样做。公司年会可谓是公司一年里最大的一次盛会，公司上下都非常重视。因此，职场人在这时，除非有不得不干的工作、不得不去出差，或者实在病得起不了床等情况，否则最好不要请假。公司年会也是有组织性和纪律性的，比如哪个部门的人集中坐在什么位置，什么时候需要配合场上的表演欢呼都是有一定讲究的。这时，职场人需要做的，就是积极配合，切不可毫无组织性和纪律性，随意乱坐、瞎起哄等。

参加公司年会时，职场人尽量不要迟到和早退。迟到和早退是无组织性、无纪律性的典型表现，会给别人留下不好的印象，在某种程度上还会使所在部门失分。

2. 公司宴会的注意细节

很多公司在公司年会结束后，还会宴请员工吃团圆饭，在这种公司宴会上，职场人应该如何表现呢？职场人切不可只把它当作一次普通的用餐，这可是员工抓住机会让领导对自己留下深刻印象的"战场"。

首先，在着装上，不可太随意。无论是职场男性，还是职场女性，着装并非一定要高档华贵，但要保持清洁并熨烫整齐，看起来大方得体。女性佩戴的饰品不宜过多。男士着装上，鞋、腰带、包应该统一颜色，并且首选黑色。

其次，饮酒适度。席间可以主动给领导敬酒，即使领导连你的姓名都不知道，你也不要怕，主动上去介绍自己，向领导表示感谢，让领导对你有印象是十分重要的。敬酒时，职场人要上身挺直，以双手举起酒杯并向对方微微点头示礼，碰杯时要注意杯子低于领导的酒杯，对方饮酒时再跟着饮。

3. 尽量不带孩子出席

在很多职场人眼中，公司年会是轻松的、非正式的。因此，参加公司年会时，很多职场人习惯将孩子、家属一同带上。这种做法是不可取的。虽然年会能在工作之余给员工带来一些放松，但毕竟公司年会有很多领导及嘉宾参加。试想在领导致辞时，哪位员工的孩子尤其是两三岁的孩子自控力较差，若发出一些不和谐的声音，不仅会破坏当时的氛围，还会给其他同事和领导留下不好的印象。

总之，年会是公司年终的大会，是比较重要的会议。参加年会时一定要注意礼仪，给领导留下好的印象，也维护好和同事的关系，这样将有利于下一年度工作的开展。

交接仪式礼仪

当一项重要的工程竣工后，为了表示郑重，施工单位和使用单位在交付使用时会举行交接仪式表示庆贺。例如，厂房、商厦、办公楼、机场、大型设备等经过验收合格，正式移交给使用单位而举行的庆祝典礼。

交接仪式应遵循的礼仪，主要体现在交接仪式的会场布置、交接仪式的人员安排、交接仪式的程序。

1. 交接仪式的会场布置

交接仪式一般在现场举行，如果不方便，可以另选场地。在现场可以给人以身临其境的感受，比较直观。

布置要隆重、热烈，又不铺张浪费。会场正面应悬挂"××交接仪式"横额。周围可以用标语、彩旗渲染气氛，还可以安排乐队进行演奏。

主席台可以因地制宜地选择建筑物大门的台阶上；也可以在平整开阔的地面上。

2. 交接仪式的人员安排

邀请来宾，要兼顾双方意见，除邀请双方领导外，还要注意邀请对工程给予支持和帮助的单位和个人。迎接、安排来宾要热情、礼貌。

双方协商、明确落实组织者、主持人、现场分工、服务接待等。主方的全体人员都应当自觉地树立起主人翁意识。一旦来宾提出问题需要帮助时，都要鼎力相助。不允许一问三不知、借故推托、拒绝帮忙。如果自己力不能及，也要向对方说明原因，并且及时向有关方面进行反映。

3. 交接仪式的程序

（1）介绍贵宾

宣布交接仪式开始，介绍贵宾。仪式收到的贺信、花篮等，应在主席台前展示，主持人还应介绍祝贺单位。

（2）交接有关证件、文本、资料

由施工、安装单位的代表，将有关工程项目或大型设备的验收文件、一览表或者钥匙等象征性物品，正式递交给接收单位的代表。此时，双方应面带微笑，双手递交、接收有关物品。在此之后，还应热烈握手。

（3）各方代表发言

按照惯例，在交接仪式上，由有关各方的代表进行发言。他们依次为施工、安装单位的代表，接收单位的代表，来宾的代表等，这些发言应简短明了。原则上，每个人的发言时间应控制在三分钟以内。

（4）剪彩

剪彩时，与会者应再次鼓掌，表示热烈的祝贺。

（5）交接仪式结束

结束后如有参观、文娱活动或宴请，应事先告知来宾，并安排好引导人员及时做好先导服务。参观中，主方应安排有经验的陪同、解说人员，使来宾通过现场参观，可以加深对有关工程项目或大型设备的认识。若是不便邀请来宾进行现场参观，也可通过组织参观有关的图片展览或向其发放宣传资料的方式，来适当地满足来宾的好奇心。

开幕式礼仪

一个企业或一个组织在举办某项活动的时候，经常会举行隆重、热烈的开幕典礼，来向社会展示自己的形象，扩大影响力。第一次亮相在人们头脑中形成的第一印象是深刻的，所以开幕典礼都要精心筹划。

首先，确定开幕式的时间应充分考虑当地交通、气候及工作习惯等因素，也要照顾参加开幕式的人员的时间。确定好时间后，尽早发出邀请，并在会前核实能够到会参加的人数。

其次，会前的筹备工作要尽早开展，做好开幕式需要的海报、横幅、宣传单。准备好现场需要的音响、桌椅、礼炮、鲜花、茶水等物品。安排好迎宾人员、工作人员、主持人等。

1. 宣布典礼开始

开幕式开场可以安排锣鼓、鞭炮或音乐，使典礼一开始便形成一个隆重、热烈、喜庆的气氛。

2. 宣读重要宾客名单

政府有关部门负责人、社会名人、同行领导、新闻单位的参加，会使企业增加知名度，显示自己的地位，为典礼增加光彩。宣读名单时，参加开幕式的全体人员应该对与会嘉宾鼓掌表示欢迎。

3. 上级领导致辞

上级领导致辞的内容包括对企业、组织表示祝贺，指出该企业、组织的意义和作用，并提出要求等。参会人员要保持安静，认真听领导致辞，并适时鼓掌。

4. 主方致辞

由主办单位的领导介绍本企业的情况、宗旨，对各位宾客的光临表示感谢，欢迎顾客惠顾等。

5. 剪彩

剪彩的目的是创造一个郑重、欢快的气氛。参加剪彩的除主方主要负责人外，还要事先邀请宾客中身份较高、有社会声望的知名人士共同剪彩。剪彩后可以安排群众喜欢的民间文艺活动。

开幕典礼，形式不复杂，时间也不长，但一定要隆重热烈，丰富多彩，给公众留下美好难忘的第一印象。

新闻发布会礼仪

新闻发布会是一个社会组织向新闻界、业界发布有关组织信息，解释组织重大事件而举办的活动。发布会一般都比较正规隆重，档次较高，地点精心安排，邀请记者、新闻界负责人、行业部门主管、各协作单位代表等人出席。

一般来讲，新闻发布会的主题大致有两种类型。

一是说明性主题。如企业推出新产品、企业的经营方针有所改变等，新闻发布会主要是对外宣布决定。

二是解释性主题。如企业产品质量出现了问题、企业出现了重大事故等，新闻发布会主要是对所发生的事件进行解释。

主办单位可根据情况，确定好新闻发布会的主题。确定好主题后，就要确定召开新闻发布会的时间、地点、出席人等。

1. 选择时间

选择时间时要注意避开节假日，避免与重大社会活动相冲突，防止与新闻界的宣传报道重点"撞车"。

有些事件发生后，时效性极强，拖延时间可能会失去意义，应马上组织召开新闻发布会。

2. 选择地点

新闻发布会举行的地点，可以考虑本单位所在地、事件的发生地、当地较有名气的宾馆、会议厅等。

新闻发布会的现场还应考虑交通是否便利，采访条件是否优越，扩音设备、录音设备、录像设备是否完好，座位是否够用等。

3. 确定范围

新闻发布会主要是面向新闻记者发布消息，所以记者是主宾。邀请哪些记者参加，应根据新闻发布会的性质而定。

如果是为扩大影响力和知名度，可以多种类、多层次地广邀记者参加。如果只在一定范围内进行宣传、解释，则应将请柬送到新闻单位或记者本人手中，并及时利用电话联系，落实记者的出席情况。

4. 主持人和发言人

与其他会议有所不同的是，新闻发布会的主持人、发言人的选择非常重要，选择是否得当，往往直接关系到新闻发布会的成败。

新闻发布会的主持人一般是由主办单位的公关部部长、办公室主任或秘书长担任,而且应该是仪表堂堂、反应灵敏、语言流畅、善于把握大局、长于引导提问、对主持会议具有丰富经验的人。

发言人通常由本单位的领导担任,因为领导对本单位的方针、政策及各方面情况比较了解,由他们回答记者提问更具有权威性。对发言人的基本要求还应包括思想修养好、学识渊博、思维敏捷、能言善辩等。

5. 新闻发布会的材料准备

发言稿既要紧扣主题,又要全面、准确、真实、生动。为了使发言人在现场回答问题时表达自如,可事先预测一下记者将要问到的问题并准备好答案,以使发言人心中有数,必要时予以参考。每一个单位召开新闻发布会都有自己的宣传目的。因此,可以事先将报道重点、有关的数据、资料编印出来,作为记者采访报道的参考资料。还可准备其他辅助资料,包括图片、实物、模型、录像、光碟等,其目的是增强发言人的讲话效果,加深与会者对会议主题的认识和理解。

正式召开新闻发布会要注意以下程序。

(1)签到

新闻发布会的入口处要设立签到处,安排专人负责签到、分发材料、引入会场等接待工作。接待人员要热情、大方、举止文雅。

(2)会议开始

主持人将召开新闻发布会的目的、将要发布的消息或要公布的事情经过、真相进行一个简要介绍。

主持人应根据会议主题调节好会议气氛,当记者的提问离会议主题太远时,要善于巧妙地将话题引向主题;当会场出现紧张气氛时,能够及时调节、缓和,切实把握好会议的进程和时间。

(3)领导发言

领导在会上发言时,要突出重点,具体而恰到好处,语言要生动、自然,吐字要清晰,切忌吵嚷冗长。

(4)回答记者提问

领导在回答记者提问时,要准确、自如,不要随便打断记者的提问。

对于不愿透露或不好回答的事情,不应吞吞吐吐,要婉转、幽默地向记者进行解释。

遇到不友好的提问，应该保持冷静，礼貌地阐明自己的看法，不能激动或发怒，以免引出负面报道。

（5）会议结束

新闻发布会结束后，主办人员要向参加者一一道别，并感谢他们的光临。个别记者有特殊要求时，有关人员还应耐心地予以答复。

新闻发布会后，主办单位还应及时收集到会记者做出的报道，检查是否达到了举办新闻发布会的目的，是否有不利于本单位的报道，并予以更正、说明。

赞助会礼仪

赞助通常是指单位或个人拿出自己的钱财、物品，来对其他单位或个人进行帮助和支持。赞助是社会慈善事业的重要组成部分，不仅可以帮助他人，向社会奉献自己的爱心，而且有助于提高自己在社会上的美誉度，为自己塑造良好的公众形象。

依据赞助的项目所划分的赞助类型，大致上共有以下十类：公益事业、慈善事业、教育事业、科研活动、专著出版、医疗卫生、文化活动、展览画廊、体育运动、娱乐休闲。赞助会的会议议程如下所示。

1. 宣布赞助会正式开始

赞助会的主持人，一般应由受赞助单位的负责人或公关人员担任。

在宣布正式开会前，主持人应恭请全体与会者落座，保持肃静，并且邀请贵宾到主席台上就座。

2. 奏国歌

在奏国歌之前，全体与会者必须一致起立。在奏国歌之后，还可奏本单位标志性歌曲。有时，奏国歌、奏本单位标志性歌曲，可改为唱国歌、唱本单位标志性歌曲。

3. 赞助单位正式实施赞助

首先，赞助单位的代表出场，宣布其赞助的具体方式或具体数额。其次，受赞助单位的代表上场，双方热情握手。最后，由赞助单位的代表正式将标有一定金额的巨型支票或实物清单双手捧交给受赞助单位的代表。

若赞助的物资重量、体积不大时，亦可由双方在此刻当面交接。在此过程之中，全体与会者应热情鼓掌。

4.代表发言

赞助单位代表发言内容，重在阐述赞助的目的与动机，还可以对本单位的情况略作介绍。受赞助单位的发言代表一般应为受赞助单位的主要负责人或主要受赞助者，发言的中心应集中在对赞助单位的感谢方面。来宾代表发言根据惯例，可邀请政府有关部门的负责人讲话，主要是肯定赞助单位的义举，同时亦可呼吁全社会积极倡导这种互助友爱的美德。

在赞助会正式结束后，赞助单位、受赞助单位双方的主要代表以及会议的主要来宾，通常会合影留念。

颁奖仪式礼仪

颁奖仪式就是对先进个人或先进集体进行表彰和奖励所举行的隆重的仪式，这既是对先进的肯定和鼓励，也是对群众进行宣传教育、树立榜样、推动工作的有效方式。

颁奖仪式的会场应选在较大的场地进行。主席台上方要悬挂大红横额，写明"××颁奖大会"。两旁还可悬挂相应的口号、标语或对联。主席台后面，可悬挂彩旗、会标等。

主席台上设供领导就座的桌椅，桌上摆上写有领导姓名的座次牌。可以另在正前方或侧前方设发言席。受奖人一般安排在观众席前排就座。

颁奖仪式的程序如下所示。

1.宣布颁奖仪式开始

这时可以播放欢快的进行曲和燃放鞭炮，隆重的颁奖仪式可以安排乐队演奏音乐。主持人一般由本单位的负责人担任，主持人应当熟悉仪式各个程序，事先作好安排，保证准时开始。主持程序时，要精神饱满，热情洋溢。要顾及台上台下各个方面，审时度势，随机应变，使颁奖仪式保持隆重热烈的气氛。

领导上台讲话时，台下的人应该配合致以掌声。开始讲话后，要保持会场的安静，不要吵闹。

2. 宣布先进集体或先进个人名单

颁奖是仪式的高潮，但安排不当，常常发生混乱，应注意：以受奖人上台的次序为依据，事先安排好奖品和颁奖人的顺序。发奖时，工作人员按事先分工专门递送，使颁奖场面热烈、欢快而井然有序。颁奖、受奖都要用双手，颁奖人要主动与受奖人握手致意，表示祝贺。如有新闻单位，或需要留影，则在全部颁奖后，受奖人站在前排，为摄像提供方便。

受奖人应着装整洁、大方、端庄、仪态自然。上台受奖时要依顺序出入，不要左顾右盼，不要忸忸怩怩。受奖时，要面带笑容，双手接奖，并表示谢意。然后，面向全场观众鞠躬行礼，并可举起奖品向观众致意，要及时走下主席台，使会议继续进行。

3. 先进集体或先进个人代表发言

发言人应衣着整洁、大方；仪态自然、步履稳定。发言时，身体正直，稍前倾，不要趴在讲台上，或靠在椅子背上。讲话要有激情，注意节奏。

4. 散会

散会后，可以对获奖人再次表示祝贺，同时共同庆贺公司的发展，并称赞其他与会者在仪式中的表现及发言，以表示对仪式的重视及参与。

第 8 辑 服务行业礼仪

基本的服务礼仪

服务行业，是使人生活上得到方便的行业，直接与社会公众进行接触并提供服务的"窗口"，包括餐饮、住宿、旅游、娱乐等行业。"窗口"行业和单位的服务人员需要有服务礼仪意识，提高职业服务礼仪水平，才能展示出人们的文明举止和礼仪修养，展示出"礼仪之邦"的文化魅力。

学习、践行职业服务礼仪应体现以下四项基本要求。

一是爱岗敬业、尽职尽责。对本职工作怀有高度的责任感和自豪感，在思想上、业务上对自己从严要求，努力学习业务知识，全面掌握职业技能，增加服务中的科技含量与知识含量，做到干一行、爱一行、精一行。

二是诚实守信、优质服务。坚持信誉第一、保质保量、公平交易。服务要热情耐心、细致周到、不厌其烦。遇到客户投诉或发生纠纷，服务人员应以冷静、克制、忍让的态度向客户解释、道歉，并积极帮助解决问题，切忌争辩、怠慢或推脱责任。

三是仪容端庄、着装整洁。服务人员修饰仪容以自然为美，以淡妆为宜，保持体态标准。有行业服装的应着行业服装，做到整洁、美观、协调。

四是语言文明、态度温馨。服务时多说"请""您好""谢谢""对不起""请您稍等""欢迎再来"等礼貌用语，多以温馨的微笑、亲切的目光与服务对象进行沟通，努力缩短与服务对象之间的距离。

以上是服务行业的服务人员所应遵循的基本礼仪要求。在工作岗位上，服务人员需要为服务对象提供热情的服务。然而从更高一层来讲，服务人员还必须明白：真正为服务对象所接受的热情服务，必须把握好具体操作中的分寸，既表现得热烈、周到、体贴、友善，同时又能够善解人意，为服务对象提供一定的自由度，不至于使对方在享受服务的过程中，受到服务人员无意之中的骚扰、打搅、纠缠或者影响。这便是向服务对象提供无干扰的热情服务的本来含义。

从根本上来讲，要求服务人员在向服务对象提供热情服务时，必须同时具有对对方无干扰的意识，实际上就是要求服务人员在服务过程之中务必要谨记热情有度。

热情有度，主要是指服务人员在为服务对象提供热情服务时，务必要把握好热情的具体分寸。热情总比冷漠好，主动服务总比被动服务好，这自不待言。然而，什么事情都有一个度，热情之于服务，往往过犹不及。有道是"添一分则多，减一分则少"，凡事物极必反，如果热情过度，同样达不到预期效果。服务不够热情，通常会怠慢服务对象；服务热情得过了头，亦会有碍于服务对象。此处所说的热情的具体分寸，即为热情有度之中的"度"，在服务过程中，主要指的是服务人员在向服务对象进行服务时，不只是要积极、主动，更要切忌因此而干扰对方。

在日常工作中，服务人员的服务不够热情与热情过度，同样都是有害的。就现状而言，服务人员在普遍提倡服务行业热情服务的大背景之下，更应当防止矫枉过正，出现热情过度的情形。热情过度，实际上是一种人际交往中"热情越位"的具体表现，它不仅不合乎人之常情，还会使人产生一定的心理压力，甚至会误以为对方是"来者不善"，似乎有逼迫、哄骗之意。有时，还会令人担心：热情背后有没有什么企图，是商品或服务质量差，还是要加收费用，由此怕"挨宰"而不敢消费。

在一般情况下，服务人员要向服务对象提供无干扰的热情服务，其总体要求：要使服务人员在深谙现代人强调尊重自我心态的基础上，把握好热情服务的"度"。该"热"则"热"，不该"热"则不"热"，使服务对象在享受服务的过程中心安理得，不受过度礼遇的惊扰。无干扰服务特别要注意以下四个具体问题。

1. 注意语言

按照惯例，服务人员在自己的工作岗位值班时，除了以常规礼貌用语向服务对象主动致以友善的问候之外，一般不宜再多此一举地对对方多言多语。否则，就会产生负面影响，对对方形成一定的干扰。

2. 注意表情

在人际交往中，表情通常被人们视为一种信息传播与交流的载体。服务人员在向服务对象进行服务时，有必要对自己的表情自觉地进行适当的调控，以便更为准确、适度地向对方表现自己的热情友好之意。

3. 在服务过程之中，服务人员要注意好自己的眼神

当服务对象在自己面前出现时，下述五种眼神皆有可能骚扰于人并在禁止之列：一是盯着对方，似乎担心对方进行偷窃；二是打量对方，似乎对对方满怀好奇之心；三是斜视对方，似乎对对方挑剔不止，或是瞧不起对方；四是窥探对方，似乎是在疑神疑鬼；五是复视对方，即对他人的某些部位反复注视，此举极易引起服务对象的反感，尤其是在对方身为异性时。

4. 在服务过程之中，服务人员还要注意好自己的笑容

笑也必须笑得得体，在服务人员迎送服务对象，或者为对方直接服务时，适当的微笑才是可以被接受的。服务人员躲在服务对象身后暗自发笑，几名服务人员在一起扎堆说说笑笑，服务人员在服务对象出丑露怯时不住地偷笑，服务人员在一起议论笑话于服务对象，服务人员当众莫名其妙地狂笑不止等，均为有碍于服务对象的不合时宜之举。

服务用语礼仪

服务行业的文明用语，主要是指服务人员在服务过程中自谦、恭敬的一些用语及其特定的表达形式。通常包括问候用语、迎送用语、征询用语、应答用语等。

服务人员与顾客打交道，总有一些使人不便或环境不允许直说的事，必须学会掌握一定的表达技巧，用委婉含蓄的表达方法，让顾客在比较舒服的氛围中接收信息。这样既文明礼貌，又能取得良好的交际效果。

"话有三说，巧者为妙"，巧妙的柜台服务语，能够解决各种难题，顺利地促成交易。柜台服务人员应随机应变地使用以下语言技巧。

1. 含蓄委婉

营业员应避免使用使人难堪或引起反感的词语，而以与之意义相同或相近的词语替代。如接待购买服装的顾客，对体型较胖者（特别是女顾客），应使用"丰满""富态"等字眼；对体型偏瘦者，应用"秀气""苗条"来表示，避免说人太胖、太肥或太瘦。接待身有残疾或有生理缺陷的顾客时，更应注意措词的使用。

柜台营业员要善于暗示烘托，可以故意说些与本意相关或相似的词语，来烘托本来要直说的意思。

有个学者来到一个卖陶器的小摊上想买个尿壶，挑了好几个，质量都不错，但都嫌大。这时卖壶的老人对他说："冬天，夜长啊。"

这位老人用此暗示尿壶宜大的道理，用语巧妙、文雅。

柜台营业员也要学会说话时的"曲径通幽"，即运用迂回曲折的含蓄语言表达本意的方法。

有一位营业员接待了一位买牙刷的大娘，大娘忘了付钱就要走。当时，这位营业员举着手里的包装纸说："大娘，我还要给您包牙刷呢……"然后接过牙刷，一边包牙刷，一边说价钱，用了小小的"迂回术"，很自然地把大娘请了回来，并收回了牙刷钱，也避免了使大娘难堪。

2. 表意完整确切

例如，顾客购买袜子、汗衫时，营业员问："您要买男的还是女的？"就不如问："您要买男式的还是女式的？"或问："您是买男同志穿的，还是女同志穿的？"这样，显得礼貌、确切。顾客买完了东西，有的营业员说："我给您捆起来！"就不如说"我帮您把这些东西捆一下"更恰当。

3. 慎择句式

汉语词汇丰富，句式繁多。不同的句式除了表示不同的意义外，还往往带有某种特定的感情色彩。根据商务礼仪要求，在选择句式上要注意以下几点。

少用否定句，多用肯定句。如顾客问："这种式样的衣服有红色的吗？"营业员如答："没有！"顾客听了这种生硬的回答会扫兴离去；如果换成："对不起，现在只剩下蓝色、粉色和白色的，这几个颜色您穿起来一定很漂亮。"或者说："实在对不起，请您到××商店去看看。"顾客即使未买到商品，也不会难过了。

巧用请求式语句说出拒绝顾客的话。如顾客要求退换一件不属于退换范围的商品时，如营业员直截了当地回答"不行"或"不能退"，那会使顾客面子上过不去，甚至发生矛盾；如营业员改用请求式的语句来回答："实在对不起，这种商品按规定不能退换，请您原谅。"即使未能满足顾客的要求，也体现出营业员对顾客的敬重感。

忌用反问句或无主句。反问句比陈述句的语气要强烈得多，常用来表示愤激的感情。而无主句常常有命令的语气，一般用于命令或告诫，语气比较强烈。这两种句式都不适合商场柜台用语。如当顾客询问某种商品时，营业员回答："自己看！"或"没有还问什么？"这种句式中包含的"火药味"是顾客不能接受的。

恰当地使用褒语。在柜台服务中，一句褒扬的话，可以润滑买与卖这对平凡的"齿轮"，使营业员和顾客之间的感情更加亲近。如营业员在繁忙中注意到某位顾客一直等在那里准备购买商品，当营业员腾出时间后，可走近这位顾客说："真对不起！让您久等了！"或"感谢您的理解和支持！"顾客挑选到称心的商品后，营业员可适时赞扬："您真有眼力！"或"您买东西很内行。"

巧用正反对比。任何商品都有优点，也有缺点。作为营业员应充分履行推荐、介绍商品的职责，将商品的优缺点，巧妙恰当地进行对比介绍，以便顾客挑选。如下面两种说法就有两种不同效果。

"这种商品虽然有点贵，但质量很好。"

"这种商品质量很好，但有点贵。"

两句话意思相同，只是重新排列了前后语序，给顾客带来截然不同的感觉，前者强调其质量好，即一分钱一分货，有利于增强顾客的购买欲；后者从质量好出发却落脚于有点贵，因而导致冲淡购买欲或令人产生反感。营业员向顾客介绍价格高、销路不好的商品时应采用第一种说法，即先介绍商品的缺点（价高），然后详细介绍商品的优点，使顾客感到营业员讲得实事求是，合情合理，从而产生信任感。

4. 服务用语禁忌

为了提高服务质量，在柜台用语中应禁说不文明礼貌的语言，做到"十不讲"，即有损顾客人格的话不讲；伤害顾客自尊心的话不讲；埋怨、责怪顾客的话不讲；顶撞、训斥顾客的话不讲；生硬唐突的话不讲；低级庸俗、粗鲁无理的话不讲；讽刺挖苦、反唇相讥的话不讲；欺瞒哄骗顾客的话不讲；刺激顾客、激化矛盾的话不讲；脏话、傲语、废话之类的口头禅不讲。服务人员的用语要做到文明规范，不说服务忌语，常见的服务忌语如："喂！""讨厌！""不是告诉你了吗？怎么还问！""听见没有，长耳朵干嘛使的？""你买得起就快点，买不起就走人！""急什么！没看我正忙着吗？""我就这态度！""走开！""真笨！""烦死人！""别废话！""少啰唆！""有完没完！""你懂不懂！""下班了，明天再来！""有意见找领导去！""有能耐你告去，随便告到哪儿都不怕！"，等等。

不说禁忌语靠心态，只有提高商业道德，尊重、理解顾客，把顾客当作朋友来对待，才能使用好文明用语，彻底净化文明服务语言。

营业员在与顾客的语言交际中，除不说禁忌语，做到"十不讲"以外，还要努力避免一些令人讨厌的说法。有关专家列举了十种使对方讨厌的说法：语气暗淡；声调激烈；吞吞吐吐；疑虑重重；立即反对；自满自夸；妄自菲薄；强词夺理；冷嘲热讽；阿谀奉承。

不说禁忌语，避免令人讨厌的说法，是柜台用语和服务语言艺术和礼仪的基本要求。

服务距离礼仪

服务距离，是指为顾客服务时要保持一定的人际距离，相距的远近又因具体的场合和不同的情况而有所不同。

有不少消费者或许都有过这样的经历：当自己高高兴兴地走进一家服务单位，准备对其服务内容进行了解、加以选择时，却被服务人员围上来而大大地挫伤了积极性。有些时候，那些对服务对象亦步亦趋、紧紧尾随不放的服务人员，往往会使服务对象产生"螳螂捕蝉，黄雀在后"的感觉，甚至由此而产生逆反心理，当即"临阵脱逃"而去。这就表明，服务人员在自己的工作岗位上与服务对象之间保持的人际距离有一定之规，而绝对不可掉以轻心。

人际距离，一般是指在人与人进行的正常交往中，交往对象彼此之间在空间上所形成的间隔，即交往对象之间彼此相距的远近。在不同的场合里和不同的情况下，交往对象之间的人际距离通常会有不同的要求。心理学实验证明：人际距离过大，容易使人产生疏远之感；人际距离过小，则又会使人感到压抑、不适或者被冒犯。因此，人际距离过大或过小均为不当，它们都会有碍于正常的人际交往。

对于服务人员来说，在自己的工作岗位上需要与服务对象彼此之间保持的常规的人际距离，大致上可以分为下列五种。

1. 服务距离

服务距离，是服务人员与服务对象之间保持的一种最常规的距离。它主要适用于服务人员应服务对象的请求，为对方直接提供服务之时。在一般情况下，服务距离以 0.5 米至 1.5 米的距离为宜。至于服务人员与服务对象之间究竟是要相距近一些还是远一些，则应视服务的具体情况而定。

2. 展示距离

展示距离，是服务距离的一种较为特殊的情况。服务人员需要在服务对象面前进行操作示范，以便使后者对于服务项目有更直观、更充分、更细致的了解。进行展示时，服务人员既要使服务对象看清自己的操作示范，又要防止对方对自己的操作示范有所妨碍，或是遭到误伤。因此，展示距离以 1 米至 3 米的距离为宜。

3. 引导距离

引导距离，一般指的是服务人员在为服务对象带路时彼此之间的距离。根据惯例，在引导之时，服务人员行进在服务对象左前方 1.5 米左右，是最为适当的。此时服务人员与服务对象之间相距过远或过近，都是不允许的。

4. 待命距离

待命距离，特指服务人员在服务对象尚未要求自己为之提供服务时，与对方自觉保持的距离。在正常情况下，应当是在 3 米之外，只要服务对象视线所及，可以看到自己即可。服务人员主动与服务对象保持这种距离的目的，在于不影响后者对于服务项目的浏览、斟酌或选择。

5. 信任距离

信任距离，指的是服务人员为了表示自己对服务对象的信任，同时也是为了使对方对服务的浏览、斟酌、选择或体验更为专心致志而采用的一种距离，即离开对方而去，从对方的视线中消失。采取此种距离时，必须力戒两点：一是不要躲在附近，似乎是在暗中监视服务对象；二是不要去而不返，令服务对象在需要服务人员帮助时根本找不到人。

除此五种距离之外，服务人员还应了解一下自己在工作岗位上的禁忌距离。禁忌距离，在此主要是指服务人员在工作岗位上与服务对象之间应当避免出现的距离。这种距离的特点，是双方身体相距过近，甚至有可能直接发生接触，即小于0.5米。这种距离，多见于关系极为亲密者之间。若无特殊理由，服务人员千万不要主动予以采用。服务人员为对方直接提供服务时，根据具体情况确定与服务对象的距离，一般以0.5米至1.5米的距离为宜。

在服务对象浏览、斟酌、选择商品时，服务人员应与服务对象保持适当距离，既不干扰服务对象，又能及时提供服务。

服务举止礼仪

举止是指人们的动作和表情。人们在交谈中，一个眼神、一个表情、一个微小的手势和体态，都可以传递出丰富的内心世界。服务人员在为服务对象提供服务时，一定要切记对自己的举止有所克制，避免不文明的举止。

1. 站姿

站姿是服务人员最基本的举止，是静态造型动作。规范的站姿应该是头正，肩平，挺胸收腹，两眼平视，嘴微闭，面带微笑，双臂自然下垂或在前体交叉，右手放在左手上，女子站立时双脚呈"V"字形，男子站立时双脚与肩同宽。

站立时不要弯腰驼背，摇头晃脑，东倒西歪，倚靠在桌、椅、门、墙上，更不能靠在宾客座椅背上；不要把脚踏在凳上或在地上蹭来蹭去，乱踢地上的东西等。两手不叉腰、不插袋、不抱胸。在电梯门口要站立在两边或客人身后，在电梯内要保持姿态，不可放松。前面有客人时，应站在客人身后50cm外。

2. 行姿

行姿是一种动态的美。优雅、稳健、敏捷的行姿会给人以美的感受，产生感染力，反映出积极向上的精神状态。规范的行姿应该是头正，沉肩，双目平视，挺胸收腹，两臂自然弯曲，身体重心略向前倾，低抬腿，轻落步，走路的轨迹要在一条直线上，行走时步幅适当，两脚落地的距离大约为一个脚长。步速平稳、均匀，一般情况下，每分钟120步，平均每秒2步。

在狭窄地带，迎面来客应缓步，或侧身就让。与顾客同行至门前时，应主动让他们先行。行走时目光平视前方，用余光照顾两翼及上下。看到身后有来客行速较快时，应避让。如因工作需要必须超过客人时要礼貌道歉，在征得客人同意后方可超过，并注意从客人的一侧通过。在行走时还应注意沿线、沿路的电灯和其他设施的状况，并随时捡拾行进路上的纸屑和杂物。

行走时姿态自然大方，男不晃膀，女不扭腰。两肩平齐，不摇头晃脑，不昂首过高，不吹口哨，不左顾右盼或斜视，不将手插在口袋内或打响指。在引领时，走在客人侧前方，并时时用余光回顾客人是否跟上，遇到转弯或台阶处，应侧身配合手势作引导状，不宜走得过快或过慢，离客人的距离一般在客人前面两三步。

3. 坐姿

端庄优美的坐姿，会给人以文雅、稳重、大方的美感。规范的坐姿应该是挺胸收腹，沉肩，头部端正，目光平视前方或注视对方，两手自然放在两膝上，两膝并拢。坐凳子或椅子时，应端坐于凳子、椅子的2/3处。女子入座时注意两膝不能分开，两脚要并拢，也可以将小腿交叉。坐宽大的沙发时，要靠外边坐；坐扶手椅子时，可把一只手轻搭在扶手上，另一只手放在腿上。入座时，椅子不正，需先摆正，从椅子左边入座；离座时，轻轻站起，右脚向左后方退一步，左脚并拢，将椅子轻轻移至原位。如坐姿方向与客人不同，上身与脚要同时轻轻转向客人。

就座时，不得两腿平直伸开呈叉开状，将脚尖翘起，左右晃动；不要把两脚缩在座椅下面；不得跷"二郎腿"，脚尖对着他人，不要不时摆弄手指、衣角、手帕及其他小物件；也不要旁若无人，整理头发和衣服，脱掉鞋子或把脚跟露在鞋外。

4. 蹲姿

蹲姿是服务过程中经常会碰到的一种姿态。蹲下来这个姿势并不是让全身下蹲，除非要拿取地上的物品时才蹲下来。蹲下时，腿和身体都要用力，不可以将全身力都压在小腿上。全蹲或半蹲时，手要尽量贴近腰身，上身不可以倾斜得太低，臀部不可以翘得太高。穿低胸服蹲下时，一手要护胸。

5. 行为举止

行为举止从某种意义上来说，可以反映一个人的教育程度和修养水平，并能反映良好的素质和个人形象。在服务过程中，做到说话声音要轻，走路脚步要轻，取放物品要轻，开门、关门不要用力过猛，尽可能保持服务环境的安静。

在服务过程中，不得吸烟、吃零食、掏鼻孔、剔牙齿、挖耳朵、打喷嚏、打哈欠、抓头、抓痒、修指甲、伸懒腰。不要交头接耳，对服务对象指指点点，甚至拍打、触摸、拉扯、追逐、堵截对方，这样不仅有可能失敬于对方，而且对对方也会形成一定程度的干扰，甚至会令对方心怀不满，烦躁不安。在一般情况下，不要与顾客争吵或争执。遇到顾客激动时，要注意控制自己的情绪，避免与顾客发生冲突。要多倾听，表现出诚意、关心和愿意效劳的态度，并告诉顾客会尽快地解决或如实将顾客的意见转达到有关部门。

商场服务礼仪

商场服务礼仪不仅表现在营业场所的设计上，更重要的是通过营业员彬彬有礼的服务体现出来。商场服务礼仪，包括对商场服务人员的素质要求、柜台服务礼仪、商品展示礼仪、商品介绍礼仪、商品推销礼仪、商品导购礼仪、商品纠纷处理礼仪、商品售后服务礼仪等丰富的内容，从事商场服务的人员，都要对这些充分了解并严格遵循执行。

商场服务人员要想使顾客高兴而来，满意而归，就必须在商业柜台这个有限的空间里，在很短的时间提供给顾客高质量的服务。提高柜台服务质量的重要途径，就是按照服务礼仪规范，努力提高商场服务人员的柜台服务水平。通过服务人员合乎礼仪规范的商品展示，可以增强对顾客的吸引力，还可以表达商场对顾客的诚意。

针对顾客的购物心理和需要，商场服务人员如实准确地介绍商品，帮助顾客买到称心如意的商品，并把对顾客的敬重放在首位，是商业服务礼仪的基本要求。商品推销工作能否取得良好的效果，不仅要看推销人员的敬业精神，还要看推销人员的服务礼仪是否规范和到位。

处理商场服务纠纷的基本要求：理智而冷静地面对纠纷，认真调查纠纷的原因，在此基础上妥善地处理纠纷。面对顾客的抱怨，服务人员要掌握疏通、缓解的艺术。

柜台服务礼仪主要包括服务员柜台礼仪、柜台语言礼仪等。对每个在柜台前从事商业服务工作的人员，这些礼仪要求和规范内容都应做到认真学习，心中有数，自觉运用。

柜台服务，是整个商业销售过程的重点，只有做好这一环节的工作，其他各项工作的开展才有基础。按服务礼仪规范，服务人员要遵循以下基本要求。

1. 保持柜台的清洁

柜台服务人员在开门营业之前，要先做好清洁卫生工作，把柜台和货架擦拭干净，努力创造干净的购物环境。如果是经营散装易污的商品，在营业过程中，应及时抹擦柜台，以免弄脏顾客的衣物。

2. 严格遵循食品卫生法中的规定

经营食品的柜台，散装食品要盛放在清洁的容器中，并且加盖放置。柜台服务人员要戴口罩，穿工作服，使用食品夹，不能随便用手抓取食品。柜台服务人员还要特别注意个人卫生，勤换工作服和口罩，不要留长指甲，在营业时不要搔头皮、掏耳朵和挖鼻孔。

3. 合理陈列商品

商店要有一个方便顾客选购的布局。首先，应当考虑到为顾客购物提供方便，尤其是分楼层的大型商店，更要考虑顾客搬运商品的便捷。其次，商品陈列应当既分门别类，又突出重点。适合开架出售的商品，应开架售货，以便顾客随心所欲地自选购物，在更大程度上体现顾客的自由度；适合柜台方式营业的商品，也要摆放整齐，便于顾客观看和选择。

4. 明码标价，保证货真价实

质量是产品或服务进入市场的通行证，商业服务只有占有质量优势，才能使自己的服务成为有效的投入，从而在市场上赢得竞争力。因此，商品要准确无误地标明实际价格，还要注明产地、规格和型号，使顾客能够一目了然。另外，严禁出售假冒伪劣商品，严禁使用各种欺骗手段哄抬物价、欺诈顾客，侵犯消费者权益。

5. 态度诚恳，微笑服务

做到对顾客微笑相迎、主动招呼。接待多方来宾时，服务人员应当依次接待，既要讲究先来后到，又要坚持平等待人，做到买与不买一个样，买多买少一个样，大人小孩一个样，买与退一个样。"微笑是打动人心最美好的语言，是通向世界的护照。"那种脸部表情冷漠地面对顾客，让顾客望而生畏，甚至打消买东西的念头，是不符合礼仪的行为，顾客也绝不会心甘情愿地选购在这种冷漠表情下的任何商品。因此，缺少微笑的柜台服务人员，必将缺少顾客的光临。

6. 言谈举止，文明礼貌

柜台服务人员着装要得体，整洁大方。不能敞胸露怀，不能穿着背心、拖鞋营业。

站立时不能靠在货架上或趴在柜台上，东倒西歪，无精打采。身体要自然放松，精神要饱满，面带笑容，目光要有亲切感；柜台服务人员不准在营业时间内吸烟，因为商场是公共场所，禁止吸烟应该从柜台服务人员自身做起；要轻拿轻放，动作要轻巧，不能隔着很远就把货物往顾客面前乱扔一气，那样做是对顾客极大的不尊重。

7. 准确无误地解答疑问

解答要热情，声音要轻柔，答复要具体。解答顾客的提问时，应面对顾客，文明解答。不可低头不理，或者心不在焉地边回答边干其他事情。做到"一懂""三会""八知道"。"一懂"，懂得商品流转各个环节的业务工作。"三会"，对自己经营的商品要会使用、会调试、会组装。"八知道"，知道商品的产地、价格、质量、性能、特点、用途、使用方法、保管措施。

要真诚解答，实事求是。对商品的质量、材料等，都应真实介绍，不能夸大其词，弄虚作假。如果柜台服务人员自作聪明，利用伶牙俐齿信口开河，靠欺骗推销假冒伪劣商品，引诱顾客上当，这是严重的商业道德问题，也是与商务礼仪背道而驰的。

服务人员对顾客要有问必答，不能对顾客直接说"不"等服务忌语。无论顾客提出的问题在柜台服务人员看来多么幼稚和"多余"，柜台服务人员都应很礼貌地答复，不能露出不屑一顾的表情，讽刺挖苦顾客更是绝对不可的。对一些不能退换的商品，售前应向顾客说明。如遇特殊情况要求退货，也应耐心解释。有些顾客挑选商品时，会不时发问或者反复问一个问题，柜台服务人员应有充分的耐心，沉得住气，详细地解答。

商品导购礼仪

商品导购是商业服务的重要环节，要成功地进行导购，就要在接近顾客、争取顾客、影响顾客等方面，依照服务礼仪要求来规范自己的行为。

1. 接近顾客

商业服务工作中的导购，必须是以接近顾客为起点的。如果不能成功地接近顾客，便没有任何成功的机会可以引导消费者的购买。接近顾客，通常应当讲究方式、选准时机、注意礼节。如果在这三个环节表现失当，即便在距离上接近了顾客，在心理上也难以同对方真正接近。

（1）讲究方式

在服务过程中，导购有其具体方式。要想真正地接近顾客，不注意具体方式的选择，难免会事倍功半。

目前流行的导购有两种主要方式：主动导购和应邀导购。二者适用于不同的情况，具体作用也不尽相同。

主动导购。当导购人员发现顾客需要导购之时，在征得对方同意的前提之下，主动上前为其进行导购服务。它往往既可以表现出对顾客的重视之意，又有助于推销。它多用于顾客较稀少之时。

应邀导购。一般是指当顾客前来要求导购时，由导购人员为其提供导购服务。它多适用于顾客较多之时。具有针对性强、易于双向沟通等优点。

（2）选准时机

在导购过程中，接近顾客的具体时机很有讲究。在进行导购推销时，假如不注意具体时机的选择，自己的主动意图便必定难以实现。

从总体上来讲，下列情况皆为接近顾客对其适时进行导购推销的上佳时机。

当顾客对某一商品或服务产生兴趣时，对其进行导购推销往往会受到对方的欢迎。当顾客直接要求为其导购，或希望进一步了解某种商品、服务时，导购人员可以进行详细的介绍。在气氛温馨、干扰较少的环境之中进行导购推销，往往会有较高的成功概率。

（3）注意礼节

导购人员在接近顾客时，必须注意依礼行事，礼待顾客。一般来讲，在接近顾客时，导购人员在问候、行礼、自我介绍、递上名片时，必须在礼节的运用上中规中矩。

一是问候得体。在接近顾客之初，务必要先向对方道一句："您好！"必要时，还可以加上"欢迎光临"一语。在问候对方时，要语气亲切，面带微笑，并且目视对方。

二是行礼有方。导购人员在接近顾客时，通常应当向对方欠身施礼或者点头致意。在一般情况下，欠身施礼与点头致意宜与问候对方同时进行。行握手礼，则多见于熟人之间。导购人员通常不主动向初次相交的顾客行握手礼。只有在对方首先有所表示时，方可与对方行握手礼。

对导购人员来讲，与顾客握手时忌戴手套、忌戴墨镜，并且不准轻易用自己的左手与他人相握。

2. 影响顾客

在导购的具体过程中，导购人员与顾客之间，往往是相互发生影响的。因此，导购人员必须明确的是，要想使自己的服务工作有所进展，重要的一点，是要想方设法地对顾客施加一定程度的影响，而不是使自己深受对方的影响。

导购人员施加给顾客的影响，应当是正面的、积极的影响。如能对顾客真正地产生正面的、积极的影响，肯定会对促进双方沟通及导购推销工作大有裨益。

根据服务礼仪的有关规范，能够在导购过程中对顾客产生正面的、积极的影响，主要有五个方面的因素。对导购人员而言，可以称为"影响顾客的五要素"。

（1）诚实服务

在现代社会里，"真""善""美"颇为人们所看重。在服务过程中，尤其是在为顾客提供导购服务之际，服务人员的诚实与否，是深受顾客重视的。只有为顾客诚实服务，才会真正把自己的导购工作做好。

诚实服务，简而言之，就是要求导购人员对顾客以诚相待，真挚恳切，正直坦率。随着现代化市场的发展，广大消费者的知识、阅历正在不断提高，对其盲目低估,加以欺骗,既非明智,亦非理智。久而久之,不诚实的行径终将遭到报应。相反,导购人员在接触顾客的过程中,如能对对方诚实无欺,则必为对方所信任和称道,使之更加放心地进行交易,甚至会成为"本店常客"。

(2)信誉服务

有位国外的营销专家指出:"信誉仿佛一条细细的丝线。它一旦断掉,想把它再接起来,可就难上加难了。"事实的确如此,对导购人员来讲,信誉确实是自己的生命线。一旦失去了信誉,自己便会失去立足之本。

信誉服务,主要是要求导购人员在服务于人时,必须遵诺守信,实事求是。不允许信口开河,对顾客胡乱承诺,滥开空头支票。

讲究信誉,是做人诚实的基本要求。应当明确的是,信誉虽有大小之分,但二者同等重要。因为任何大的信誉都是众多的小的信誉积累而成的,失去小的信誉,就不可能有大的信誉。

讲究信誉,对导购服务来说,"夸"是绝对必要的,而"吹"则不可取。因为"夸"是为了让顾客了解自己的商品、服务好在哪里,能为对方提供哪些便利;而"吹"则是言过其实,虚张声势,毫无信誉可言的。

(3)情感服务

具有情感,是人类的主要特征之一。情感,一般是指人们对于客观事物所持的具体态度。它反映着人与客观事物之间的一种需求关系。从根本上讲,人们的需求获得满足与否,通常会引起对待事物的态度变化,从而使之对事物持肯定或否定的情绪。

就其实质而言,导购工作能否取得成功的关键之处,就在于导购人员能否感动顾客。在实际工作中,导购人员的不同情感,往往会导致不同的服务行为:要么是行为积极,要么是行为消极。导购人员应当充分认识到,任何人的情感都是无比丰富的。真挚而友善的情感,具有无穷的魅力和感染力;强烈而深刻的情感,可以促使自己更好地为顾客服务。

以情感服务,主要是要求导购人员具备健康的情感,以便使自己的服务工作更加符合顾客的心理需求。

以情感服务,一方面要求导购人员必须具有正确的情感倾向性,即待人必须具有爱心。具体来说,应使自己具有同情与恻隐之心,理解与宽容之心,尊重与体谅之心，关怀与友善之心，等等。并且使之出于真情，发自肺腑。

另一方面要求导购人员还必须具有深厚而持久的积极情感。即在工作岗位上，要将个人情感稳固而持久地控制在有利于服务方面，并不能因为受到某种因素的影响而变化无常。

（4）形象服务

导购工作与导购人员的个人形象往往息息相关，而且间接地对有关的服务单位的整体形象产生一定的影响。因此，在导购人员之中，一直流行着一句名言，叫作"以形象服务"。

以形象服务，就是要求导购人员在面对顾客时，必须树立起良好的个人形象。在个人的仪容、仪态、服饰、谈吐和待人接物方面，既要注意自爱，又要注意敬人。因此，成功的导购人员，应当给人以文明、礼貌、稳重、大方的第一印象。在导购的具体过程之中，它往往会成为一个重要的双向沟通的基础。无论从哪一个方面来讲，个人形象欠佳的导购人员，都是难以为顾客所接受并信赖的。

以形象服务，还要求导购人员在自己面对顾客时，应当着力维护自己所代表的单位的形象。一个成功的服务单位，留给顾客的整体形象，应当是热情待客、优质服务、管理完善、言而有信。服务单位的整体形象，在实践中往往具体体现于服务人员的所作所为之中。

（5）价值服务

顾客持币购买商品、服务时，首先希望的是物有所值，这是一种普遍的心理状态，也是经济生活中等价交换规则的具体体现。对导购人员来讲，物有所值，应当成为其做好本职工作的正确的、基本的导向。

以价值服务，主要的要求是，在导购的具体过程之中，必须使顾客了解清楚被推介的商品、服务的真实价值，使之认识到自己即将做出的购买决策是物有所值的。

以价值服务，一方面要注重商品、服务的使用价值。一般来讲，顾客购买的，主要是"需求的满足"，所以在推介商品、服务时，其着重点应当是使用价值，而不是它们本身。从现代科学的角度来看，使用价值有物理性使用价值与心理性使用价值之分。前者指的是纯物质性的使用价值，后者则是指消费者在心理上、精神上的需求。导购人员介绍使用价值时，正确的做法应当是二者并重，并且适当地向后者加以倾斜。

以价值服务，另一方面要注重价格。价格是价值的具体表现形式。在一般情况下，价格往往会成为导购推销工作的一种主要因素。导购人员除了要掌握价格情况之外，应有意识地避免过度地讨价还价，而是应以强调商品、服务的自身价值、完善的配套服务为自己的着重点。

3. 争取顾客

导购人员在具体从事导购工作的过程之中，必须在热情有度、两相情愿的前提下，摸清顾客心理，积极见机行事，适当地解说、启发和劝导，努力争取顾客，以求促进双方交易的成功。

争取顾客，不仅需要全体导购人员齐心协力，密切配合，还要求每一名导购人员都要善于恰到好处地运用必要的服务技巧。

具体来说，进行导购工作时，想要有效地争取顾客，通常需要注意以下四个方面的问题。

（1）现场反应敏捷

在争取顾客时，导购人员必须做到观察入微，反应敏捷，及时地根据现场的实际情况，来调整自己的相应策略。如果在争取顾客时，手法上"千人一面"，策略上"以不变应万变"，那么其效果难免微乎其微。

要做到在现场反应敏捷，通常要求导购人员必须尽量做到以下"六快"。

眼快，主要是要求看清楚顾客的态度、表情和反应。

耳快，主要是要求听清楚顾客的意见和需求。

脑快，主要是要求对于自己的耳闻目睹做出准确而及时的判断，并且迅速做出自己必要的反应。

嘴快，主要是要求回答问题及时，解释说明准确，得体而流利地与顾客进行语言上的沟通。

手快，主要是要求在有必要用手为顾客拿取、递送商品，或用手为其提供其他服务、帮助时，要又快又稳。

脚快，主要是要求腿脚利索，办事效率高，行动速度快。既显得自己训练有素，又不会耽误顾客的时间。

（2）摸清顾客心理

在导购推销之中，顾客的心理活动十分复杂，但绝非变化莫测。导购人员若能对自己所服务的顾客的心理活动多上一分了解,成功的机会往往便会多上一分。

想要取得导购的成功,在摸清顾客的心理活动方面,通常必须做到以下四件事情。

①促使顾客加深认识。许多时候,顾客往往会对自己感兴趣的某些商品、服务心存疑虑。在此情况下,导购人员应尽量地向对方提供更为详尽的有关资讯,如有关商品或服务的明显特点、主要性能、基本用途、价格优势、使用方法、制造原料、销售情况、售后服务等,以便促使顾客早做决断。

②促使顾客体验感知。在导购之时,为顾客创造一些直接接触目标商品、目标服务的机会,如请对方对商品、服务试穿、试戴、试用、试看、试听、试尝、试玩等。这种做法,通常可以加强对顾客感觉的刺激,促进对方对商品、服务实际效用的认识。

③促使顾客产生联想。在导购的具体过程里,导购人员可根据具体对象的不同,从商品或服务的命名、内质、包装、造型、色彩、价格、知名度、消费圈等方面,适当地揭示其某些迎合顾客购买的心理需求的相关寓意或特征,提示商品消费、服务享用时所带来的乐趣与满足,借以丰富顾客的联想,使其产生未来因进行消费而获得心理满足的美妙憧憬,满足其追求美好事物的心理欲望。

④促使顾客有所选择。为了避免顾客在购买商品、服务时,对其质量、用途、价格、售后服务等存在心理障碍,导购人员最好要为对方多提供几种选择。例如,可取出一定数量的商品由顾客自行比较、挑选,或者将自己正在进行推介的服务与其他同类服务进行比较。这样做,一方面可以大大地增强顾客对于自己的信赖,另一方面也可以帮助顾客进行思考,满足顾客反复权衡商品、服务利弊的心理需求。

(3) 临场反应机敏

进行导购服务,是一项十分复杂的工作。尽管有关这一方面的礼仪规范和岗位要求非常详尽,但是对实际从事这类工作的服务人员来讲,最重要的是在面对顾客之时,要胸有成竹,随机应变,争取变被动为主动。

临场反应机敏,要求导购人员既要自己具备良好的个人素质,又要善于观察、了解顾客。除此之外,在具体推介商品、服务时,也要注意机动灵活。通常,如果能注意做好"四先四后",则必定会对自己的工作有一定程度的帮助。

①先易后难。在推介商品、服务时，应当先从顾客容易理解之处着手，然后逐步由浅入深，提高其难度。

②先简后繁。在推介商品、服务时，应当先从其简单之处开始，然后逐渐由简到繁，渐渐地向其繁杂之处过渡。

③先急后缓。在推介商品、服务时，应当先从顾客急于了解之处开始，然后逐渐向对方当初并不急于了解，但又十分重要的方面挺进。

④先特殊后一般。在推介商品、服务时，应当先从其独特之处开始，然后逐渐地介绍其较为一般之处。

餐饮服务礼仪

现代社会餐饮服务业日益发展，对餐饮服务员的水平要求也越来越高。餐饮服务水平对餐饮业的发展起到至关重要的作用。餐饮服务礼仪主要由餐厅、领台、值台、账台、走菜、厨台等服务礼仪构成。

1. 餐厅服务人员的仪表、仪容、仪态的基本要求

（1）仪表

餐厅服务人员在工作时间应着规定的制服。衣服要整齐干净，注意保持衣服袖口、领口处的清洁。衣服应扣的扣子要扣好，衣服的衬里不可露出，更不要挽袖子、卷裤腿。男、女服务员均以深色皮鞋为宜，袜子颜色要略深于皮鞋颜色。

（2）仪容

男服务员不留大鬓角，后面的头发不能长到衣领，不留胡须；女服务员的头发不可长到披肩，头发要扎起来，可以化淡妆，但是不准佩戴任何首饰，不要留长指甲、涂指甲油，不要抹刺激性的香水。

（3）仪态

餐厅服务人员的站姿应是端庄、挺拔；坐姿要端正，表现出端庄和娴雅。一般要靠右行走，不要跑步，不可与客人抢道。接待客人时，手势的运用要规范和适度，谈话中手势不宜过多，动作不宜过大。如为客人指出方向时，应正确采用"直臂式"；请客人进入时，应用"横摆式"等。同时需要注意运用手势时，要和

面部表情及身体各部分协调配合，以免显得生硬，给客人造成误解。

餐厅服务人员在接待中要热情适度，耐心周到，对客人的态度反应敏捷，虚心听取客人的意见，遇事要冷静、沉着，表情要含蓄大方。面对客人的投诉，应态度诚恳，按规章热心帮客人解决问题，切忌急躁、争辩、怠慢、推卸责任。因故不能完成服务的，要耐心向客人解释并道歉。

2. 领台服务人员礼仪

领台服务人员在营业前要大致了解本店的概况和当天预约的客人情况，做好仪容、仪表和精神准备，站在餐厅门口两侧或里面，便于环顾四周位置，等待迎接客人。

客人到来时，领台服务人员要热情相迎，主动问候。在引领客人时，自然大方并亲切问候："您好，欢迎光临！请问一共几位？"如果是男女结伴而来，应先问候女宾，再问候男宾。对老幼残宾客，应主动上前照料。然后把客人引到合适的座位，这主要根据客人的身份、年龄等来判定。如重要宾客光临，应把他们引领到餐厅中最好的位置；夫妇、情侣就餐，应把他们引领到安静的角落位置；亲朋好友聚餐，应把他们引领到餐厅中央的位置；对老幼残宾客，应把他们安排在出入比较方便的位置。安排座位应尽量满足宾客的要求，如果该座位已经被先到的宾客占用，服务员应解释致歉，求得谅解，推荐其他令宾客较满意的座位。宾客就餐完毕离开时，服务员要有礼貌地欢送，并致告别语，目送宾客离开。

3. 值台服务人员礼仪

客人被引到餐桌前，值台服务人员要主动问好，并给客人拉椅让座，递香巾。递香巾时，可双手捏住香巾并解递到客人面前，也可用不锈钢夹夹起香巾递给客人。

宾客点菜时，值台服务人员要耐心等候，不能催促，让宾客有考虑的时间。点菜时，拿好纸、笔随时记录。如宾客犹豫不决，值台服务人员应当好参谋，热情介绍菜肴品种和特色。应注意语言艺术，礼貌委婉，不要勉强或硬性推荐，以免引起宾客反感。如宾客点的菜已经无货供应，应礼貌致歉，求得谅解。如宾客点的菜在菜单上没有，不要立刻拒绝，可以说："请允许我与厨师商量一下，尽量满足您的要求。"宾客点菜时，服务员应面带笑容，上半身略微前倾，身体不能靠在餐桌边，不能把手放在餐桌上，要认真倾听，准确记录，避免出错。

客人如点饮料，饮料应放在客人的右侧，然后打开饮料瓶盖。同时注意要用右手握瓶，露出商标，左手托瓶子上端，将饮料徐徐倒入饮料杯中，不宜倒得太满，也不可倒太快。如客人没点饮料，则一定要上茶，茶杯放在垫盘上，轻轻放于桌上，把茶杯把手转向客人右手方向。

客人如预先没有定菜，值台服务人员要站在主宾的左侧，躬身双手将菜单递上，请客人点菜。点菜时可适当地向客人推荐本店名菜。菜单一般先递给主宾、女宾或者长者。点好的菜名应准确迅速地记在纸上，一式两份，一份送给厨台值班，一份送给账台买单。

4. 走菜服务人员礼仪

走菜主要指上菜、端菜、撤换餐具。

（1）上菜

上菜，一般在十分钟内把凉菜送上台，二十分钟内把热菜送上台。上菜要求快，特别是午餐。主食由服务员用右手放于客人的左侧。最后一道菜是汤，饭后上茶。

上菜时动作要轻、稳，看准方向，摆放平稳，不可碰倒酒杯、餐具等。上菜时一般要报菜名，注意普通话标准。上菜还要讲究艺术，服务员要根据菜的不同颜色摆成协调的图案。凡是花式冷盘，如孔雀、凤凰等冷盘，应将正面朝向主宾。上好菜后，服务员退后一步，站稳后报上菜名。

（2）端菜

端菜一定要用托盘，一般不可用手直接端拿，更不允许大拇指按住盘边或插入盘内。端菜的姿态要既稳又美，具体要求是用五指和手掌托起，托盘不过耳，托盘不能太低，托盘边太靠近于耳及头发是不雅的，重托时可用另一只手扶着托盘。

（3）撤换餐具

撤换餐具时，要先征得客人同意。撤换时一定要小心，不可弄倒其他新上的菜、汤。撤换的餐具一般要从客人的右侧平端出去。如果菜汤不小心洒在同性客人的身上，可亲自为其揩净；洒在异性客人身上，则只可递上毛巾，并表示歉意。

5. 厨台服务人员礼仪

厨台服务人员上岗前，首先要整理工作环境卫生和个人卫生。工作环境卫生主要包括厨台、砧板、刀、地面和墙壁卫生等。厨台要清洁、整齐、美观。厨台服务人员要彻底洗手、梳理头发、整理面容、戴上工作帽、穿上白上衣、系上围裙，工作服一定清洁。在操作时，一定要养成良好的卫生习惯。如不用袖子擦脸、擦汗，不能在工作现场打喷嚏，也不允许边操作、边吸烟等。

6. 账台服务人员礼仪

账台服务人员一般正坐在账台内，坐姿要娴雅、自如、端庄、大方，面带微笑。当把客人用餐的细目送到收款台后，账台服务人员一定要准确、迅速地把食品的单价标上，并合计好总价。

客人结账时，账台服务人员向结账者报出应收款和找零。客人离去时，提醒客人不要遗忘所带物品，并表示感谢，欢迎再次光临。

导游礼仪

导游的主要工作内容是安排游客行程，引导游客观赏山水之美，以及给予游客食、宿、行等方面的帮助。导游的服务水平决定了游客旅游行程的质量，导游要注意自身仪容仪表、讲解等方面的礼仪。

1. 仪容仪表良好

着装得体、整洁，做到持证上岗、挂牌服务。在为游客提供服务时，做到微笑迎客、主动热情、端庄大方。

2. 讲解准确、介绍顺畅

熟悉业务，知识面广。讲解内容健康、规范，热情介绍，耐心细致、不急不躁；对游客的提问，尽量做到有问必答、有问能答；对回答不了的问题，致以歉意；与游客进行沟通时，说话态度诚恳谦逊，表达得体。

在景点介绍的时候，如果人数较多，最好使用腰麦。始终走在游客的前面，走的时候保持在游客的前侧方，如果有转弯的地方，要在转弯的外侧给游客指路。如果是上楼梯，特别是比较陡的阶梯，最好是保持侧向行走；如果游客已经走到前面，不要靠得太近。

3. 服务主动热情

安排旅游行程、生活起居时，要满足游客的需求。主动关心和帮助老人、小孩、残疾人等有特殊需求的游客，积极帮助他们解决旅行中的实际困难。在车上点人数的时候不能用手去指人，并且简单告诉游客如何调节冷气一类的内容。使用话筒时，话筒声音不要太大。在车上电话要置于振动，说话告一段落之后再接打电话。不要在车上宣讲恐怖、凶杀、暴力或色情的内容，也不要随便讲笑话，有时候不恰当的笑话会引起麻烦。

分房的时候要照顾老年人和带孩子的家长，尽量让他们的房间靠近电梯，如果是一家人则尽量让他们住在一起。

尊重游客的宗教信仰、民族风俗和生活习惯，并主动运用他们的礼节、礼仪，表达对他们的友好和敬重。

遇到有比较多的人时，要提醒游客注意自己的包。路遇危险状况时，主动提醒，并按规程及时对游客进行安全疏散，保证游客安全。对文物古迹要特别保护珍惜，提醒游客不要乱写乱画，不要攀折花木，更不能带头违反规定。

4. 礼貌待客，化解争端

当遇到游客投诉时，应保持谦逊、克制的态度，认真倾听对方的要求，对其合理要求应及时予以解决，对不合理要求应该礼貌而委婉地拒绝。不要当着游客的面和其他人发生争执，也不要因为个人的原因在游客那里去诋毁其他人。即使的确你是对的，游客通常也并不会赞赏你的做法，这也是旅行社所不能容忍的。

如果你出了错，要当面承认错误并道歉，然后采取切实有效的行动。

宾馆前厅服务礼仪

宾馆的前厅部为客人提供登记、接待、订房、分房、换房、问讯、电话、订票、留言、行李、退房等各项服务。前厅部服务人员应具有较高的职业素养，掌握规范的礼仪。前厅部是宾馆中十分重要的部门之一，从前厅部所处的位置来看，可以称作宾馆的"门面"或"窗口"，因为前厅部往往能给客人留下第一印象，在某种程度上也体现了宾馆的整体形象。

1. 品行端正、诚实、正直

前厅部的工作种类较多，有些会涉及金钱以及宾馆的经营秘密，如果没有良好的修养，品行不端，就很容易发现并利用宾馆管理中的某些漏洞，利用岗位职责之便，为个人牟取私利，损害客人和宾馆的利益，从而直接影响宾馆的服务质量，有损宾馆的形象和声誉。因此，在严格的规章制度的监督制约下，前厅部服务人员还必须自觉加强品行修养。

2. 具有良好的服务意识

前厅部服务人员应该随时通过自己的细心观察，以自己的不懈努力，做到"眼里有活、手勤干活"，为客人提供优质服务，在第一线岗位上为客人排忧解难。前厅部服务人员唯有以想客人之所想、急客人之所急这样良好的服务意识，才能以尽善的服务举措得到客人的认可。

3. 具备较高的职业素养

作为前厅部服务人员，应具备以下的职业素养。

（1）敬业乐业，认真负责

前厅部服务人员对前厅部的工作，诸如任务、目标、地位、范围、岗位职责等要有较为全面正确的认识，对本职工作要有责任心。

对客人的要求要敏感，反应快，及时向上级或同事准确地传达信息。在服从指挥的前提下，还要有一定的灵活性和创造性。自觉关心和维护宾馆的利益。遇到突发性事情时，要保持理智和清醒，能抑制住冲动情绪。

前厅部的工作较为繁杂。作为一名合格的前厅部服务人员，要根据自己担负职责的不同，具有适应工作需要的相应的技能，如打字、电脑操作、速记、接打电话、电传、常用中英文信函的写作、有关各种业务表单的填写、分发、整理、归档等。这些技能将有效地帮助前厅部服务人员胜任本职工作。

（2）勤学好问，博闻强识

前厅部服务人员应该对金融、历史、地理、本地的风景名胜和风土人情、国外风俗、宗教等方面的知识，有不同程度的掌握和了解。

前厅部服务人员应在实践中逐步摸索、总结经验、找寻规律，力求使自己有较强的记忆能力，特别是时间、人名、人的特征等，能够迅速、准确地记住，有利于职务工作的顺利进行。锻炼一定的记忆能力，在工作中既有利于体现对他人的尊重，也为工作带来了便利之处。当然，宾馆每天人来人往，川流不息，要在短时间内记住大量的客人的名字，显然得靠一点技巧，但关键还在于服务人员是否用心。

（3）语言表达要标准流畅

前厅部服务人员除了在语言表达上要能做到以普通话为标准，发音准确、音调适中、表达流畅并具有相应的理解能力外，还应学习一至两门外语，并使其中一门外语达到一定水平，以应对工作中的不时之需。如果因宾馆地处环境的需要，还应掌握诸如闽南语、粤语等常用的方言，这样有利于在接待港澳台侨胞时相互沟通。

（4）精神饱满，举止得体

前厅部服务人员因工作需要，要练好站立服务的基本功。在工作岗位上，要注意仪表仪容，按照宾馆的规定各着其装时要干净整齐。在岗时，不得信步转来转去，不得将手插在口袋里或抱在胸前，不得扎堆聊天。整体形象要给人以清新、大方、亲切的感觉。

接待问询，对每位客人都必须彬彬有礼，一视同仁。应该在掌握大量信息的基础上，尽可能解答客人提出的问题，尽量满足客人的要求，尽力去帮助客人。在客人向总服务台提出要求的时候，接待人员要全神贯注地倾听。

（5）要有较强的适应和控制能力

前厅部工作是一项要有高度的适应能力和自控能力的工作，集中起来就是要"灵活"和"忍"。

所谓灵活，就是要尽量为客人着想，要灵活处理一些事项，使对方满意。不能做到的、违反原则要求的事项，也要灵活地向客人解释清楚，让对方满意，无怨无悔。入住宾馆的客人来自四面八方，性别、国籍、职业、年龄、受教育程度、职务、入住目的等不尽相同，造成客人需求的差异。这就要求前厅部服务人员具备应变能力，有设身处地为对方着想以及缓和突发事件形成的紧张气氛的能力，才能有针对性地根据具体情况具体分析、具体处理的原则，为客人排忧解难，提供优质服务。

所谓"忍"，就是处处要忍耐，不能发火。作为前厅部服务人员，常常要面对客人的投诉，要听取客人的各种抱怨以至于近似吹毛求疵的质问，甚至要面对粗暴的态度。即使是这样，也不能不予理睬地往大堂经理处一推了之，而应妥善处理，要忍耐地予以倾听，并区分具体情况，分别对待。如果"不忍"，就有可能影响前厅部乃至整个宾馆的声誉。

宾馆客房服务礼仪

客房部是宾馆的重要部门之一，主要为宾客提供舒适、清洁的房间，以及优良的服务和安全保障。客房部服务人员应文明待客，掌握客房服务中的礼貌、礼节，按礼仪规范要求为宾客提供热情周到的服务，为宾馆赢得赞誉。

客房部服务人员的良好素质是搞好客房服务礼仪的前提，其素质主要要求如下。

1. 为人诚实，品质好

客房部的工作有许多都是独立运作的，如果思想意识不健康、追求物欲、经受不住考验，那么是不可能做好客房服务工作的。

客房部服务人员在岗时，应自觉按照宾馆有关规定，不打私人电话，不与同伴闲谈，不可翻阅客人的书报、信件、文件等材料，不可借整理房间之名随意乱翻客人使用的抽屉、衣橱，不可出于好奇心试穿客人的衣物、鞋帽等，不可在客人的房间看电视、听广播，不可用客房的卫生间洗澡，不可拿取客人的食物品尝等。这些都是服务工作的基本常识，也是客房部工作中铁的纪律，客房部服务人员应该以高度的自觉性来执行。

2. 责任心强，善于合作

客房部的服务工作与不少部门有所不同，更多的时候，其劳动强度大，但与客人直接打交道的时候少，也就是说出头露面的机会较少。这就需要客房部服务人员有踏踏实实和吃苦耐劳的精神，在每天要做的大量琐碎的工作中，能够具有良好的心理素质，不盲目攀比，以高度的责任感从事自己的工作。

不少宾馆按照服务礼仪规范，要求清扫客房时应两人同行、结伴互助。这就需要客房部服务人员具有合作的能力，以各自的努力，营造一个和睦相处、分工明确、配合默契、心境愉快的小范围内部工作场景，提高效率，以利于本职工作的顺利完成。

3. 身体好，工作效率高

客房部服务工作的任务相对来说，内容较为繁杂，体力消耗较大，客人要求标准较高。因此，反应敏捷，有充沛的精力和较强的动手能力是十分重要的。

客人对客房的要求是舒适、整洁、安全，而要做到舒适整洁，首先是搞好清洁卫生。房间和卫生间的卫生，这是客人对客房最基本的要求，也是客人最爱挑剔、最为讲究的。客房要无虫害、无水迹、无锈蚀、无异味；地面、墙面要无灰尘、无碎屑；灯具、电器设备、镜面、地面、卫生设备等要光亮洁净；卫生设备要每日消毒；床单、枕套等卧具必须按照规定时间及时更换；房间内装饰布置雅致和谐；房间物品的放置要按规格整齐划一；床铺看上去应床单折痕居中，平整自然；毛毯、枕头、被子放置统一，被子四角整齐，外观无塌陷感，枕口朝内。

清洁而符合规范的房间，是礼貌服务的物质依托。忽视了这个宾客对于房间的基本需求，其他的礼仪便无从谈起。而要保证客房能够达到舒适整洁的标准，就要求客房部服务人员付出巨大的努力，在辛勤的劳动中提高工作效率，否则是不可能胜任这一工作的。

正是由于客房部服务人员的吃苦耐劳和敬业乐业精神，才得以使服务态度、服务技巧、服务方式、服务工作效率等以高标准实施，从而保证了客人的满意和宾馆的正常运转。

整理客房、送餐和洗衣是客户部服务人员工作的重要环节，一定要注意礼节礼仪规范。

（1）整理客房

整理房间前应核实客房状况，合理安排清扫顺序。一般客房的清扫顺序为：第一，挂有"请即打扫"牌的客房；第二，总台或领班指示打扫的客房；第三，VIP房；第四，住客房；第五，离客房；第六，长住客房；第七，空房。

进房前必须敲门，得到允许后方可进入。敲门时要先轻轻敲三下，然后报称客房部服务人员，若三四秒钟后客房内没有回答，再轻敲三下并报名。重复三次仍没有回答，可用钥匙慢慢把门打开。注意敲门时不得从门缝或门视镜向内窥视，不得耳贴房门倾听。

进房后，无论客人是否在，门都应全开。如果客人在房间，要立即礼貌地向客人讲明身份，征询是否可以整理房间。如进房后发现客人在卫生间、正在睡觉或正在更衣，应立即道歉，退出房间并关好房门。

整理过程中，若客人问话，应礼貌地注视客人并回答。若遇来访客人，应主动询问是否继续整理。若客人从外面回来，要有礼貌地请客人出示房间钥匙或房卡，核对确认后询问是否稍后再整理，如可以继续，应尽快整理，以便客人休息。

客房整理完毕，应主动询问客人是否需要其他服务，并向客人道谢，然后退出房间，并轻轻关上房门。

凡挂有"请勿打扰"牌的客房，暂时不必去清扫。若客人在中午12点还未取下牌子，可打电话征求客人意见，若客人不同意清扫，要做好记录。若客人在下午2点还未取下牌子，可再次打电话征求意见，若客人仍不同意清扫，要向客人讲明情况，并向领班、主管报告，做好记录。若客人在下午4点前还未取下牌子，可最后一次征求意见，若客人还不同意，要向客人说明只能次日清扫，并做好记录。

（2）送餐

先敲门，自报身份，等候客人开门。征求客人意见，摆放托盘或餐车，然后揭开餐碟盖，逐一报菜名，并询问客人还有什么需要。

准备好账单并问清楚客人结账方式。如签单，则请客人在账单上签字。

在送餐一小时后仍未接到客人收餐具的电话，需要打电话询问。收餐具时要征求客人对用餐的意见。

（3）洗衣

收取客人衣物时，必须仔细清点件数，检查衣袋里是否有东西，是否脱扣、破损、有污点。

洗衣前要看衣物是否会褪色、缩水，能否按客人的要求洗熨。洗衣单一定要由客人填写，尤其是洗涤方式。若服务人员代填，也要客人签名。送回洗衣时间要向客人特别说明。

洗熨好的衣物要及时送入客房，请客人查收并签单。若客人不在房间，应将衣物放在床上，绝不能直接挂入衣柜。及时将洗衣账单交总台收银处入账，待客人离开宾馆时统一结算。在洗衣中如出现差错或损坏，要及时与洗衣房联系，调查原因，并向有关部门汇报，请示处理意见。

美容美发店服务礼仪

随着社会的不断进步，新时代审美观念的不断提升，大街小巷美容美发店层出不穷。美容美发店作为一个传播美的行业，从业人员的形象、举止十分重要。

对女性店员来讲，化妆是必不可少的。但是化淡妆即可，不要浓妆艳抹。化妆品只能锦上添花，略施粉黛，就可尽显女性风采；太过浓艳的妆容会影响顾客的视觉。同时要保持个人卫生，服装干净得体，身上没有异味，经常洗手。另外，像耳环、项链、戒指、手链等装饰品，除经店长允许佩戴外，其他人员一律不准佩戴。一般每日早晨，店员上岗要整理店堂，检查服饰。岗前例会时，店员间应相互问好，相互检查衣帽穿戴，并听从店长布置当日工作。店堂的清扫，应按预先划定分工。清扫项目包括地板、门窗、桌椅、器具等。

顾客进店，服务人员要主动上前欢迎，亲切地说一声"您好，欢迎光临""请里边坐"。如果是老顾客，可以更亲近一些。顾客进店后，服务人员要主动介绍服务项目，展示有关图册，在顾客选择美容项目的时候，服务人员要为顾客当好参谋。对美容知识比较欠缺的顾客，服务人员更要耐心、较全面地讲解，帮助顾客选择适合自己的职业、身份、性格、情趣和自身条件的美容项目。

美容师、美发师在操作过程中，要认真细致，并不时问一下顾客："我的手重不重？""水热不热？""是这样吗？"学会同顾客谈话交流非常重要，不仅会使操作过程变得轻松、愉快，而且可以拉近同顾客的距离。如果顾客提出不满意时，应当根据不同情况恰当处理。属于自己不当时，要向顾客道歉，并立即设法补救；不属于自己的问题时，要礼貌、耐心、平静地向顾客解释，不要和顾客发生争执。

服务结束后，要再次询问顾客是否满意，有无要完善的地方。如果遇到顾客有不满意之处，服务人员应当抱着对顾客负责的态度，认真听取顾客意见，并及时解决。确实不能解决的，要耐心地解释清楚。如果顾客仍不满意，要请经理出面解决。如属本店的失误，要首先向顾客道歉，然后采取措施，弥补顾客的损失。

如果顾客对美容、美发效果满意，表示感谢，服务人员要礼貌地说一声"不客气""让您满意是我的责任""谢谢您的合作""欢迎再来""希望下次再为您服务"等。

顾客要离开美容美发店时，服务人员可以帮助顾客拿一下大衣、外套、围巾等。提包或贵重物品，最好让顾客自己动手去拿。顾客离开时，服务人员要随身后相送，并用"欢迎再来""再见"等礼貌的语言表示告别，用目光送至远处。

娱乐场所服务礼仪

娱乐场所服务，主要有舞厅、KTV、音乐茶座、酒吧等，服务人员应按服务业礼仪的一般要求开展服务。营业前应做好准备，对灯光、音响系统进行认真调试，做好场前清洁卫生，准备好饮料及有关器具，布置好娱乐场所等。

在提供服务的过程中，应注意以下特殊礼仪。

客人来到舞厅、包房，要热情接待，礼貌问候："小姐（先生），欢迎光临！""晚上好！"躬身致意，并引领客人到厅房内适当的位置。

客人就座后，应向其介绍当天供应的饮品，供客人选用。如同来不止一人，应记准每位客人所点的饮品。对于KTV，还应在客人点饮品的同时，送上歌本，供客人点歌。

用托盘送上客人所点的饮品，按从老到少、从女到男、从主宾到一般客人的顺序，从客人的右侧送上饮料，并礼貌文雅地说："这是您的饮料。"在KTV，应利用送饮料的时间，将客人所点歌单交给服务台，按订号依次输入电脑。当轮到点歌的客人演唱时，应引导客人到演唱台演唱。

舞会期间，服务人员应站立服务，并随时注意观察客人的服务需要，维持场内秩序和卫生。

营业结束前5分钟，全体服务人员应在领班的带领下，站在营业厅前，做好送客准备。营业（舞会、茶座、演唱）结束，对离场客人分别道别："谢谢光临，欢迎再来。"

酒吧是客人休息娱乐的场所，可供客人喝酒、休闲、交际使用。它通常供应含有酒精的饮品，亦备有汽水、果汁等饮料。

酒吧里常伴以轻松的音乐调节饮酒时的气氛。由于客人到此的目的是放松心情，消除紧张和疲劳感，又因是供应含酒精的饮品，客人往往因饮酒过量而有失态的情况发生。这就要求服务人员在服务时要耐心细致，讲究礼貌礼仪，灵活处理可能发生的各种情况。

1. 丰富业务知识，提供正确服务

酒吧服务人员应对各种不同种类的酒有一定的认识，了解其不同的特性。在了解不同酒的特性基础上，服务人员还应掌握饮用方法及服务方法，如哪类酒适合冷饮，哪类酒适合室内温度饮用，不同酒类使用何种酒具，以及试酒、配酒时所用的特制方法等。以掌握娴熟的服务知识和技能，为礼貌服务奠定基础。

2. 以礼相待，文明周到

同餐厅服务一样，客人进门时，服务人员要以礼相待，笑脸相迎，亲切问候，并引领到令其满意的座位上去。留意客人的细小要求，如"不要兑水""多加些冰块"等，一定要尊重客人的意见，按照客人的要求去做。

客人叫酒后，应尽快送到，不要因拖延了上酒时间而影响客人的饮酒情绪。开瓶时，用工作巾把酒瓶缠着，先把酒展示给来客中的主人看，"请您品尝××酒"，然后切除掉顶锡纸并抹净，用开酒刀的螺旋锥转入瓶塞，将瓶塞慢慢拧开，将瓶塞交给主人（水松塞湿润表示酒的贮藏良好，水松塞印有烙印表示这瓶酒的原产地），再用洁净的工作巾将瓶口抹干净。整个开瓶过程中，动作要小心、敏捷、迅速，以免摇动酒瓶，将酒瓶底部的酒渣混起，影响酒味。开瓶后将少许酒倒入主人的酒杯内，等待主人试酒。如果认为满意，在主人示意后就可以为客人倒酒。先由主人身边的女士开始，顺时针方向，然后男士，最后是主人。每杯酒只要倒酒杯的2/3即可。倒酒时，瓶口要稍离杯口，不要压在杯口上，每斟完一杯酒时，要将酒瓶转1/4周，尽量避免酒水沿瓶口滴下。

开香槟酒时，尤其要细致。开香槟酒之前，千万不可大力摇动酒瓶，以免增加香槟酒瓶内的气体压力而发生意外。应把酒瓶用工作巾包着拿在手中，扭开酒瓶的金属纸后将外铁圈拉离瓶口，把酒瓶摆向客人的相反方向，并和客人呈45度角，把安全线除去，轻轻把塞向上推。在为客人服务时，一般应站在客人右边，用右手将饮品放在其右面，以方便客人使用。

3. 注重个人形象，妥善处理意外

在服务中，服务人员要注意站立的姿势和位置，不要将胳膊支撑在吧台上，也不要同事之间相互聊天或读书看报等。不得在客人面前使用为客人准备的酒具、茶杯等。不得在岗时饮食。

客人在酒吧中,有的是要挑选幽静的环境洽谈生意,也有的是情侣约会。服务人员不得侧耳细听客人谈话,应尽量回避,尤其是不要在客人窃窃私语时随便插话。

接听电话时要注意礼貌,态度要缓和,语调要适中。呼唤客人来接电话时,不要在远处高声叫喊,应尽量避免惊扰其他客人。可根据提供的特征有目的地寻找,到客人面前告知。

如果个别客人用"喂""哎"等欠缺礼貌的语言招呼服务人员时,服务人员不能发火或不理睬客人。如果是正在忙碌中,可以回答:"请稍等片刻,我马上就来。"不要因此而乘机表现出冷淡。服务人员应以自己礼貌周全的言行,不仅为客人提供良好的服务,而且以实际行动影响客人。

对醉酒失态的客人要妥善处理,处理方法与在餐厅相似。要掌握客人自尊的心理,不要大事张扬。在结账或付款时,尽量当着除醉酒的客人以外的其他人的面结算清楚,以避免发生纠纷或误会。

如果有的客人乘酒兴纠缠服务人员时,服务人员要镇静,不要简单地一概而论,不能呵斥或打骂,给客人当众下不来台,而应巧妙寻找理由予以婉拒,如"实在对不起,您看我现在工作很忙,还有那么多客人需要照顾"等。

对于醉酒的客人,为防止意外,酒吧服务人员应团结协作,将其搀扶至休息厅(一般应男服务员去搀扶男客人,女服务员去搀扶女客人),不要对醉酒的客人做出鲁莽不礼貌的举动。如果醉酒的客人借机闹事,不听劝阻,应及时报告经理和保安人员帮助处理。

当客人无理取闹时,要耐心地讲道理,确实劝解不了,可以建议客人向有关部门投诉,请求他们解决。

体育健身场所服务礼仪

体育健身运动是人们为了增强体质、促进健康而从事的锻炼身体活动。现代由于场所的限制,很多人选择游泳池、健身房来做运动,运动项目一般有球类、游泳、跳舞等内容。体育健身的服务项目内容繁多,这里综合三项较常见的服务项目，重点介绍其中的服务礼仪规范要求。

1. 游泳池

一般在游泳池门前设服务台，由专人负责迎送客人。客人到来时，要表示欢迎，礼貌地递给更衣室（柜）钥匙和毛巾，带客人到更衣室，并提醒客人妥善保管衣物。

在游泳期间，服务人员要加强巡视，时刻注意游泳者的安全，特别要注意老人和小孩，以免发生事故，这是对客人极大的尊重。游泳结束后，主动收回更衣室（柜）钥匙，并礼貌地提醒客人清点衣物。最后，送客道别。

2. 保龄球馆

客人来到保龄球馆时，要热情欢迎，并把干净完好的保龄球鞋礼貌地递给客人。敬请客人选择适当重量的保龄球，恭敬地分配好球道，送上记分单，由客人自己记分。若客人要求帮助记分，服务人员应提供帮助。

对初次活动的客人，服务人员要根据性别、年龄和体重，帮助其选择适当重量的球，并详细介绍活动的步骤、技巧和方法，以免在活动中发生扭伤等意外。活动结束后，服务人员应收回保龄球及用品，请客人结账，收款后向客人道谢，欢迎客人再来。

3. 健身房

健身房主要有跑步机、单车、举重器、划船器、按摩机、壁球等健身器械。

服务人员对到来的客人除热情欢迎外，应主动介绍器材的种类、性能和使用方法。对不会使用器材的客人应提供技术上的指导和帮助，并给客人示范和讲解。当发现客人违反健身房规定时，应该说："先生（女士），您好！打扰您了！为了您不至于在运动中受到损伤，请您换好运动鞋再上器械，谢谢您的配合！"

客人操作时，应注意客人的安全，随时给客人做健身保护，以防发生意外事故。客人做错动作时，要及时更正："您好！我能为您演示一下标准动作吗？""您的动作如果再改进一下，达到的健身效果会更好。"当为客人做健身保护的时候，应说："您好！先生（女士），为了更好地完成动作，在我保护您的时候有可能会有轻微的身体接触，希望您不要介意。"

第9辑
中国传统节日礼仪

春节礼仪

春节,是我国普天同庆、万民齐乐的节日,也是古老而又非常隆重的一个节日。

大年初一这天,从周代开始,就有天子率三公九卿、诸侯大夫迎春的礼仪。唐代以来,又增加了鞭打春牛、送小春牛、送财神、放鞭炮、玩龙灯、耍狮子、贴福字、贴春联、贴春花、猜灯谜等习俗。此外,还有舞虾、舞蚌、划旱龙船、耍花灯花鼓、打莲花闹等习俗,预祝新的一年国泰民安,万事如意。

春联又名对联、门对,古时有"桃符""门贴"之称。《淮南子》中说"桃符"是用一寸来宽、七八寸长的桃木做的,上面写着除祸降福之类的吉祥话。古时候,人们把桃符钉在门的两侧,以避邪降福,作为"更新除旧"的象征。后来,这种悬"桃符"的习俗更是相习成风。孟昶有一年过春节,在桃符上写了"新年纳余庆,佳节号长春"两句联语,这是我国历史记载中较早的一副春联。之后桃木逐渐被纸代替,话语也变成了祝词,于是"桃符"变成了"春联"。贴春联要注意选用吉祥的对联,诸如"全民共饮新春酒,举国同庆大治年""劳动致富六畜兴旺,勤俭持家五谷丰登""人民江山千古秀,祖国花木四时春"。

春节前,在大红纸上写"福"字,贴"福"字,"迎春接福"是我国人民的传统习俗。贴"福"字,是人们以示寄托对新的一年的美好愿望,追求美满生活的期盼。每逢新春佳节到来,随同贴春联,家家户户要在墙壁、门窗、水缸、米柜、仓房等处贴上大大小小的"福"字。有的"福"字还带有各式各样的图案,或是寿星、寿桃，或是鲤鱼跳龙门，或是五谷丰登、龙凤呈祥等，丰富多彩，把"福"字映托得更加金墨闪耀。民间至今还有把"福"字倒贴的习俗，为的是让人家说句"福到了"的吉利话。所以贴福字时，可以全家人一起说一句"福到了"，祈盼美好的一年。

爆竹也称鞭炮，有两千多年的历史。传说它起源于"庭燎"，《诗经》中有"庭燎之光"的记载。"庭燎"就是当时用竹竿之类做成的火炬。竹竿燃烧后，竹节里的空气受热膨胀，竹腔爆裂，发出噼啪的炸声，以此驱鬼除邪。现在的爆竹，五花八门，品种繁多，诸如小鞭炮、电光雷、母子雷、射天炮、百头鞭炮、千头鞭炮，甚至几万头长的鞭炮，还有能现变幻之状，喷出种种颜色火焰的"烟花"等，使节日活动更加绚丽多彩。但是，在大城市中人口密集的地方燃放爆竹，不仅污染空气，还时常伴随人身伤害，所以燃放爆竹一定要注意场合，不要在有易燃物的地方附近燃放，不要在居民集中的小区燃放，也不要选择在深夜燃放爆竹，打扰他人休息。

拜年、送贺喜是春节期间广泛流行的习俗。初一天刚亮，全家就更换新衣，互相拜年，子女要给长辈拜年，互相讲一些祝词。之后，左邻右舍相互串门拜年。旧时，拜年送礼也是十分讲究的一个礼节。晚辈给长辈送礼，多是酒、糕点之类；长辈给晚辈（小孩）的回礼是"压岁钱"。拜年要注意一定要多讲吉祥话，如恭喜发财、万事如意等。

春节期间，我国广大农村和城镇，会出现传统的舞狮活动。人们爱以舞狮来助兴，希望狮子那威武、勇猛的形象驱魔避邪，带来和平安宁的好日子。舞狮大约起源于南北朝时期，即佛教兴起的时代。随着佛教的流行，异域的狮子形象便从塞外传入中原。初一这天大清早，就有大锣大鼓伴奏的狮子舞挨家挨户拜年贺喜。有趣的是舞狮者每到一户时，都要到中堂、房间、厨房及猪栏等处一边舞、一边唱，赞颂一番，以图吉祥如意。

耍龙灯也叫"舞龙"，又称"龙灯舞"，是自汉代起就一直流行于我国的一种民间舞蹈，是我国新春佳节的传统习俗。龙是中华民族的象征，在中华传统文化中占有极重要的地位。古人把龙、凤、麒麟、龟称为四灵，作为吉祥物而加以崇拜。每当春节到来，我国许多地区还流行踩高跷的习俗。一个个化了装的人，足踩三四尺的木跷，手执扇子，舞来舞去，有集体舞，也有三人舞，引得人们翘首仰望，欢声雷动。欣赏舞狮、舞龙、踩高跷这些活动时，围观即可，不要一时兴起加入其中，影响表演者的表演。特别是如果带有孩子，一定要看管孩子，以免人多孩子走丢。表演结束，不要随即散去，要对表演者致以热烈的掌声。

除夕礼仪

除夕，是指每年农历腊月的最后一天夜晚。

在除夕，各家各户都要办一餐丰盛的"团年饭"。又按时间分别叫"团早年"、"团午年"和"团晚年"。团年饭的菜肴除鸡、鱼、肉外，还有青菜。一般鱼是必备的菜式，鱼是取意"年年有余（鱼）"。陕西等地要吃枣糕，寓意"步步高"；福建等地要吃鱼丸、肉丸、发菜等，意为"团圆发财"。将鱼、肉、鸡、菜摆席入座，合家共餐。吃完年夜饭后，家人多围炉而坐，叙旧话新，在亲情的交流中守岁达旦。

除酒食相邀夜餐外，家家户户又都要吃夜宵。南方多是吃炖猪脚，俗称吃"蹄鼓子"。在北方全家围坐炕头包饺子，到午夜时煮吃。有的还在任一饺子馅中放上一个银圆，吃的时候看谁运气好，吃到的预示一年走财运。蒙古族人在守岁夜时，还会向长辈敬"辞岁酒"。这种守岁夜宵，后来又与来年初一凌晨的饭菜混在了一起。

除夕夜有很多的禁忌。不少地方在这天，忌打扫卫生，不能洒污水、倒垃圾、丢弃废物等。也禁忌恶声漫语，不准哭闹，不能大声呵斥，忌说死、破、烂、鬼等不吉利的字眼。忌讳打破碗盏等。舟山一带，除夕忌杀鸡，据说因为鸡鸣曾经救过当地人的性命。黑龙江一带，这天贴对子用的糨糊忌留在家里，未吃完的倭瓜也要扔掉，否则，来年的日子会越过越糊涂，或越来越窝囊。山东一带忌讳把药渣留在家中过年，认为不吉利。总之，这一天忌一切不吉利的言行。除夕这天，最重要的是守岁。而守岁习俗，由来已久。南北朝时有文记载："是夜，禁中爆竹山呼，声闻于外，士庶之家，围炉团坐，达旦不寐。"唐太宗李世民《守岁》诗有"寒辞去冬雪，暖带入春风"之句，孟浩然有《除夜有怀》诗："守岁家家应未卧，相思那得梦魂来。"到了宋朝，守岁之风更盛。周密在《武林旧事》记载：

"至夜赏烛糁盆，红映霄汉，爆竹鼓吹之声，喧阗彻夜。""小儿女终夕博戏不寐。"由此可见旧时守岁盛况。宋朝时，还有馈岁、别岁等习俗。苏东坡在《岁晚三首序》指出："岁晚相与馈问为'馈岁'，酒食相邀呼为'别岁'，至除夕达旦不眠为'守岁'。"

据传说，除夕晚上如果彻夜不眠，毫无倦意，就是预兆着来年人的精力充沛，精神焕发。守岁的"守"，既有对即将逝去的旧岁的留恋，也有对即将到来的新年的希望。

守岁习俗沿袭至今，一部分继续保留，另一部分则推陈出新。人们多围坐在电视机前，观看春节联欢晚会的精彩节目，欢度佳节，辞旧迎新。

元宵节礼仪

"过十五，挑花灯，小朋友们喜盈盈。跑旱船，放花炮，欢欢喜喜真热闹。晚上还要吃元宵，全家围坐乐陶陶。"这首童谣庆祝的就是元宵节。春节刚过，人们玩兴仍然很高，所以在新一年的第一月圆之夜举行庆祝活动，尽情欢乐。

这一天家家户户都会吃元宵。关于元宵节吃元宵的最早记载见于宋代，称元宵为"浮圆子""糖元"。元宵在宋代很珍贵，姜白石有诗"贵客钩帘看御街，市中珍品一时来，帘前花架无行路，不得金钱不肯回。"诗中的"珍品"即指元宵。元宵由糯米制成，或实心，或带馅。馅有豆沙、白糖、山楂和各类果料等，食用时煮、煎、蒸、炸皆可。起初，人们把这种食物叫"浮圆子"，后来又叫"汤团"或"汤圆"，这些名称与"团圆"字音相近，取团圆之意，象征全家人团团圆圆、和睦幸福，人们也以此怀念离别的亲人，寄托对未来生活的美好愿望。

元宵节家家户户在门前挂红灯，孩子们提着花灯戏耍，街头、公园、广场搭起灯棚，人们扶老携幼去赏灯。因此，人们又把元宵节叫作"灯节"，元宵节也成为一个浪漫的节日。因为传统社会时期的女子不允许外出，只有过节时可结伴出游。于是，元宵节为青年男女的相识提供了机会，也是情人们相会的好时机。

元宵节是中国各地人民的共同节日。元宵节燃灯的习俗始于东汉明帝时期，明帝提倡佛教，听说佛教有正月十五日僧人观佛舍利、点灯敬佛的做法，就命令这一天夜晚在皇宫和寺庙里点灯敬佛，令士族、庶民都挂灯。之后，这种佛教礼仪节日逐渐成为民间盛大的节日。另有一说是元宵节燃灯的习俗起源于道教的"三元说"：正月十五日为上元节，七月十五日为中元节，十月十五日为下元节。主管上、中、下三元的分别为天、地、人三官，天官喜乐，故上元节要燃灯。各地的灯节因灯的制作、用料和式样的不同，而各有特色。在陕北农村，老乡劈开高粱秆扎灯架，糊上红纸，做出南瓜灯、棉花灯和羊灯。北京则到处都大张宫灯，华贵高雅。而在冰城哈尔滨，人们用冰凝结成一座座冰灯，晶莹剔透、蔚为壮观。观赏花灯时，注意不要随意用手去折取挂在高处的灯。

灯节还要举行猜灯谜的活动。谜语有写在灯面上的，也有写成纸条挂在灯上的，吸引着众多的猜灯谜爱好者。灯谜最早是由谜语发展而来的，起源于春秋战国时期。它是一种富有讥谏、规诫、诙谐、笑谑的文艺游戏。谜语悬之于灯，供人猜射，开始于南宋。元宵佳节，帝城不夜，春宵赏灯之会，百姓杂陈，诗谜书于灯，映于烛，列于通衢，任人猜度，所以称为灯谜。明清时期，灯谜已发展成为人们在元宵节不可缺少的文娱活动形式。

清明节礼仪

清明是农历二十四节气之一，这一天万物清明洁净、天清气爽，所以叫"清明"。每年4月5日左右是清明节，此时许多学校都要组织学生到郊外祭扫烈士墓，踏青郊游。

清明节时，我国南北地区气温都普遍回升，平均温度一般在10℃以上。人们历来有在清明节扫墓、踏青、植树、换装的风俗。现在广大农村仍有祭祀祖坟的风俗习惯，而在城市，多改为青少年祭扫革命先烈之墓的新风俗了。

清明节是祭祀逝者的一种活动，清明祭祀很重要，要讲究祭扫的礼仪。

扫墓时，人们携带酒食果品、纸钱等物品到墓地，将食物供奉在亲人墓前，为坟墓培上新土、修整坟墓，折几枝嫩绿的新枝插在坟上。

清明节悼念逝者通常是买菊花，因为我国古代把菊花当作寄托之花，有思念和怀念的含义。白色菊花是最适合的,也可以搭配一些其他花草,如百合、绿叶、康乃馨等,会更漂亮。

扫墓时不得嬉笑怒骂,因为墓地是阴灵的安居之所,故不可跨过坟墓及供品,更不能大声喧哗、污言秽语、乱跑乱碰、随处小便,这样做是对自己的先人不尊敬。更不能践踏别家坟墓或对墓穴设计评头品足,会被视为亵渎,还会惹到一身麻烦回家。

清明节拜祭辈分也有讲究,拜祭要分先后次序,依次为:父亲、母亲、长男、长女、次男、次女……依此类推。要注意防火安全,待香烛点完后,方可离开。

端午节礼仪

农历五月初五,是我国民间的传统节日——端午节。端午节始于战国时期,传说是为了纪念战国时期楚国的伟大爱国诗人屈原。

屈原于公元前278年五月初五自沉于汨罗江。据说他投江后,当地百姓为了避免他的尸体为江里的鱼所伤,便把粽子、鸡蛋投入江里喂鱼。

从此,民间在端午节便形成了赛龙舟、吃粽子、挂艾草、挂菖蒲、戴香包等习俗。

赛龙舟是端午节最重要的活动之一。

比赛时,鼓锣一声紧似一声,水手随着船势,前俯后仰,船尾的舵手趁势猛蹬,众人齐力挥桨,一时浪花伴随着疾驶如飞的船体,犹如腾云驾雾,十分壮观。赛完龙舟,人们还可以开展彩鼓舞、踩笙芦舞、赛马、斗牛以及球类等比赛活动。

端午节在门口挂艾草、菖蒲、石榴花、胡蒜,都有其原因。通常将艾草、菖蒲用红纸绑成一束,然后插或悬在门上。菖蒲是天中五瑞之首,象征驱除不祥的宝剑,因为生长的季节和外形被视为感"百阴之气",叶片呈剑形,插在门口可以避邪。所以方士们称它为"水剑",后来的习俗则引申为"蒲剑",可以斩千邪。艾草代表招百福,是一种可以治病的药草,插在门口,可使身体健康。艾草在我国古代就一直是药用植物,针灸里面的灸法,就是用艾草作为主要成分,放在穴位上进行灼烧来治病。

端午节吃粽子是中国人民的又一传统习俗。粽子，又叫"角黍""筒粽"，其由来已久，花样繁多。晋代，粽子被正式定为端午节食品。这时，包粽子的原料除糯米外，还添加中药益智仁，煮熟的粽子称"益智粽"。到了唐代，粽子的用米已"白莹如玉"，其形状出现锥形、菱形。元明时期，粽子的包裹料已从菰叶变为箬叶，后来又出现用芦苇叶包的粽子，附加料又出现豆沙、猪肉、松子仁、枣子、胡桃等，品种更加丰富多彩。一直到今天，每年五月初，中国人家家都要浸糯米、洗粽叶、包粽子，其花色品种更为繁多。从馅料来看，有枣、豆沙、鲜肉、火腿、蛋黄等多种馅料。吃粽子的习俗，千百年来，在中国盛行不衰，而且流传到朝鲜、东南亚地区等。

七夕节礼仪

农历七月初七是人们俗称的七夕节，也称为"乞巧节"或"女儿节"，这是中国传统节日中最具浪漫色彩的一个节日，传说是牛郎织女鹊桥相会的日子。

这是一个千古流传的美丽爱情故事，是我国民间爱情传说之一。传说牛郎是一个聪明忠厚的小伙子，但父母早逝，只能跟哥嫂生活在一起。但嫂嫂为人狠毒，多次设计陷害牛郎，牛郎被逼离家，陪伴他的只有一头老牛。一天，织女和诸仙女一起下凡游戏，牛郎在老牛的帮助下认识了织女，二人互生情意。后来织女偷偷下凡，做了牛郎的妻子。织女还把从天上带来的天蚕分给大家，并教大家养蚕、抽丝，织出又光又亮的绸缎。二人生活得十分幸福，并有了一双儿女。后来王母娘娘知道了他们的事情，便强行把织女带回天庭，谁知牛郎竟带上儿女追赶织女到了天庭，狠心的王母娘娘便拔下玉簪子划银河为界，使牛郎织女隔河相望，而不能相见。天上人间同情二人对爱情的忠贞，于是每年农历的七月初七，所有喜鹊便衔柴搭桥，人称鹊桥，让牛郎织女在桥上相会。在晴朗的夏秋之夜，天上繁星闪耀，一道白茫茫的银河横贯南北，银河的东西两岸，各有一颗闪亮的星星，隔河相望，遥遥相对，那就是牵牛星和织女星。相传这天晚上要降小雨，那是二人的眼泪。如能听到牛郎织女相会时的悄悄话，那么待嫁的少女日后便能得到忠贞不渝的爱情。

七夕坐看牵牛织女星，是民间的习俗。年轻女性在这个充满浪漫气息的晚上，对着天空的朗朗明月，摆上时令瓜果，祈求天上的女神赋予她们聪慧的心灵和灵巧的双手，让自己的针织女红技法娴熟，更祈求爱情婚姻的姻缘巧配。过去婚姻是决定女性一生幸福的大事，因此，世间无数的有情男女都会在这天晚上，对着星空祈祷自己的姻缘美满。

1. 拜织女

"拜织女"是年轻女性预先和自己的朋友或邻里们约好五六人，多至十来人，联合举办。举行的仪式是于月光下摆一张桌子，桌子上置茶、酒、水果、五子（桂圆、红枣、榛子、花生、瓜子）等，约好参加拜织女的年轻女性准时都到主办人的家里来，大家一起围坐在桌前，一面吃花生、瓜子，一面朝着织女星，默念自己的心事。如少女们希望长得漂亮或嫁个如意郎君，少妇们希望早生贵子等，都可以向织女星默祷。

2. 拜魁星

相传农历七月初七是魁星的生日。魁星能左右文人的考运，所以每逢七月初七，想求取功名的读书人在这天祭拜，祈求保佑自己考运亨通。古代士子中状元时，称"大魁天下士"或"一举夺魁"，都是因为魁星主掌考运的缘故。

3. 七夕洗发

七夕洗发，也是特别的习俗，在湖南、江浙一带都有此记载。例如，湖南湘潭地区《攸县志》："七月七日，妇女采柏叶、桃枝，煎汤沐发。"人们认为，七夕这天取泉水、河水，就如同取银河水一样，具有洁净的神圣力量。有的地方直接叫它"天孙（即织女）圣水"。因此女性在这天洗发，也就有了特殊意义，代表用银河里的圣水洗发，可获得织女的护佑。

4. 穿针乞巧

穿针乞巧的习俗始于汉朝，流于后世。《西京杂记》说："汉彩女常以七月七日穿七孔针于开襟楼，人俱习之。"南朝梁宗谋《荆楚岁时记》说："七月七日，是夕，人家妇女结彩楼穿七孔外，或以金银愉石为针。"《舆地志》说："齐武帝起层城观，七月七日，宫人多登之穿针。世谓之穿针楼。"五代王仁裕《开元天宝遗事》说："七夕，宫中以锦结成楼殿，高百尺，上可以胜数十人，陈以瓜果酒炙，设坐具，以祀牛女二星，妃嫔各以九孔针五色线向月穿之，过者为得巧之候。动清商之曲，宴乐达旦。士民之家皆效之。"元陶宗仪《元氏掖庭录》说："九引台，七夕乞巧之所。至夕，宫女登台以五彩丝穿九尾针，先完者为得巧，迟完者谓之输巧，各出资以赠得巧者焉。"

5. 染指甲

染指甲是流传在中国西南一带的七夕习俗，四川省诸多县志以及贵州、广东两地，也有此习俗。染指甲也是大多数女子在节日娱乐中的一种爱好，也与生育信仰有密切的关系。

6. 为牛庆生

儿童在七夕之日采摘野花挂在牛角上，又叫"贺牛生日"。因为传说王母娘娘用天河把牛郎织女分开后，老牛为了让牛郎能够跨越天河见到织女，让牛郎把它的皮剥下来，驾着它的牛皮去见织女。人们为了纪念老牛的牺牲精神，便有了"为牛庆生"的习俗。

7. 配方养生

七夕佳节有配药方的习俗，人们常用松柏等入药配方，甚至还主张饵松实、服柏子、折荷叶等。中医认为，久食松子健身心，滋润皮肤，延年益寿；柏子香气浓郁，能养心安神、止汗润肠；荷叶能清热解暑、升发清阳、凉血止血。七夕时，闽西客家人习惯用仙人草、冬瓜块和水熬煮，再用洁净的瓦坛密封贮存，以治疗发热、头痛、中暑、惊风。

直到今日，七夕节仍是一个富有浪漫色彩的传统节日，被誉为中国的情人节。虽然不少习俗活动已弱化或消失，但象征忠贞爱情的牛郎织女的传说，一直流传民间，经久不衰。

第 10 辑
涉外礼仪

东西方文化差异与礼仪

我国是四大文明古国之一,礼仪文化始于夏商周,盛于唐宋,经过不断的发展变化,逐渐形成体系。而西方社会,是几大古代文明的继承者,经过中世纪的黑暗,最终迎来了文艺复兴,并孕育了资本主义和现代文明,产生了现代科技和文化。由于东西方的宗教信仰、历史文化都有所不同,使得礼仪文化也截然不同。

随着我国发展的步伐日益加快,跨国交际日益增多,东西方礼仪文化的差异更是越发明显,这种差异带来的影响也是不容忽视的。文化差异必然导致行为差异,不同的文化环境下也会形成不同的商务礼仪,在国际商务活动中,要达到有效交际的目的,就必须从文化差异的角度去了解国际商务礼仪的差异。

概括来讲,造成商务礼仪差异的原因主要是由于东西方不同的价值观、时间观、饮食观以及语言习惯等。下面将基于东西方文化层面的差异分析国际商务礼仪的差异,希望对跨国商务工作者有一定的帮助。

1. 价值观差异

在中国的文化观念中,人生的价值往往体现在其社会价值之中,总是把个人放在社会关系中去考察,否定个体的自我主体性,人生意义常常与"忘我"或者"牺牲"相联系。中国传统文化的历史渊源是以儒家为主、兼有诸子百家各学派的文化。这种传统文化的特点之一是强调整体的定性思维方式。儒家哲学体系里强调的是修身、齐家、治国、平天下。首先是修身,也就是讲究道德文化。它追求的是一种群体和谐的、稳定的伦理道德社会,个人可以弘扬个性,但不能将自我置于国家、集体之上。

西方的哲学思想强调的是分析，就形成了侧重个体思维，主张以自我为核心的个人主义价值观念。个人是社会的核心，追求个人利益的主观能动创造性是社会进步的内在动力。因此，应将个人利益置于高于一切的位置，实行利己主义和自由主义，个人有满足自己物质利益和精神享受的权利，有自己生活上的隐私。这种价值观的差异可以说是根本性的，它是决定东西方商务礼仪差异的根本因素。

2. 时间观差异

在中国的传统文化领域中，人们推崇一种环形的时间观念，因此，中国人利用时间比较随意，也比较灵活；西方人奉行的则是线性的时间观念，认为时间是一去不复返的，因此，他们的时间观念非常强烈，做任何事都有严格的日程安排，时刻保持"紧张"的时间观念。

3. 饮食观差异

在中国，饮食已经上升到一种超越其他物质形态和精神形态的举足轻重的东西，"民以食为天"是其最好的表达。中国的菜肴讲究"五味调和"和"色、香、味、形、器俱佳"，追求美味，而忽略营养均衡；西方人饮食追求科学搭配，营养均衡，菜肴的"色、香、味"是次等要求。他们喜欢清淡少油、原料新鲜的食物，只是将饮食当作一种摄取营养的手段，吃得比较简单，不会过分地追求口味。因此，在商务活动中，中国人喜欢安排圆桌筵席，美味佳肴置于中心，与客人相互敬酒让菜、热闹非凡，在形式上形成一种团结、礼貌、共趣的气氛。然而，西方的宴会则讲究优雅温馨，富有情趣，通过与邻座客人之间的交谈，达到交往的目的。在宴请礼仪方面，中国人从古至今大多以"左"为尊，要将地位很尊贵的客人安排在左边的上座，然后依次安排；西方人则以"右"为尊。

西方人用餐时要坐正，认为弯腰、低头、用嘴凑上去吃很不礼貌，但是这恰恰是中国人通常吃饭的方式。吃西餐的时候，主人不提倡大肆饮酒，而中国的餐桌上酒是必备之物，以酒助兴，有时为了表示对对方的尊重，喝酒的时候都是一杯一杯地喝。

4. 语言习惯差异

在中国，谦虚被奉行为一种美德。所以，在得到别人的赞扬时，中国人常以"哪里""不好""不行""还不够"等来回应。但是这不符合西方传统，尤其是美国。西方人会对别人的夸奖做出积极的回应，常说"Thank you"。另外，中国人讲究贬己尊人，把自己的家叫"寒舍"，自己的作品叫"拙作"，称对方为"您"，称对方的意见为"高见""宝贵意见"。而英语中的敬语和谦词则非常少见，在英语环境里，不管谈话的对象年龄多大、辈分多长、地位多高，"you"就是"you"，"I"就是"I"，不会像汉语那样用许多诸如"您、您老、鄙人"等敬谦语。所以，在国际商务活动中，中国人的谦虚与贬己常常让西方人感到不礼貌。

行为语言差异也是语言习惯差异的一个重要方面，包括手势语、身势语、目光语、体距等。在国际商务活动中，举手投足之间往往都能反映出不同的文化特性。例如，商务礼仪中最常见的是握手。在西方国家，两人握手后马上松开，两人的距离也随即拉开；而中国人为了表示热情和尊重对方，常常握住对方的手久久不放，还十分满足地闲谈消磨时光，有时还往往拍打对方的肩和背，对此西方人会觉得窘迫不堪，他们认为体距太近会显得过于亲密。

5. 交谈礼仪差异

在西方，人们崇尚个性，个人利益是神圣不可侵犯的。人们日常交谈不涉及个人私事。有些问题是他们忌谈的，如询问年龄、婚姻状况、收入、宗教信仰、竞选中投谁的票等，都是非常冒昧和失礼的；看到别人买来的东西从不问价钱；见到别人外出或回来，也不问"你从哪里来"或"去哪儿啊"。

美国人还十分讲究"个人空间"。两人谈话时，不可太近。一般以 50 厘米以外为宜。如果不得不与别人同坐一桌或紧挨别人坐时，会问一声"我可以坐在这儿吗？"得到别人允许后再坐下。

中国人对情感的表达比较含蓄，没有西方人直接、大胆。随着社会的发展、东西方文化的不断融合，我们在传统礼仪的基础上，也在借鉴着西方的礼仪文化。我们借鉴西方的礼仪，不仅借鉴它的形式，更借鉴其内在灵魂，但无论是借鉴西方的礼仪，或者是我们自己的传统礼仪，都是以促进人类文明的发展、提高人类文明素质为目的。

总之，从上述几个方面的对比可以看出，东西方的文化差异导致了截然不同的商务礼仪。这些东西方的文化差异不能说谁优谁劣，这是客观形成的，它们的存在会引导人类文化的继续发展，在当今世界，任何民族和国家都不可能丢掉或摆脱自己的传统文化。随着世界经济全球化程度日益加深，商务人士要想成功地进行国际商务交往，就必须在文化层面理解和认识国际商务礼仪，及时调整自己的礼仪行为，避免产生不必要的误会，最终促进国际商务活动的顺利开展。

涉外交往的基本原则

个人的礼仪修养不仅影响着个人的形象，也涉及国家的尊严。学习和了解国际交流的礼仪知识，有利于国际交流与合作。虽然涉外礼仪复杂纷繁，但若对其基本原则能认真遵守，则可在涉外交往中得心应手、举止有度。

1. 信守时间

在跨国家、跨地区的人际交往中，取信于人，既是自我良好表现的一大目标，也是奠定交往对象彼此之间的良好关系的基石。信守时间，遵守约会，就是用以取信于人的一项基本要求。

信守时间的原则，重要的是要做好以下五点。

一是在有关时间的问题上，不可以吞吞吐吐、模棱两可。

二是与他人交往的时间一旦约定，即约会一经订立，就应千方百计予以遵守，而不宜随便加以变动或取消。

三是对于双方之间约定的时间，唯有"正点"到场，方为得体。迟到是不正确的做法。

四是在约会之中，不允许早退。

五是万一失约，务必要向约会对象尽早告知，解释缘由，并为此而向对方致歉，绝不可以对此得过且过，或者索性避而不论，显得若无其事。

2. 不妨碍他人

不妨碍他人的原则，其基本含义是要求人们在公共场所进行活动时，务必要讲究公德，善解人意，切勿因为自己的言行举止不够检点，而影响或妨碍了当时在场的其他人士，或是因此而使当时在场的其他人士感到别扭、不安或不快。

根据这项原则，在公共场合中进行活动时，绝对不可以忘乎所以、为所欲为，无论有无熟人在场，均须严于律己。

3. 女士优先

女士优先原则的本意，是要求每一位成年男士，在社交场合里，都要尽自己的一切可能来尊重妇女、体谅妇女、帮助妇女、照顾妇女、保护妇女，并且随时随地、义不容辞地主动挺身而出，为妇女排忧解难。

4. 维护个人隐私

在国外，人们是普遍讲究崇尚个性、尊重个性的，其基本做法之一，就是主张个人隐私不容干涉。个人隐私，泛指一个人不想告之于人或不愿对外公开的个人情况，在许多国家里，它受到法律的保护。因此，在跟外国友人打交道时，千万不要没话找话，信口打探对方的个人情况。尤其是发现对方不愿回答时，要适可而止。

5. 以右为尊

以右为尊，意即在涉外交往中，一旦涉及位置的排列，原则上都讲究右尊左卑、右高左低，也就是说，右侧的位置在礼仪上总要比左侧的位置尊贵。这种国际上所通行的做法，与中国传统的"以左为上"的做法正好相反。唯独在佩戴勋章时，才有例外，勋章通常应被佩戴于左侧的衣襟上。

关于前后的位置排列，情况要复杂一些，不过大体上来说，是讲究以前为尊的，即前尊后卑、前贵后贱、前高后低，前排的位置要较后排的位置尊贵。

每一名从事涉外工作的人员，不仅有必要了解、掌握涉外礼仪，而且还必须在实际工作中认真地遵守、应用涉外礼仪。不然的话，往往就会使自己的努力事倍功半，甚至造成不良影响。

涉外服饰礼仪

英国前首相撒切尔夫人曾说过："衣着整齐，使人看了有赏心悦目之感……一个人的服装可以衬托出这个人的气质。"可见得体的服饰在一定程度上体现了一个人内在修养和待人接物的态度。

无论在任何情况下，外事人员对自身的穿衣打扮都必须高度重视，认真对待，一丝不苟，这是外事人员赢得其交往对象的好感与尊重的重要条件。也就是说，在外事活动中，注意穿衣打扮，实际上体现着外事人员的自尊和自爱。而且，在国际社会里，人们往往将是否注重自身的穿衣打扮，与是否尊重交往对象直接联系。人们普遍认为：一个人穿衣得体，打扮到位，直接代表着他对自己交往对象的好感与尊重。

具体来说，外事人员的穿衣打扮涉及衣着、饰物、化妆、发型等方面。对这一系列的具体问题，外事人员均应面面俱到，处处认真，遵守成规。

从宏观上来看，在遵守有关具体规定的同时，外事人员在穿衣打扮方面还有一些具有普遍意义的基本规则需要遵守。

1. 符合身份

在现代社会里，每一个人都具有一种特定的身份。比如长辈与晚辈、上级与下级、老师与学生、客人与主人、群众与官员等。通常人们的身份都是相对而言的，会随着背景、时间、场合或具体关系的推移演变而有所变化。例如，一个人在下级面前是上级，可是到了上级面前则又成为下级。在自己的国家里，外事人员自然是主人，可一旦到了其他国家，外事人员显然又变成了名副其实的外宾。

正因为如此，在外事活动中，外事人员不仅要善于明确此时此刻自身的实际身份，为此而进行必要的心理调整或转换，而且要让自己的穿衣打扮符合自己的角色。

在一般情况下，外事人员在正式场合大抵会以官方的身份、宾主的身份或者服务者的身份出现。尽管外事人员往往同时身兼三种身份，但这三种身份却有着各自不同的特点及要求。

宾主的身份是外事人员所具有的第一重身份。就具体的外事工作而言，要么是外国人到中国来，外事人员以主人的身份对其予以接待；要么是中国人到外国去，外事人员充当客人。这两种身份，外事人员必居其一。不管是充当主人，还是充当客人，外事人员的穿衣打扮均有规可循。

充当主人时，外事人员的穿衣打扮要以高雅大方为特色，同时，还应注意使自己的服饰较为正式，适当地突出自身的特征。前者是一种国际惯例，穿衣不当是对客人的轻视与失礼；后者则是为了体现自尊和自爱。

充当客人时，外事人员的穿衣打扮需要注意以下三点：一要牢记入乡随俗，切勿使自己的穿衣打扮触犯主方的禁忌；二要防止喧宾夺主，即不要有意或无意地过分突出自己；三要尽量中规中矩，使自己的穿衣打扮"照章办事"。

官方的身份是外事人员所具有的第二重身份。在外事活动中，外事人员无一例外地被视作国家的代表、民族的代表、地方的代表、单位的代表。也就是说，很自然地具有官方的身份。这一身份，要求外事人员的穿衣打扮既要保守，又要庄重。

所谓保守，主要是要求外事人员的穿衣打扮避免过度时尚或前卫。不论年龄大小、是男是女，外事人员的穿衣打扮都必须有意识地与新潮、怪诞、另类保持一定的距离。不然的话，就会给人以不稳重、不成熟，甚至不可信任之感。

所谓庄重，主要是要求外事人员的穿衣打扮忌轻浮与随便。外事人员的穿衣打扮如果过于轻浮，如在工作中着装过于裸露、过于紧身、过于透明，则往往会有损其所代表的国家、民族、地方或单位的形象；外事人员的穿衣打扮若是过于随便，则极有可能给交往对象留下目中无人的不好印象。

服务者的身份是外事人员所具有的第三重身份。不论职务高低、资历如何，外事人员所从事的具体工作都具有鲜明的服务性质。换句话说，外事人员是为国家服务、为人民服务、为涉外交往对象服务的。因此，外事人员的穿衣打扮在任何情况下都要与其服务于国、服务于人的身份相符。具体而言，外事人员的穿衣打扮应以简约、朴素为主要风格。

所谓简约，主要是出自其工作性质的考虑，要求外事人员的穿衣打扮简单而实用，力戒烦琐与浮躁。按照这一要求去做，不仅有利于外事人员"轻装上阵"，做好具体工作，还有利于外事人员赢得各方人士的信任。

所谓朴素，并非要求外事人员的穿衣打扮土里土气，而是要求其不要与他人进行攀比，存心高人一等，非要比对方奢华不可。

2. 区分场合

在日常生活中，一些人往往不重视依据自身所处具体场合的不同，来变更自己的穿衣打扮。例如，什么时候需要更换自己的服装呢？一些人的回答不是"衣服脏了"，就是"天气变了"，他们很少会想到着装应随场合的不同而加以变化。但是，在国际社会里，这些却是人人应遵守的基本常识。

外事人员必须充分意识到，自己的穿衣打扮一定要与自己所处的具体场合相适应。在不同场合里，应依照惯例使自己的穿衣打扮有所变化。外事人员的穿衣打扮与其所处的具体场合不相适应，或我行我素，或以不变应万变都是不符合要求的。

在常规情况下，外事人员所遇到的具体场合有公务场合、社交场合与休闲场合。在这三类不同的场合中，外事人员的穿衣打扮应有所区别。

（1）公务场合

公务场合，通常是指人们在正常的上班时间内所置身的工作地点。在公务场合中，对于外事人员的穿衣打扮所提出的基本要求是：正统、端庄、规范。具体而言，在公务场合中，外事人员的着装宜为制服、西装、套裙，或者长袖衬衫配以长裤、长裙。

在公务场合中，外事人员的饰物应当以少为佳。有些时候，甚至没有必要选用饰物。女性外事人员可根据国际惯例进行化妆，但须以自然为基本要求。女性外事人员的化妆一定要力戒浓妆艳抹，否则会显得不伦不类。

在公务场合中，对外事人员头发的修饰也是有限制的。一般来讲，不提倡外事人员染彩色头发，更不允许外事人员选择怪异发型，要求头发不宜过长或过短。

（2）社交场合

社交场合，大多是指人们在上班之余的时间里所置身的公共性交际地点，如聚会、宴会、酒会、舞会、音乐会等，都是典型的社交场合。按照外国人的普遍看法，社交活动意在结识新朋友，联络老朋友，所以外国人对社交场合倍加重视。

在社交场合中，对外事人员的穿衣打扮所提出的基本要求是：时尚、典雅、个性。具体而言，在社交场合中，外事人员的着装以时装、礼服、民族服装以及个人制作的服装为主要选择。遇到要求身着礼服的场合，外事人员可以男穿深色中山装，女穿单色旗袍。通常认为，外事人员在社交场合不宜身着过于正式的制服或过于随意的便装。若非军界、警界聚会，身着军服、警服尤为不妥。

在社交场合中，外事人员可酌情佩戴一些饰物。用于社交场合佩戴的饰物，一般讲究档次高、款式新、做工精。女性外事人员通常需要化妆，而且其化妆的浓淡应与所处场合相协调。在社交场合，女性若不化妆，通常会被外国人视为失礼之举。

在社交场合中，外事人员对自己的头发应进行精心修饰。只要与自己的实际身份相符，关于头发的长短、染色与否以及选择何种发型，均可自行定夺。

（3）休闲场合

休闲场合，一般指的是人们在闲暇时间内，一人独处或者独自活动的公共场所。较为典型的休闲场合主要有居家、健身、旅游、逛街等。在休闲场合中，对外事人员穿衣打扮的基本要求是：舒适、自然、方便。

在休闲场合中，外事人员的着装以家居装、运动装、牛仔装等为宜。选择T恤、短裤、旅游鞋也未尝不可。

在休闲场合中，外事人员一般没有必要佩戴饰物。即便佩戴饰物，也没有必要穿金戴银、环佩叮当、招摇过市，令人为之侧目。女性外事人员在休闲场合中对于自己是否化妆的问题，可以自便。但在绝大多数的休闲场合中，还是需要化淡妆的。

在休闲场合中，外事人员的头发只要干净整洁即可，而无其他任何的限制。

3. 遵守常规

外事工作通常是最讲究规矩的。对于穿衣打扮的一些基本常规，外事人员必须自觉而认真地遵守，以体现出外事人员自身的良好素质，令交往对象刮目相看。具体而言，外事人员在穿衣打扮方面需要遵守的常规，主要包括专业规范、内部规范与社会规范三项。

（1）专业规范

外事人员的穿衣打扮要遵守专业规范。专业规范，实际上指的是有关穿衣打扮的技巧与方法。外事人员如果对穿衣打扮的专业规范知之甚少，甚至一无所知，其穿衣打扮如何能够得体呢？

例如，男士穿西装时，要遵守"三色原则"这一专业规范，即不得令自己全身上下的色彩多于三种颜色。

女士戴两件以上的饰物时，要遵守"质色相同规则"，即务必要令自己所戴的各件饰物质地相同、色彩相同。唯有如此，所佩戴的各件饰物才会彼此协调，相得益彰。

（2）内部规范

外事人员的穿衣打扮要遵守内部规范。内部规范，是指外事人员所在单位内部的、有关穿衣打扮的具体规范，尤其是有关的明文规定。需要指出的是，外事人员对此必须无条件地加以遵守。具体来看，有关外事人员穿衣打扮的内部规范主要分为以下两类。

一是对外事人员穿衣打扮的基本要求，即具体要求其应当如何去做。例如，许多外事单位均要求其全体员工在工作之中必须选择正装。还有一些部门对外事人员的着装作出了更为具体的规定，男性应穿深色西服套装，女性应穿素色西式套裙等。

二是对外事人员穿衣打扮的主要禁令，即明确规定其不可以做什么。例如，国内许多单位均禁止参与外事活动的男士蓄留长发。其具体要求是，男士应当前发不覆额、侧发不掩耳、后发不及领。此外有的单位还规定，若无特殊的宗教信仰或民族风俗习惯，参与外事活动的男士不宜蓄须。

（3）社会规范

外事人员的穿衣打扮要遵守社会规范。社会规范，这里指的是社会上对外事人员穿衣打扮约定俗成的看法或惯例。在任何时候，外事人员都是社会的一员，都难以脱离社会独往独来。因此，外事人员应对有关穿衣打扮的社会规范予以高度重视。

有关外事人员穿衣打扮的社会规范，通常可具体划分为以下两类。

一类是国内社会规范。国内社会规范，主要适用范围为本国国内。例如，在中国，社会上对外事人员的穿衣打扮都强调朴实无华、典雅含蓄。

另一类是国际社会规范。例如，在出席宴会或观看正式演出时，国际社会通行的做法，是要求出席者身着正规的礼服。

对上述两类社会规范，外事人员均应严格遵守。当前者与后者偶尔发生矛盾抵触时，外事人员通常应当优先考虑后者，因为后者属于国际惯例。

古语云："仓廪实而知礼节，衣食足而知荣辱。""爱美之心，人皆有之。"服饰作为待人接物、为人处世的礼节中举足轻重的礼仪之一，应引起我们足够的重视。加之，目前生活水平越来越高，人们的生活情趣、品位越来越高雅，审美价值趋向多元化、国际化，我们更需要注重个人形象，给别人留下良好的印象，赢得他人的喜爱，也显示自我的修养、内涵、气质和魅力。

涉外行为礼仪

涉外行为礼仪是人们在国际交往中所要遵守的礼仪。它强调交往中的规范性、对象性、技巧性。在人际交往中，人们的举止行为往往备受其交往对象的关注。在实际生活里，不论是工作还是生活，一个人总有其一系列的举止行为呈现于他人的面前。

随着我国发展脚步的加快，人们在生活和工作中外事交往增多，了解涉外礼仪的内容和要求，掌握与外国人交往的技巧则显得尤为重要。在外事活动中，每一名外事人员都应对个人的举止行为有所规范。具体来讲，就是要求外事人员必须自觉地做到举止文明、举止有度、举止敬人、举止优雅。

1. 举止文明

作为一名代表着国家、民族或单位的外事人员，举止文明是对其举止行为最为基本的要求。

举止文明，对外事人员而言，就是要求其举止行为不仅可以显示出自己的良好教养，还应当显示出自己的稳重与成熟。在任何情况下，一位有教养的人都会对自己的举止行为多加检点，并对有关的具体细节倍加重视。

对外事人员来说，要通过自己的举止行为展示个人所具备的良好教养，关键是在外事活动中不得采用某些在国际社会中被公认为缺乏教养的举止行为。例如，在外方人士面前修饰个人仪表，就被公认为是一种不雅的表现。要是在外方人士面前肆无忌惮地挖鼻孔、掏耳朵、剔牙齿、抠眼屎、擤鼻涕、清嗓子、吐浓痰、刮胡子、修指甲、抓痒或者搓泥巴，哪里还有文明可言？

再如，在外方人士面前当众整理个人服饰，在外事场合也被认为是缺乏教养的举动。所以在外事活动中，不允许外事人员在大庭广众之下拉领带、解扣子、卷袖子、提裤子、脱鞋、拽袜子，更不允许当众整理自己的内衣。

除了要杜绝上述缺乏教养的行为外，外事人员的举止行为还应当展示出其个人的稳重与成熟。要使自己的举止行为显得稳重、成熟，外事人员就要使自己的举止四平八稳，力戒毛手毛脚。

2. 举止有度

一名久经历练、训练有素的外事人员，会使自己在正式场合的一切举止行为表现得适时、适事、适宜、适度，也就是要使之合乎常规，符合身份，适应对象，并且配合场合。举止有度之中的"度"，实际上就是有关外事人员举止行为的基本规矩。

在实际工作之中，外事人员在其举止行为方面所应恪守的这个"度"，主要体现在以下两个方面。

（1）普遍性的"度"

普遍性的"度"，指在国际社会中通行的那些有关人们举止行为的普遍性规则。在外事活动中，外事人员对其不仅要了解得一清二楚，还必须认认真真地遵守。

例如，虽然在站立或就座时的姿势男女老幼有所不同，但世界各国均要求成年人在正式场合里要"站有站相，坐有坐相"。不仅如此，在许多国家里，有关"站相"或"坐相"的规范往往颇为一致。

再如，在现代文明社会里，"蹲"的姿势仅仅在其作为临时姿势或用于非正式场合时，才会得到认可。在正式场合，或者在众目睽睽之下长时间地采用"蹲"姿，则必定会令人侧目。

（2）特殊性的"度"

特殊性的"度"，指的是仅仅在个别国家、地区或民族方才适用的有关人们举止行为的特殊性规则。因其适用地域或国家较为狭窄，在国际社会中未必畅行无阻。不过考虑到"入乡随俗"与"客随主便"的需要，外事人员仍须对其有所了解，以便在必要时予以遵守。

外事人员遵守特殊性的"度"的前提，一是应无损于外事人员的人格，二是应保证外事人员的生命安全，三是应绝对有此必要。世界各国的见面礼节往往大相径庭。除了握手在绝大多数国家里普遍适用之外，一些国家独有的见面礼节，在别的国家里便难以被接受。例如，中国人传统的"拱手礼"难以走出自己的国门，而西方国家的"吻手礼"在中国也鲜有采用。

3. 举止敬人

一个人的举止行为，通常都会自觉或不自觉地展现出其对待他人的基本态度与看法。所以，在外事活动中，外事人员对这个问题不能忽略。

在一般情况下，外事人员应诚心诚意地通过自己的举止行为向外方人士表达敬重之意。具体而言，举止敬人的基本要求有以下两个方面。

一方面，外事人员要注意以举止行为来表达对对方的重视。在任何时候，都不允许因自己的举止给人以忽视对方、目中无人之感。

例如，当外事人员身为主方时，应为身为客人的外方人士引导带路，并且在通过房门时为之开门或者关门。与外方人士交谈时，外事人员切不可东张西望、玩弄手指，或者抱臂端肩，如此种种表现，均会在无形之中使对方产生被冷落、被忽视之感。

另一方面，外事人员还要注意以举止行为来表达对对方的敬意。在任何情况下，外事人员都不可令自己的举止行为傲慢无礼，以致失礼于人。

例如，就座时，外事人员切莫当众高跷"二郎腿"，尤其是不可以让自己的脚尖指向外方人士，或者脚尖晃动不止。在公众场合的最佳坐姿，应当是挺胸收腹、头部端正。至少在就座之时，使自己侧身与对方相向，并且切莫使自己的上身仰身斜靠在椅背上，两腿放肆地向前方直伸过去，或者将自己的脑袋反反复复地晃动不止。

4. 举止优雅

作为一种较高层次的要求，外事人员的举止行为应力求优雅，既要高雅脱俗，又能给人以美的享受。

一般来讲，举止优雅，就是要求一个人的举止行为美观、雅致、大方、自然，能够给人以赏心悦目之感。在外事活动中，外事人员应力争使自己的举止行为达到这个要求。

例如，就座于他人对面时，一位有教养的女士自然知道不宜将自己的两腿叉开。穿裙子时，此点尤为重要。

举止大方，就是要求外事人员的举止行为要显得洒脱、大气，不卑不亢。换而言之，就是要求外事人员在外事场合不拘束怯场，以免给交往对象以缺乏自信、不够开放、眼界不高、怯于交际的感觉。

例如，当直接面对外方人士时，不管对方是熟人还是陌生人，是同性还是异性，都要敢于正视对方，以示对对方的重视。当对方向外事人员打招呼或介绍其见解时，尤须如此。否则就会给人以过于害羞、小家子气的感觉，有时甚至会给人以目中无人或心怀鬼胎之感。

总而言之，涉外行为礼仪就是人们在社会交往活动中应共同遵守的行为规范和准则。讲究礼仪，遵从涉外行为礼仪规范，可以有效地展现一个人的教养、风度与魅力，更好地体现一个人对他人和社会的认知水平和尊重程度，从而使个人的学识、修养和价值得到社会的认可和尊重。适度、恰当的礼仪不但能给人以可亲可敬、可合作、可交往的信任和欲望，而且会使合作过程充满和谐与成功。可以说，涉外行为礼仪是一张人际交往的名片，可以帮助我们规范言谈举止，学会待人接物，塑造良好形象，赢得国际社会的尊重。

涉外交谈礼仪

语言沟通对于从事外交活动的外事人员来说是重中之重，语言沟通的表达直接影响外交成果。在外事活动中，运用任何一种具体语言，不论是中文还是外语，其目的都在于交往双方的沟通，即以言表意，阐述己见，彼此交流，增进了解，加强信任。如果没有语言交流，交往双方往往就难以沟通。

在绝大多数情况之下，外事人员与外方人士的语言沟通以口头交谈为主要形式。从涉外礼仪的角度来分析，外事人员与外方人士所进行的交谈，主要涉及交谈的内容与交谈的方式两大方面。在外事活动中，前者规定了外事人员应当"说什么"，后者则规定了外事人员应当"如何说"。

1. 交谈内容

进行交谈，最重要的当然是交谈内容的选择。既然一个人谈话的具体内容可以反映出其教养、情趣、品位、阅历，那么外事人员在与外方人士进行较为正式的交谈时，就有必要对谈话的具体内容再三斟酌，多加检点。

在外事活动中，外事人员在确定交谈的具体内容时，应确定交谈时可以涉及哪些内容，不能涉及哪些内容。确定了这两个要点，外事人员在与外方人士进行交谈时便有章可循了。

与外方人士进行交谈时，外事人员应有意识地主动回避某些不能涉及的具体内容。外事人员与外方人士进行交谈时，不能涉及的具体内容主要有以下七个方面。

（1）不能泄露国家机密与行业秘密

在外事活动中，每一名外事人员都有维护国家安全与国家利益的义务。在任何情况下，外事人员对于自己所掌握的国家机密与行业秘密都必须守口如瓶，不得随意泄露。

（2）不能对自己的国家、民族或政府横加非议

在世界各国，其外事人员都在某种程度上代表着自己所属的国家、民族或政府。倘若在外方人士面前贬低自己的国家、民族或政府，实际上无异于贬低自己。因此，外事人员与外方人士进行交谈时，不但不能对自己的国家、民族或政府加以非议，而且应对维护自己的国家、民族或政府的声誉负有义不容辞的责任。

（3）不能对交谈对象的内部事务随意加以干涉

在国际交往中，我国政府一贯坚持相互尊重、互不干涉内部事务的原则。外事人员与外方人士进行交谈时，一定要认真贯彻这个原则。

（4）不能对自己的领导、同事、同行或同胞说三道四

虽然我们倡导"批评与自我批评"，但是为了维护安定团结的大好局面，在与外方人士交谈时，不能随随便便地对自己的领导、同事、同行或同胞加以非议，这是十分不明智的。

（5）不能涉及格调不高的话题

在国际社会里，凶杀、惨案、灾祸、死亡、色情、男女关系以及小道消息等话题，均被视为庸俗、低级、格调不高的话题。所以在交谈中，外事人员不但要自己主动对这些话题加以回避，而且绝对不在他人涉及这些话题时随声附和。

（6）不能讨论交谈对象的弱点、短处或其他不足之处

在外事活动中，忌谈交谈对象自身的弱点、短处或其他不足之处，是对对方的一种特殊形式的尊重。

（7）不能触及有关交谈对象个人隐私的任何话题

在外事活动中，忌谈交谈对象的个人隐私，是对对方的一种尊重。

与外方人士进行交谈时，上述七个不能涉及的话题，可被统称为"外事活动七不谈"。

除了以上的"外事活动七不谈"以外，在外事活动中，有一些常规内容可为外事活动所涉及。

（8）交谈双方正式拟议的内容

在外事活动中，交谈显然具有一定的目的性。在正式场合，外事人员有责任使交谈"言归正传"，使谈话的具体内容围绕着交谈双方拟议的问题进行。

（9）有助于交谈对象进一步了解我方实际情况的内容

由于国与国之间存在着一定的差异，所以在外事活动中，交谈双方往往需要进一步相互了解。为了便于交谈对象进一步了解我方的实际情况，外事人员在交谈中应主动介绍有关的实际情况。在介绍时，一是要注意客观性，二是要考虑时效性，三是要体现公正性。

（10）对交谈对象所属的国家、民族、单位以及其本人表达敬意

在外事活动中，对交谈对象所属的国家、民族、单位以及其本人的光荣历史、优良传统、突出成就、杰出贡献表达直接的敬意，或者由衷地加以称道，既体现了我方海纳百川的广阔胸襟，又是对交谈对象尊重的一种表现。

（11）交谈对象本人确有所长的内容

在外事活动中，直接向交谈对象讨教对方所擅长的内容，不仅可以找到与其交谈的兴趣点，还可以令外事人员表达出自己的虚心好学的精神，并通过交谈有所收获。

（12）举世公认的格调高雅的内容

外事人员在交谈中应尽量以哲学、历史、地理、文学、音乐、绘画、书法、建筑或时事等为内容。选择这些话题，才与外事人员的身份相称。

（13）人人欢迎的轻松愉快的内容

在交谈中，尤其是在非正式交谈中，外事人员应力戒深奥枯燥、故弄玄虚的话题。有些时候，主动谈论一些令人感到轻松、愉快的内容，诸如体育比赛、电影、娱乐休闲、风景名胜、烹饪小吃、名人逸事或者时尚之事，不仅可以令交谈者感到轻松，往往还可以令众人开心一笑，活跃现场的气氛。

2. 交谈方式

在外事活动中，外事人员对于交谈的具体方式需要高度重视。在一定情况下，尤其是在初次交往时，交谈的具体方式往往与交谈者的态度直接相关。

根据惯例，外事人员主要应在语言、语态、语气、语音、语速以及具体陈述形式等方面加以注意。

（1）重视语言

作为一名外事人员，在外事活动中具体应当选用哪一种语言作为自己的交流工具，向来大有讲究。对于在什么情况下需要讲中文，在什么情况下需要讲外语，外事人员绝对不能自行其是。

一般来讲，在选择自己的交流工具时，外事人员有以下三条规则可循。

①在官方活动中，应当使用中文。出于维护国家尊严的考虑，除翻译之外，外事人员均应使用本国法定的官方语言。我国外事人员作为国家、政府、单位的代表，自然应当在外事活动中使用中文，在必要之时，可以借助于译员进行翻译。

②在一般活动中，可以使用外语，如观光、游览、购物等，精通外语的外事人员均可直接使用外语，以便于与外方人士进行沟通。

③在国际场合中，使用规定语言。如参加国际组织、国际会议等多边外交活动时，外事人员通常应当使用该场合所法定或约定俗成的规定语言。

（2）重视语态

在与外方人士进行交谈时，外事人员务必要重视自己的语态。对外事人员与外方人士交谈时具体神态的基本要求是：亲切友善、不卑不亢。

（3）重视语气

在谈话的整个过程中，谈话双方往往都会十分在意对方的语气。越是重要的活动，这一点便会表现得越突出。与外方人士交谈时，外事人员必须以平等且礼貌的语气对待对方。

（4）重视语音

在外事活动中，语音往往也是外事人员交谈时的敏感问题之一。

外事人员所关注的语音，首先，应是其所运用的语言发音是否纯正的问题。这一点，通常与其受教育的程度有关，而且会直接影响其业务能力。使用任何一种语言，不论是中文还是外语，均应力求发音纯正，不带乡音、土语，以免妨碍表达，令人产生误会。

其次，还应包括其运用语言时音量大小的问题。在一般情况下，谈话时细声细语，降低音量，是现代人文明程度的一种体现，在公共场合更要如此；反之，在交谈中粗声大嗓、高声叫喊，则是缺乏教养的表现。

（5）重视语速

在交谈时，语速的问题不能不予以考虑。因在外事活动中经常需要使用外语，外事人员对此尤其应当给予充分的注意。

在外事活动中，外事人员应使自己的语速适中。做到这一点，不仅有助于译员的翻译工作，有利于交谈对象听清自己所言之事，使对方真正理解自己，还可以借此向对方展现自己健康而平和的心态。具体而言，要注意语速正常，也就是要求语速不快不慢，以人们所习惯的语速为准。

（6）重视具体的陈述形式

与外方人士交谈时，外事人员还应重视具体的陈述形式。

一要双向交流。在交谈中，要以双方共同感兴趣的话题为中心，并利用双方均能接受的方式进行。若发现话不投机，需要及时调整话题。

二要委婉表述。外事人员在陈述意见时，应力求缓和、中听，不但要善解人意，而且要留有余地。在任何时候，都不要强人所难，勉强对方。

三要礼让对方。与外方人士交谈时，不应以自我为中心，而忽略对对方的尊重。在正常情况下，谈话中不要随便否定、质疑对方，或一言不发、有意冷场。

涉外称谓礼仪

称呼是交际语言中的先锋官，是沟通人际关系的第一座桥梁。称呼使用得当与否，对商务交际有直接影响。一声充满感情而得体的称呼，不仅体现出一个人待人礼貌诚恳的美德，还能使对方感到愉快、亲切，易于交融双方情感，为深层交际打下基础。

在对外交往中，要求外事人员尊重外方人士。因此，外事人员要对外方人士的称呼予以高度重视，认真加以对待。

从总体上讲，在对外交往中对外方人士的称呼有三点注意事项：第一，要符合常规；第二，要照顾习惯；第三，要"入乡随俗"。具体来讲，就是要求外事人员一是要记住外方人士的姓名，二是要善于采用外方人士的尊称。

在对外交往中，外事人员在需要称呼或使用外方人士的姓名时，要注意以下具体事项。

1. 记住对方

在对外交往中，尤其是在初次交往中，外事人员对外方人士表示重视的最为行之有效的做法，就是要"记住对方"，以示自己对对方的重视。"记住对方"，首先就是要牢记对方的姓名。

2. 不出差错

在对外交往中，外事人员在涉及外方人士的姓名时，不论是口头称呼，还是书面记录，都不应当出现任何差错，否则将严重挫伤对方的自尊心。

3. 不宜滥用

重视外方人士的姓名，在对外交往中就意味着对对方的尊重。因此，在日常工作与生活中，外事人员切忌滥用外方人士的姓名。

4. 使用差异

如同各国习俗各异一样，在不同的国家里，人们姓名的排列方式和称呼方式往往也各不一样。所以外事人员在有必要使用外方人士的姓名时，一定要对其差异有所了解。

在我国，一个人的姓名通常都是姓氏居前，名字居后。而在国际上，只有日本、韩国、朝鲜、越南、匈牙利等少数国家的人的姓名排列方式与中国人的姓名排列方式相同。

在英美等国，人们的姓名一般都是名字居前，姓氏居后。有时在二者之间，还存在一个教名。法国人、德国人、意大利人姓名的排列方式，与英美国家的人略同。在亚洲，泰国人的姓名排列方式，也是名前姓后。

在俄罗斯，人们的姓名均由三个部分组成。其正常排列顺序为：名字居前，父名居中，姓氏位于最后。

在西班牙与一些拉丁美洲国家里，人们的姓名也分为三个部分。其正常排列顺序是：名字在前，父姓居中，母姓在后。

在阿拉伯国家，人们的姓名由四个部分组成。其排列顺序从前到后依次为：本人名字，父亲名字，祖父名字，家族姓氏。

在葡萄牙和巴西，人们的姓名亦由本名、父姓与母姓三部分组成。其正常排列顺序是：名字居前，母姓居中，父姓居后。

而在缅甸，人们却只有名字，并无姓氏。

在称呼外方人士时，外事人员还有必要区分清楚：何时应当称呼其姓氏，何时应当称呼其名字，何时应当采用其全称。采用不同的称呼方式，不但意味着双方具体关系有别，而且表现出对对方尊重的程度有所不同。

称呼俄罗斯人，除了在正式场合宜称呼其全称外，在一般情况下可称呼其姓，亦可称呼其名。将其本名与父名连用时，表示比较客气；而在向长者表示尊敬时，则只称其父名。

对于英、美、加、澳、新、法、德、意等国人士而言，在十分正式的场合，应称呼其全称。在一般情况下，可仅称呼其姓氏。只有在关系极其亲密的人士之间，才会直呼名字。

称呼日本人、韩国人、朝鲜人时，在正式场合应当称呼其全称。在一般情况下，对日本人亦可直称其姓氏。而在韩国与朝鲜，直呼一个人的名字则被视为失礼之举。

在称呼西班牙人、葡萄牙人的姓名时，正式场合宜用其全称。而在一般情况下，可只使用其简称，即其父姓，或是其本名加上父姓。

称呼阿拉伯人时，称呼其全称，往往意味着郑重其事。在一般情况下，称呼阿拉伯人时可省去其祖父名，或将其祖父名与父名一道略去。需要对阿拉伯人使用简称时，通常可以只称呼对方的名字。但是，若对方拥有一定的社会地位，则要以其姓氏作为简称。

在越南与泰国，在一般场合中称呼一个人时，通常可只称呼其名，而不道其姓。而在称呼越南人的名字时，一般情况下可只称呼其中最后的一个字，如可称"阮文才"为"才"。

在对外交往中，外事人员对外方人士所使用的称呼，往往备受对方重视。因为选择一种称呼，不仅反映着自身的教养和对对方尊重的程度，还体现着双方关系发展到了何种程度。

在称呼外方人士时，外事人员还应当注意照顾习惯、区分对象、有主有次、防止犯忌等具体事项。

5. 照顾习惯

外事人员在称呼外方人士之前，应当对对方有关的习惯了解清楚，并且予以遵守。一般来讲，在称呼外方人士时，必须使用尊称。

6. 区分对象

当面对不同行业、不同职务、不同身份和不同性别的外方人士时，外事人员还需要根据具体交往对象的不同，而在称呼上有所区分。具体而言，主要有下列几点需要特别重视。

对于成年人，可将男性称为"先生"，将女性称为"小姐"、"夫人"或"女士"，这是在国际社会里适用面最为广泛的一种"泛尊称"。在具体称呼女性时需要注意：对已婚者应称"夫人"；对未婚者或不了解其婚否者可称"小姐"；对不了解其婚否者，亦可称"女士"。

在政务活动中，除可使用"泛尊称"外，还有两种称呼方式：一种是称呼对方的行政职务；另一种是称对方为"阁下"。按照常规，"阁下"主要用于称呼地位较高者。但在美国、德国、墨西哥等国，没有使用该称呼的习惯。

在军事交往中，对于外方的军界人士，最佳的称呼是称其军衔。对其行政职务，一般不必称呼。

在商务活动中，世界各国一般都使用"泛尊称"，而不称呼行政职务。在学术性活动中，情况也大抵如此。

在服务场所中，对于各种服务人员与服务对象，通常都可以使用"泛尊称"。

在一般场合中，对于教授、研究员、工程师、律师、法官、医生、博士等职称、职务或学位拥有者，均可直接以之相称，对方会感觉十分"顺耳"。

7. 有主有次

在实际工作中，外事人员往往需要在同一时间之内对多名外方人士同时加以称呼。在此种情况下，既要注意在称呼对方时面面俱到，又要注意在称呼对方时有主有次。

有主有次，通常指的是在需要同时称呼多名外方人士时，一定要先分清主次，再由主至次，依次而行。在实际操作中，其标准做法有下列三种。

一是由尊至卑，即称呼多名外方人士时，应当自其地位较高者开始，自高而低，依顺序进行。

二是由疏至亲，即若被称呼的多名外方人士与自己存在亲疏之别，一般应当先称呼其中与自己关系生疏者，再称呼其中与自己关系亲近者。

三是统一称呼。在一些特殊情况下，对多位外方人士不必一一称呼，或者不便一一称呼时,则可采用统一称呼对方的方式作为变通。例如,以"诸位""大家""各位来宾""女士们、先生们"等方式直接称呼对方。

8.防止犯忌

在与外方人士交往时,千万注意不要因称呼而冒犯对方的禁忌。一般而言,下列称呼都是不能采用的。一是错误称呼。在称呼外方人士时,假如出现差错,显然是失礼之极的。二是无称呼。需要称呼外方人士时,如果不用任何称呼,或者代之以"喂""嘿""下一个""那边的"等,都是极不礼貌的。

要记住外方人士的名字,除了了解和掌握人名的特点以外,还可采用以下方法。第一,对需要记住的姓名,注意力一定要高度集中,初次见面被告知姓名时,最好自己重复一遍,加深印象。第二,把姓名脸谱化或将其身材形象化,将对方的特征与姓名一起输入大脑。第三,把对方的名字与某些事物(如熟悉的地名、物名、人名等)关联起来。第四,通过交谈,相互了解熟悉,并在交谈中尽量多地使用对方的名字。第五,借助交换名片,并将名片分类整理,或把新结识的人的姓名及时记在通讯录上,经常翻阅。

涉外问候礼仪

迎接远道而来的外国朋友时,问候致意是见面礼节的一部分。在对外交往中,外事人员对有关致意的礼仪必须认真了解、认真遵守。在常规的交往应酬中,致意的常见的形式主要有见面礼与问候礼。

在对外交往中,也经常使用见面礼与问候礼,所以对其具体运用形式,外事人员必须予以关注。

1.互相行礼

在对外交往中,外事人员具体应当选择何种见面礼节,是十分讲究的。在对外交往中,外事人员可以沿用自己惯用的见面礼,也可以比照交往对象的特殊礼节来行见面礼。对于在日常交往中常见的握手礼、拥抱礼、吻手礼、亲吻礼、合十礼、鞠躬礼、抚胸礼、脱帽礼等,外事人员有必要深入了解。

（1）握手礼

握手礼，通常是指交往双方以握手的形式互相致意。它既为中国人所惯用，又普遍适用于国际交往之中。在运用握手礼时，有以下三点事项值得注意。

①注意方式。在行握手礼时，双方均应起立，并迎向对方。在伸手与他人相握时，应手掌垂直于地面，用右手与对方右手相握。应注意握住对方手掌的全部，稍许用力上下晃动一两下，并且停留两三秒钟。在此过程中，还需要目视对方双眼，并且面带微笑。

②注意顺序。握手时，在其顺序上讲究"尊者居前"，即由双方之中地位为尊者先行伸手。女士与男士握手时，应由女士先伸手；长辈与晚辈握手时，应由长辈先伸手；职务高者与职务低者握手时，应由职务高者先伸手。唯有宾主握手时较为特殊，客人抵达时，应由主人先伸手，以示欢迎；客人告辞时，应由客人先伸手，以示请主人就此留步。

③注意禁忌。在对外交往中，握手礼有下列五条禁忌：第一，不宜用左手与他人相握；第二，不宜用双手与异性相握；第三，不宜与多人交叉握手；第四，不宜戴着手套与人握手；第五，不宜戴着墨镜与人握手。

（2）拥抱礼

拥抱礼，一般指的是交往双方互相以自己的双手揽住对方的上身，借以向对方致意。对于拥抱礼，外事人员主要应掌握下述四点。

①具体区域。一般来讲，拥抱礼在欧美国家广为流行。在阿拉伯国家、大洋洲各国、非洲与拉丁美洲的许多国家里，拥抱礼也颇为常见。但是在东亚、东南亚国家里，人们对此却很少使用。

②具体人员。在欧洲、美洲、大洋洲诸国，男女老幼之间均可采用拥抱礼。而在亚洲、非洲的绝大多数国家里，尤其是在阿拉伯国家，拥抱礼仅适用于同性之人，与异性在大庭广众之下进行拥抱，是绝对禁止的。

③具体场合。在庆典、仪式、迎送等较为隆重的场合，拥抱礼最为多见。在私人性质的社交、休闲场合，拥抱礼则视情况而定。在某些特殊的场合，诸如谈判、检阅、授勋等，人们一般不使用拥抱礼。

④具体做法。拥抱礼最为常见的做法是：两人走近之后，正面站立。先各自抬起右臂，把右手搭在对方左肩之后，随后左臂下垂，以左手扶在对方的腰部右

后侧。首先向对方左侧拥抱,其次向对方右侧拥抱,最后再向对方的左侧拥抱。

(3)亲吻礼

亲吻礼,特指以亲吻交往对象面部某些特定部位的方式,来向对方致意的礼节。当人们有必要向他人行亲吻礼时,有以下三点需要特别注意。

①点到为止。在亲吻别人时,不论与对方关系如何,不论双方是否同性,都不宜表现得过于热烈、过于投入。一般以唇部象征性地接触对方一下即可。

②部位不同。根据惯例,在行亲吻礼时,关系不同之人,亲吻对方的部位是大有差别的。长辈亲吻晚辈,应亲吻其额头;晚辈亲吻长辈,应亲吻其下颌或者面颊;同辈或同事之间,应轻贴对方的面颊。

③国情差异。在欧美国家里,亲吻礼既适用于同性之间,也适用于异性之间。而在伊斯兰国家里,则仅限于同性之间使用,异性之间绝对不得使用。

(4)吻手礼

吻手礼,实际上是亲吻礼的一种特殊形式,它是以一个人亲吻另外一个人的手部,来向对方表示致意的礼节。在亚洲国家里,吻手礼与亲吻礼一样,都不甚流行。

在对外交往中有可能接触吻手礼时,必须对下述三个特征有所了解。

①单向性。一般的见面礼,如握手礼、拥抱礼、亲吻礼等,往往都具有双向性,即有来有往,彼此相互施礼。但是吻手礼却较为特别,它通常是单向施礼,其施礼对象不必以相同形式向施礼者还礼。

②对象性。吻手礼大多是男士向女士施礼。接受吻手礼的女士,往往都是已婚者。按照惯例,一般不应当向未婚女士施吻手礼。

③限定性。在正式场合施吻手礼时,通常有两个特殊的限制。第一,行礼的地点应当是在室内。在街道上行吻手礼,不合时宜。第二,吻手的部位应当是女士的手指或手背。被吻的手,大多是右手。当男士吻女士的手时,必须是轻轻地、象征性地接触,而不是"大张旗鼓"。

(5)合十礼

合十礼,是以双手手掌十指相合的形式,来向其交往对象致意的礼节。严格地讲,合十礼其实是一种佛教的专用礼节。因此,它在东南亚、南亚等一些普遍信奉佛教的国家十分流行。在欧洲、美洲与非洲,合十礼并不多见。向他人施合十礼时，有三点必须为施礼者所重视。

①神态庄严。在向他人行合十礼时，允许施礼者面含微笑，亦可同时口颂祝词或问候对方。最佳的神态是庄严而凝重的。行合十礼时，嬉皮笑脸、挤眉弄眼、探头探脑、手舞足蹈，都是绝对不被允许的。

②郑重其事。作为一种宗教礼节，合十礼在其施行之时要求郑重其事。它的标准做法是：双掌十指相合于胸部正前方，五指并拢，指尖向上，手掌上端大体与鼻尖持平，手掌在整体上向外侧倾斜，双腿直立，上身微欠，低头。行礼之时，身体一般应立正不动。但是，只要不是疾步狂奔，在缓步行进时，亦可施行此礼。

③敬意有别。根据传统做法，在向别人行合十礼时，双手举得越高，则越能体现出对对方的尊重。然而在一般情况下，在正式场合向别人行合十礼时，原则上不应使之高过自己的额头，唯有礼佛之时，才将合十的双手举得较高。

（6）鞠躬礼

鞠躬礼，是指向他人躬身以示敬重或感谢之意，因此也被称为躬身礼。外事人员在采用鞠躬礼时，主要应注意以下四点。

①自古以来，中国就有鞠躬礼存在。但是在中国，鞠躬礼多用于需要表达敬谢之意或道歉之意的场合。而在国外，它却主要用于见面或告别之际。

②在国外，鞠躬礼主要通行于日本、韩国、朝鲜等国。在欧美国家以及非洲国家里，它并不流行。

③向他人行鞠躬礼时，应当先立正脱帽，双目正视施礼对象，然后面向对方，上身弯腰前倾。在此过程中，通常男士应将双手贴放于身体两侧的裤线之处，而女士的双手则应在下垂之后搭放于腹前。

④行鞠躬礼时，一般只会欠身一次，但是对其具体幅度却有所不同。在正式场合欠身的幅度越大，越表示自己对交往对象礼敬有加，不过欠身最大幅度不宜超过90°。

（7）抚胸礼

抚胸礼，是指以手部抚按于胸前的方式，来向他人致意。实际上，它也具有一定的宗教含义，在信奉基督教、伊斯兰教的国家里普遍流行。而当初它所表示的，往往是誓言或宣誓之意。行抚胸礼时，其方式必须正规。一般的做法是上身稍许躬身，眼睛注视交往对象或目视正前方，头部端正或微微抬起，以右手手掌掌心向内、指尖朝向左上方，然后将其抚在本人的左胸之前。必须切记，行抚胸礼时，不仅应当态度认真庄重，而且绝对不允许以左手行礼，抚按右胸。

（8）脱帽礼

脱帽礼，是指以摘下本人所戴帽子的方式，来向交往对象致意。行脱帽礼时要注意：戴制服帽者，通常应双手摘下帽子，然后以右手执之，端在身前；戴便帽者，则既可以右手完全摘下帽子，又可以右手微微一抬帽檐代之。但是在正式场合，要求彻底地摘下帽子。而且脱帽礼男女有别，一般准许女士在社交场合内不必摘下帽子，而男士则不享有此项特殊待遇。一般而言，脱帽礼除适用于见面时之外，还适合于其他场合。例如，路遇熟人，进入他人居所或办公室，步入娱乐场所，升挂国旗、演奏国歌时等，都可以施脱帽礼。

2. 互致问候

在各国、各地区、各民族，问候礼都普遍运用。问候礼，通常简称为问候、问好、问安或者打招呼。具体而言，它是指在与他人相见时，以专用的语言或动作向他人询安问好，也是向对方表示善意的一种常规的致意形式。

外事人员在对外交往中需要问候外方人士时，对以下三点应当注意。

（1）规范内容

在不同的国家，人们问候他人的具体内容往往各有不同，但却均充满了对问候对象的善意。

例如，在中国，人们最常见的问候是："忙什么呢？""吃过饭没有？"在美国，人们的问候往往是最为简洁的："嗨！"而在西亚的一些以畜牧业为主的国家里，人们却惯以"牲口好吗？"作为问候之语。

在对外交往中，问候外方人士的常规内容：一是直接向对方问好，如"你好！"；二是采用时效性问候，即在向对方问好的同时加上具体的时间限制，如"早上好！""下午好！""晚上好！"等。

（2）重视态度

当外事人员向外方人士进行问候时，态度应当热情、友好、大方。具体而言，需要对以下三点加以注意。

①应当"眼到"。问候他人时，一定要正视对方的双眼，以示自己全神贯注。不允许目视他方，或是不敢正视对方。

②应当"口到"。问候他人时,声音一定要清晰、响亮、爽朗,切莫声音含混不清,好似被迫而为。

③应当"意到"。问候他人时,不允许面无表情,更不可以充满敌意。只有面露真诚的微笑,才会使自己的问候显得真心实意。

(3)讲究顺序

在比较正式的场合,人们彼此之间的问候应当是有来有往的。双方在彼此问候时,其具体顺序的先后很有讲究。按照惯例,双方在彼此问候时,礼仪上的讲究是"位低者先行",即通常应当由双方之中地位较低的一方先问候地位较高的一方。具体来说,主人应当先问候客人,晚辈应当先问候长辈,职务低者应当先问候职务高者。

在对外交往中,如果外事人员需要同时问候多名外方人士时,按照惯例,可以"由尊至卑"或"由疏至亲"依次进行。如果外方人士先向外事人员进行问候,则外事人员应当立即予以回应。

总之,涉外问候礼仪有诸多不同,同外方人士接触时,随时都应留意,符合外方人士的礼仪,但是也不要生搬硬套。

涉外迎送礼仪

迎送礼仪在整个接待礼仪里占有十分重要的位置。涉外迎送一般根据来访者的身份和地位来组织相应的迎送礼仪。确定迎送规格,主要是确定哪一级人员出面迎接,这是接待来宾的一个礼遇规格,应根据主管部门的接待要求来办。

主要迎送人通常都要同来宾的身份相当,但由于各种原因不可能完全对等时,可灵活变通,由职位相当的人士或副职出面。总之,主人的身份与客人的身份不能相差太大,以同客人对口、对等为宜,以示对客人的尊重。当事人不能出面时,无论作何种处理,都应从礼貌出发,向对方作出解释。

如果来宾只是过境,规格可适当降低。在特殊情况下,为了两国的外交关系或政治需要,可打破常规,安排较大的迎送场面,给予较高的礼遇,但要避免产生不必要的误会,以免造成厚此薄彼的印象。

一般性的迎送仪式相对要求宽松一些，适用于一般来访者，可能是官方人士、专业代表团、文艺体育团体，也可能是常驻我国的外方使节、外国专家、记者等其他人士到任、离任。仪式同样要郑重，但不必过分渲染、夸张，要充分表示出尊重和友谊。

另外，还有一些纯属私人性质的来访，迎送的安排要以礼貌、方便、实际为原则。

礼宾次序，是指国际交往中对出席活动的国家、团体、各国人士的位次按某些规则和惯例排列的先后次序。一般来说，礼宾次序体现着东道主对各国宾客所给予的礼遇，在一些国际性的集会上则表示各国主权平等的地位。礼宾次序安排不当或不符合国际惯例，会引起不必要的争执与交涉，甚至会影响国家关系，因此在组织涉外活动时，对礼宾次序应给予重视。常见的礼宾次序有以下三种。

1. 按身份与职务的高低排列

这是礼宾次序排列的主要根据。一般的官方活动，经常是按身份与职务的高低安排礼宾次序。如按国家元首、副元首、政府总理（首相）、副总理（副首相）、部长、副部长等排列。各国提供的正式名单或正式通知是确定职务的依据。由于各国的国家体制不同，部门之间的职务高低不尽一致，故要根据各国的规定，按相当的级别和官衔进行安排。在多边活动中，有时按其他方法排列，但无论按何种方法排列，都要考虑身份与职务的高低问题。

2. 按字母顺序排列

多边活动中的礼宾次序有时按参加国的国名字母顺序排列，一般以英文字母排列居多，少数情况也有按其他语种的字母排列的。这种方法多见于国际会议、国际体育比赛等，如联合国召开联合国大会、各专门机构的会议和悬挂会员国国旗等均按此法。联合国大会的席次也按英文字母排列，但为了避免一些国家总是占据前排席位，因此每年抽签一次，决定本年度大会席位以哪一个字母打头。国际体育比赛代表队名单的排列、开幕式出场的顺序，一般也按国名字母顺序排列，东道国一般排在最后。代表团观礼或理事会、委员会等，则按出席代表团的团长的身份高低排列。

3. 按通知代表团的日期先后排列

在一些国家举行的多边活动中，按通知代表团的日期先后排列也是排列礼宾次序经常采用的办法之一。东道国对同等身份的外国代表团，按派遣国通知代表团组成的日期排列，或按代表团抵达活动地点的时间先后排列，或按派遣国决定应邀派遣代表团参加该活动的答复时间先后排列。采取何种排列方法，东道国在致各国的邀请函中，都加以明确注明。

在实际工作中，遇到的情况往往是复杂的，所以礼宾次序的排列常常不能只按一种排列方法，而是几种方法交叉使用，并考虑其他因素，如先按正式代表团的规格，即代表团团长的身份高低来确定，这是最基本的。在同级代表团中则按派遣国通知代表团组成日期先后来确定，对同级和同时收到通知的代表团则按国名英文字母顺序排列。在安排礼宾次序时考虑的其他因素包括国家之间的关系、所在地区、活动的性质、对于活动的贡献大小以及参加活动人的威望、资历等。例如，常把同一地区的、同一宗教信仰的或关系特殊的代表团排在一起。对同一级别的人员，常把威望高、资历深、年龄大者排在前面。有时还考虑业务性质、相互关系、语言交流等因素，如在观看演出、比赛，或是大型宴请时，在考虑身份、职务的前提下，将业务性质对口的、语言相通的、宗教信仰一致的、风俗习惯相近的人员安排在一起。

因此，在具体工作中，要耐心、细致、反复考虑研究，设想多种方案，以避免因礼宾次序方面的问题引起一些不愉快。在接待的整个过程中要始终如一、尽善尽美地坚持礼貌待客，不能因迎送工作烦琐辛苦而流露出倦意、怠慢。

涉外会谈礼仪

涉外会谈的礼仪要求比较正规，因此要特别注意。会谈的流程主要分为介绍、握手、谈话三项。

1. 介绍

正式会谈，应由第三者介绍。介绍时要自然得体，要有礼貌地以手示意，而不要用手指指点点。

介绍有先后之别，应把身份低、年纪轻的介绍给身份高、年纪大的，把男士介绍给女士。介绍时，除女士和年长者外，一般应起立；在会谈桌前可不必起立，被介绍者只要微笑、点头即可。

一般由引见人先将外宾向外事人员介绍，然后将外事人员向外宾介绍。介绍时，应将双方姓名、职务介绍出来，称呼可酌情而定。

2. 握手

握手是大多数国家相互见面和告别的礼节，在国际交际场合运用最普遍，一般在相互介绍和会面时握手。

在会谈场合，在双方介绍完以后，可相互握手，寒暄致意。关系亲近的可边握手边问候，甚至两人双手长时间握在一起。在一般情况下，轻握一下即可，但年轻者对年长者，身份低者对身份高者则应稍稍欠身，双手握住对方的手，以示尊敬。男士与女士握手时往往只轻握一下女士的手指部分，老朋友可以例外。除了特殊原因外，不要坐着与人握手，但如果两人相邻或相对都是坐着，可以微屈前身握手。

握手应由主人、长者、身份高者先伸手，客人、年轻者、身份低者见面先问候，待对方伸手再握。多人同时握手时注意不要交叉。男士在握手前应先脱下手套、摘下帽子，但按西方传统，位尊者和女士可以戴手套握手。作为主人，主动、热情、适时握手是很有必要的，这样做可以增加亲切感。军人戴军帽与对方握手时，应先行举手礼，然后再握手。

3. 谈话

在国际交往中，同外宾会谈时，要落落大方、诚恳自然，同时注意内外有别，不要强加于人、自吹自擂。

外宾说话时，不要轻易打断，要给对方充分表达思想的机会。要面向外宾，注意倾听，不要私下嘀咕，也不要心不在焉。谈话声的高低应适当。如果没有听清楚，不妨再问一遍。如果发觉外宾对我方谈话有未领会的神情，应及时通过译员解释清楚。

与外宾谈话，要实事求是。称赞对方不宜过分，自己谦虚也需适当。不要打听外宾的私事，更不要以对方的生理特征为话题。涉及对外事项和外宾的各种要求，如果没有把握，不得擅自表态许诺。我方的内部安排，未经许可，不得向外宾透露。自己不清楚的事，不要随便答复；答应的事，一定要设法办到。

在会谈场合，一个人的仪表体态、言谈举止，反映了他的内在素质和修养。

作为国家、政府、政党、团体、企业的代表进行对外活动的时候，在这方面给人的印象，往往成为相互间进一步了解和交往的重要依据。

涉外签字仪式礼仪

签字是文件有效的重要标志。国家间通过谈判，就政治、军事、经济、科技、文化等某一领域内的相互关系达成协议，缔结条约、协定或公约时，一般都要举行签字仪式。一些地方与国外发展友好合作关系，通过双方会谈协商，最终达成合作项目的协议、备忘录，也可以举行签字仪式。因此，签字仪式的礼仪就显得很重要。

签字人由缔约各方根据文件的性质和重要性协商确定，可由国家领导人出面，也可由政府有关部门负责人出面，但各方签字人的身份应该大致相当。按照惯例，参加签字仪式的，应是双方参加会谈的全体人员。如果一方要求让某些未参加会谈的人员出席，需要征求另一方的同意，但双方人数最好大体相等。不少国家为了表示出对签字协议的高度重视，往往特意安排更高的领导人出席签字仪式。

举行签字仪式之前，要准备好文本。文本的定稿、翻译、校对、印刷、装订、盖章等，均要确保无误，同时还要准备好签字时用的国旗、文具。确定助签人员，事先与对方就有关细节问题洽谈。

签字仪式的现场布置各国不尽相同。我国的做法是在签字厅内设置一张长桌，桌面覆以深绿色的台呢作为签字桌。桌后放两把椅子，为双方签字人的座位，主左客右。座前摆放本国保存的文本，文本前面放有签字文具。桌子中间摆放旗架，悬挂双方国旗。双方参加签字仪式的其他人员，按身份顺序排列于各自签字人的座位之后，双方助签人员分别站在各自签字人的外侧。

有的国家在签字厅内设置两张方桌为签字桌，双方签字人各坐一桌，双方的国旗分别悬挂在各自的签字桌上，参加签字仪式的人员坐在签字桌的对面；也有的安排一张长方桌为签字桌，签字人分坐左右，国旗分别悬挂在签字人身后，参加签字仪式的人员分坐签字桌前方两旁。

签字仪式开始，双方人员进入签字厅。签字人首先入座，其他人员按宾主身份、礼宾顺序就位。助签人员分别站立在各自签字人的外侧，协助翻揭文本，指明签字处，用吸水纸按压签字部位。签字人在本国保存的文本上签字后，由助签人员传递文本，再在对方保存的文本上签字。签字完毕，双方签字人交换文本，并互相握手，此时，可上香槟酒，宾主双方共同举杯庆贺。

多边签字仪式与双边签字仪式大体相同。如果只有三四个国家，一般只相应地多配备签字人员座位、签字文具、国旗等物。如果国家众多，通常只设一个座位，由文本保存国代表先签字，然后由各国代表按礼宾次序轮流在文本上签字。

涉外开幕式礼仪

举办大型涉外展览会、交易会、艺术节、联欢节、电影周、宣传周等重大活动，一般都要举行隆重的开幕式；重大的涉外工程开工、竣工或交接，也要举行隆重的典礼或交接仪式。

涉外开幕式通常由主办单位的负责人主持。隆重的涉外开幕式除双方有关人员参加外，还可邀请各国驻当地的使节、外国记者出席。高规格的涉外开幕式，东道国的国家领导人往往会出席。

涉外开幕式一般选在宽敞的场地（室内、室外均可）举行。会场正面要悬挂开幕式的横幅，隆重的涉外开幕式需要悬挂有关各方的国旗，会场周围可插上彩旗。常常要准备好三个话筒，供主持人、致辞人和翻译使用。准备好剪彩用的彩带（球）和剪刀。

1. 宣布开幕式开始

主持人宣布开幕式开始。开幕式开场可以安排锣鼓、鞭炮或音乐，使开幕式一开始便形成一个隆重、热烈、喜庆的气氛。

2. 宣读宾客名单

主持人宣读有关部门负责人、社会名人、同行领导的宾客名单。宣读名单时，参加开幕式的全体人员应该对与会嘉宾鼓掌表示欢迎。

3. 负责人致辞

主持人请开幕式主办单位的主要负责人或代表团团长（展览团团长）致辞。

若是双方合作，一般请一方负责人致开幕词，请另一方负责人致贺词。

4. 剪彩

剪彩的目的是创造一个郑重、欢快的气氛。致辞后即可让代表团（展览团）身份最高的人员进行剪彩仪式。若是双方合作，可各推举一位负责人同时剪彩。剪彩结束后，主办方可陪同宾客参观，有时还举行执行会。

有些开幕式现场还备有签名簿，请领导人和来宾题词或签名留念。出席仪式者对题词应事先有准备。开幕式一定要隆重热烈，丰富多彩，给公众留下美好难忘的印象。

涉外参观游览礼仪

在外宾来访时，可以安排参观游览活动，使他们通过参观游览了解我国的历史文化、风土人情和经济发展情况，也是树立国家、部门、企业的形象，扩大对外宣传的大好机会。

1. 项目安排礼仪

选定参观游览项目，主要考虑以下因素。

（1）来访的目的和性质

一般参观游览都有相对的针对性。根据其目的和性质，安排有针对性的游览活动，这是一个基本准则。

（2）外宾的意愿、兴趣

安排参观游览的内容应考虑外宾的意愿、兴趣。对一般代表团来说，待其到达后，提出参观游览方案，共同商定，对重要的、身份高的代表团，可事先通过外交途径了解其要求，再予以适当安排。

（3）当地条件的可行性

参观游览要注重当地的实际情况，做到力所能及、切实可行，综合考虑多种因素，如安全设施、保密设施及接待条件等。

（4）季节气候与时间

有些游览项目和季节关系很大，安排时理应把气候因素考虑进去，同时，参观时间和路途时间的搭配也应充分考虑好。

2. 技术指导安排

项目选定后，如果数量很多，就应制订出一个较为详细的计划或日程安排，内容应包括目标、路线、日程、时间、车辆等。待确定了这些细节和具体内容后，应向各级接待方面交涉清楚，并通知相关人员，以便大家提前准备，即使出现问题，也会得到及时解决。按照国际交往礼仪，参观游览时，应有身份相当者陪同前往，接待单位也要有一定的人员出面，并根据情况安排人员负责解说、翻译，游览时则应安排导游人员陪同，导游人员不宜过多，但业务素质和文化素养要高。

参观游览时，接待单位或导游人员要介绍一些情况。介绍情况时要注意：一是要实事求是，故意夸大或贬低都会给对方留下不诚实的印象，此乃涉外礼仪中的大忌；二是要掌握时间，只需抓住时机略作介绍，不要喋喋不休，必要时，应将参观游览处的情况以书面材料形式先作介绍，以加深印象；三是介绍时要掌握分寸，随机应变；四是要尽量使所有参观者都能听得懂、听得清，可以分批介绍或使用扩音器材。

在风景游览区、公共活动场所以及允许外国人参观的地方，原则上都应准许外宾拍摄，对其行为不应干涉。对一些不准拍摄的项目，如文物、专利设备等应设有警告牌或中外文说明标志，若无此类标志，一定要向外宾说明，以免引起误解。

3. 接待参观礼仪

外宾到达前，接待单位一般应事先准备好相应语种的中外文对照的介绍材料。如果外宾所属国家地区所用语种不甚通用，或准备起来有一定难度，也可准备中英文对照的。介绍材料力求简明扼要，实事求是。

陪同参观人员不宜过多，但应该有能够回答技术问题的人员，对可能涉及的技术问题要求事先有充分的准备，不能临时抱佛脚，以免出现应答失误，或者时间耽搁。

有时，为了对重要的外宾表示欢迎，应该在被参观企业或其他单位的适当地方，悬挂外宾国家的国旗和我国国旗。

应当注意，在接待外宾的过程中，要内外有别，注意保密。属于保密的产品，不要引导外宾参观，没有把握的不要轻易表态，更不要随意允诺送给外宾产品、资料等。

在接待外宾前，应当学习相关涉外参观游览礼仪知识，不仅会让你在当今日益频繁的涉外交往中成为一个有修养、有品位、举止得体的人，还会使你在跨文化交际中成为一个成功者。